新しい国際協力論

グローバル・イシューに立ち向かう　第3版

山田　満
堀江正伸　編著

明石書店

はじめに——なぜ国際協力は必要なのか

山田　満・堀江　正伸

1．フリーライダーになってはいけない！

　"フリーライダー"とは「ただ乗りをする人」の意味。ある便益の享受を受けているにもかかわらず、その対価を支払わない人である。もう少し説明すると、その便益を享受しているのは多数いる状態で、自分一人ぐらいその対価を支払わなくても大丈夫だろうと「ただ乗り」を考えている人である。

　このようなフリーライダーの問題は公共財の関わりの中で議論される。政府や自治体は国民や住民にサービスを提供する代わりに税金を徴収する。そこで、公共財を提供するためにフリーライダーの出現を防ぐ努力をしているのだ。

　公共財は、誰でもその便益にアクセス可能な非排除性と、誰がその便益を利用してもその価値が減らない非競合性からなる財だ。両方の基準が満たされる場合は、純粋公共財と呼ぶ。また、非競合性は満たされるが、しかし排除性をともなう財、あるいは非排除性の

図1　公共財の構図

	競合性	非競合性
排除性	市場を通して得られる個人の財とサービス A（純粋私的財）	ネットワーク クラブ財 B（準公共財）
非排除性	共有資源 コモンズの悲劇 C（準公共財）	国防、灯台、公園など D（純粋公共財）

出所：筆者作成

基準は満たされるが、しかし競合性をともなうような準公共財がある。通常、純粋公共財も準公共財も広義の公共財としてまとめられる。

広義の公共財の領域では、政府や自治体の公共機関アクターはもちろん、非営利組織（Non-Profit Organization：NPO）や非政府組織（Non-Governmental Organization：NGO）を含む市民社会アクター、さらには企業も参入して活動を展開している。例えば、B象限の準公共財では、いまや街中、近隣でみられる老人デイサービスセンターの車両がある。すでに超高齢化社会を迎えている日本では、老人福祉施設の充実は必須である。しかしながら、これら施設の入居者の負担額は低額から高額まで幅広く、かつその受け入れ先もNPO法人から企業まである。

どのような老人福祉施設に入居可能かどうかは、各個人の所得に依存する。入浴や食事の提供はもとより、広い個人空間が保証され、高度な医療施設も完備された施設もある。しかし、これら高度な便宜を提供している施設に入れる人は限られているので、やはり排除性がともなう。他方で、これら施設に入居可能な高所得層にとっては非競合性の状況にある。つまり、老人福祉は至って公共性の高い政府が取り組むべき領域であるが、その実態はクラブ財としての性格が強いと言えよう。

C象限の準公共財は共有資源の問題である。葛飾北斎などにも描かれ、海外でもっとも知られている「富士山」は年間20万人以上が登山する代表的な山である。その意味で非排除性が備わった山である。2013年に、富士山は世界自然遺産ではなく、文化遺産として登録された。その背景の重要な要因として、山麓の開発による環境や景観の悪化、さらには登山者が持ち込むゴミ処理やし尿の問題など、課題が山積していたからだ。共有資源である「富士山」は非排除性を持つ一方で、確実に競合性の問題を抱えている。C象限は環境問題一般に適用可能な領域であると言えよう。

D象限の純粋公共財を含めて、公共財一般に言えるのは自由な市場で効率よく配分されるような財を扱う領域ではないという点だ。その結果、私的財と異なり、たえず「市場の失敗」を抱え込んでいる。

　しかしその一方で、私たち自身がフリーライダーになることなく、その役割を果たすことで、公正で豊かな人間社会の実現を可能にすることができる。それゆえ、準公共財領域で活動する企業はもちろん、たとえ営利を目的として生産・販売・サービスを提供する企業であっても、「企業の社会的責任（Corporate Social Responsibility：CSR）」を果たすことが強く求められている。また、企業活動に対する公共機関や市民社会セクターからの監視も強まっている。

2.　地球公共財とは何か

　それでは国内社会における非排除性と非競合性の二つの基準を満たす公共財に対応するような国際社会の公共財は存在するのだろうか。かつてインゲ・カウルらは、ある地域限定で便益が供与される財を地域公共財（regional public goods）と呼んだ。ヨーロッパ連合（European Union：EU）、アフリカ連合（African Union：AU）、東南アジア諸国連合（Association for Southeast Asian Nations：ASEAN）などの地域機関、北大西洋条約機構（North Atlantic Treaty Organization：NATO）などの地域安全保障、さらに各地域限定の北米自由貿易協定（North American Free Trade Agreement：NAFTA）、メルコスル（南米共同市場）や、自由貿易協定（Free Trade Agreement：FTA）や経済連携協定（Economic Partnership Agreement：EPA）なども地域公共財に含まれよう。

　次に、すべての国、人々、世代に広がる便益を備えている財を地球公共財（global public goods）と分類した[1]。それは世界平和、地球環境、国際金融システム、インターネットの普及などを指している。換言すれば、平和、人権、開発、環境問題に直接・間接に影響を及ぼす広範囲の財になるだろう。しかしながらこれら二つの財は、現

代の国際社会においては限りなく差別化することが困難になっている。

　例えば、主要国首脳会議（G7）は7カ国限定の地域公共財だろうか。G7で話される内容は平和、人権、開発、環境を含む国際社会が直面する諸課題解決に向けた議題を話し合う。また、2008年のリーマン・ショックに対処するために、主要先進国・新興国首脳が参加するG20サミットが開催されるようになった。G20はいまや経済・金融のみならず世界経済に及ぼす開発、気候変動、エネルギー、保健、テロ対策、移民・難民問題など地球規模の諸課題を話し合うフォーラムになっている。もはや参加国のための地域公共財の議論ではなく、地球公共財をテーマに扱っている。

　また、私たちの生活には外部性という問題が付きまとう。「外部性とは、ある行為の副産物——すなわち、公の領域へ溢れ出したもの——である」（『地球公共財』33頁）。個人や企業の活動によって生じたコストを自ら負わない場合には「負の外部性」と呼ばれる。大気汚染、水質汚濁、土壌汚染、騒音などの公害が典型的な負の外部性にあたる。公害は公共財である共有資源を破壊し、浪費することである。しかしその一方で、これら公害を克服する環境保全型の産業が推進された点を考えると、「正の外部性」も生起することになったと言える。CSRの普及も同様の考え方につながるだろう。

　インターネットは国際社会のネットワーク化に貢献している一方で、それに伴う犯罪が深刻化している。組織や企業のみならず私たち個人の情報の機密性、情報が捏造されることがない完全性、情報アクセスを確保する可用性というサイバー・セキュリティが求められている。もちろん、身近な問題としてインターネットを利用した「いじめ問題」「人権侵害」なども顕在化している。このようにインターネットは私たちの生活に便宜を与える地球公共財である一方で、それに付随する犯罪は増大の一途を辿っている。「公共悪」からの脱却が真摯に求められている。

カウルらは「すべての国、人々、世代に広がる便益を備えている財」を地球公共財と定義したが、世界銀行の国際貧困ラインとされる1日1.90ドル以下（2011年の購買力平価で計算）で生活する2015年の貧困者数は7億3400万人で世界人口の10％になる[2]。最後発途上地域であるサハラ以南アフリカの貧困率は41.1％である。2020年のUNDPの人間開発指数（Human Development Index：HDI）下位10カ国の出生時平均余命は上位10カ国82.83年に対して58.81年、就業予測年数では、12.60年であるのに対して3.17年、平均就学年数では、18.12年であるのに対して7.93年、1人あたりの国民総所得（Gross National Income：GNI）でも5万6368米ドルに対して1343米ドルというようにHDIの3要素いずれにおいても著しい格差が存在している。

　これらの数値をみてわかるように、「すべての国、人々、世代」に公平な地球公共財の便益が供与されていない。それではあるべき姿の地球公共財をどのように実現したら良いのであろうか。国連は2000年9月に147の国家元首を含む189の加盟国が集まって国連ミレニアム・サミットを開催し、21世紀国際社会が取り組むべきミレニアム開発目標（Millennium Development Goals：MDGs）を採択した。当時の国連事務総長コフィ・アナンは、ミレニアム宣言が「国家の保護よりも、世界の最も虐げられた人びとの苦しみを軽減し、終わらせるためにすべての政府が持つ責任と説明責任の原則に照準を向けた」と述べている（コフィ・アナン『介入のとき──コフィ・アナン回顧録』下巻、21頁）。

　換言すると、貧困と飢餓に苦しむ人々、初等教育にアクセスできない人々、様々な権利を奪われた女性、不衛生な状況下の感染症や脱水症による乳幼児死亡、感染症など疾病に苦しむ人々、安全な水にアクセスできない人々、重債務貧困国で苦しむ人々など、地球公共財の受益者の立場にない人々が国際社会に多数いることを明示している。2015年からは持続可能な開発目標（Sustainable Development Goals：SDGs）がMDGsを引き継ぎ、国際社会へのいっそうの真摯な

取り組みを訴える形で合意された[3]。いずれにせよ誰が地球公共財の受益者なのかを考え、様々な財のうち、どの財がどの程度の地球的な公共性を持っているのかを私たちは吟味しなければならない。

　また、地球公共財においては国内公共財の公共部門に相当するメカニズムがない。つまり国連は世界政府でもないし、その予算は各国の分担金でなりたっている。現在、国連の分担率は加盟国の経済力等の支払い能力から算出され、2020 〜 2022 年現在の最大拠出国が米国の 22%、第 2 位が中国の 15.2%、第 3 位が日本で 8% である。したがって、国連が実際に供給する地球公共財には米国などの大国の意向を反映したものとならざるを得ないので、途上国が抱える諸問題解決につながらない場合もある。また、先進国間においても多様な思惑が交錯し、負担費用をめぐる駆け引きや交渉の紛糾も当然考えられる。

　例えば、国際 NGO やカナダ政府らによって実現した対人地雷禁止条約には、米国、ロシア、中国などの軍事大国は調印をしていない。個人の戦争犯罪を問うために設立された国際刑事裁判所（International Criminal Court：ICC）にも米国は調印していない。さらに京都議定書からも、ポスト京都議定書と言われるパリ協定からも米国は一旦離脱をした。これらの事実は、地球公共財の政治的意思決定の過程には関与しても、実際の地球公共財の負担には積極的な役割を果たしていない国があるということを示している。

　また、グレハム・アリソンの『米中戦争前夜』[4] では、「トゥキディデスの罠」を懸念している。ジョー・バイデン米国大統領は「民主主義対専制主義」「最大の競争相手」として中国の増大する政治的影響力や軍事力を牽制している。アリソンは、古代ギリシアの覇権国家スパルタが台頭するアテネの存在に対抗するために軍事力を増大し、結果的にギリシア全体を戦渦に巻き込むペロポネソス戦争へと展開したことへの類似性を懸念する。

　それに対して、ジョセフ・ナイはむしろ「キンドルバーガーの

罠」を指摘した。かつて第二次世界大戦前夜における英国の覇権は
すでに衰退していたにもかかわらず、新興国家米国が世界経済や国
際金融に積極的に関与をしなかったことが第二次世界大戦に陥った
理由であると指摘した国際金融学者のチャールズ・キンドルバー
ガーの分析を重視したものである。ナイはリーマン・ショック後の
中国の役割を踏まえて、国際金融という国際公共財への中国の寄与
を求める考え方を提起したのだ。

　要するに、地球公共財においては国際レジームの役割が大きい。
地球公共財の安定と供給を目指すうえで、アクター間の利害関係が
交錯し、対立する場合、妥協をさぐる交渉の場も必要になる。例え
ば、私たちが直面する新型コロナウイルス感染症パンデミックを収
束させるには全世界の人々へのワクチン接種が必要になる。COVAX
（COVID-19 Vaccine Global Access）ファシリティという取り組みは世界保
健機関（World Health Organization：WHO）などが主導して、高中所得国
が自らの資金を拠出して自国のみならず、途上国へのワクチン供給
を行う枠組みである。今回のパンデミックは私たちが地球公共財の
存在と重要性を認識する格好の事例となっている。

3. 本書の構成

　5年ぶりの改訂にあたり、本書は章立てと執筆者数を増やして、
国際協力の枠組と各論に分けて大幅な改訂を行った。まず、「フ
レームワーク編〈国際協力の枠組〉」として、国際協力の基本的な
知識を第1章から第9章まで学び、次に「イシュー編〈国際協力が
対象とする諸問題〉」として、国際協力の様々な具体的な領域を第
10章から第18章で理解するように工夫した。

I　フレームワーク編〈国際協力の枠組〉

　第1章（吉川健治・堀江正伸担当）は、本書を読み進めるうえでの基
礎知識として、開発協力のパラダイム・シフトについて説明する。

パラダイム・シフトとは、良いと思われるものやそれに基づく政策の変遷である。パラダイムの変遷は、国際協力が注目し解決しようとするグローバル・イシューの変化でもあり、国際社会が解決に向けて試行錯誤を重ねてきた軌跡でもある。よってパラダイムの推移を理解することは、今後の国際協力の在り方を考えるためにも不可欠なことでもある。

　第2章（宮下大夢担当）は、国際協力において目指すべき指針や理念の一つである「人間の安全保障」を紹介する。人間の安全保障は、提唱後四半世紀を経て国家、国際機関、地域機関、市民社会・非政府組織（NGO）といった多様なアクター（主体）に受け入れられ、国際協力、開発援助、平和構築、人道支援などの分野で実践されるようになった。また、学術的にも、国際関係論、地域研究、開発研究、人類学、社会学、教育学、公衆衛生などの様々な分野に関わることであるため、人間の安全保障の概念を理解することは、本書で紹介されている国際協力のアクターやイシューを理解するうえで一つの視座となる。

　第3章（堀江正伸担当）は、伝統的な国際協力でありつつも近年需要が増えている人道支援について説明する。まずは、人道支援の変遷を辿り、国連システムの中に人道支援が組み込まれる歴史的な経緯を説明すると同時に、現在の国際的人道支援がどのように行われているかを説明する。さらに、増え続ける人道支援の需要に国際社会はどのように対応していくべきかを考察する。

　第4章（山田満担当）は、まず国際平和協力の前提となる「平和」をリベラリズム、リアリズム、コンストラクティヴィズムといった国際関係論の理論的枠組で分析する。そのうえで、国際社会の目指す平和とは何か、自由主義や民主主義といった価値観やそれらの実現を目指すグッド・ガバナンスと国際平和協力の関係を解説する。

　第5章（本多美樹担当）は、国際連合（国連）や世界保健機関（WHO）、世界銀行など日本でもよく知られている国際機関はどのように設立

され、発展してきたのかを解説し、国連を中心にその役割を説明する。さらに、2019年に発生した新型コロナウイルス感染症や2022年のロシアによるウクライナ侵攻などで顕著になる国際機関の限界や課題についても検討する。

第6章（金森俊樹担当）は、前章の国際機関のように全世界を活動の場とするのではなく、ある一定の地域を活動の対象とする地域機関について取り扱う。ヨーロッパ、南米、東南アジア、中東、アフリカで、地域機関がどのように設立され、その他の地域に影響を受けながら地域内ではどのような役割を果たしてきたのか、また現在の国際情勢に鑑み地域機関ならではの利点とはどのようなものかを検討する。

第7章（山本剛担当）は、支援国が独自に支援対象国を決めて援助を行うための機関である二国間支援機関について説明する。また、日本の二国間支援機関であるJICAだけでなく、他国の二国間支援機関についても解説し、二国間支援の財源であるODA（政府開発援助）予算についても世界的な潮流より検討する。

第8章（桑名恵担当）は、国際機関、地域機関、二国間支援機関のように国家が主体となっている機関とは一線を画す非政府組織（NGO）や市民社会の役割に注目する。すでにグローバルガバナンスという言葉が定着しつつあるように、地球社会は政府組織間の関係だけでは対応しきれない諸問題に直面している。そのような状況でNGOや市民社会がその特性を活かして活躍するフィールドも広がっている。また、国際機関や政府との協力など期待が高まる中でのNGOの課題とは何かについても検討する。

第9章（阿部和美担当）は、国際協力の主体として存在感を表している企業について取り上げる。企業は、もちろんそれ自体が国際協力に一役買うこともあるし、企業の製品やサービスを通じて消費者や生産者を介して国際協力に特に興味のない人々を巻き込みもする。技術の進歩とともにグローバル化がますます進展する中、企業は国

際協力においてどのような存在であるかを考察する。

Ⅱ　イシュー編　〈国際協力が対象とする諸問題〉

　第10章（中野洋一担当）は、国際協力の中心的課題である、貧困問題を貧富の格差に注目し説明する。一例をあげれば、世界には1日3.2ドル未満で生活する人々が17億人以上も存在している一方で、タックスヘイブン（租税回避地）には、32兆ドルともいわれる莫大な資金が隠されているという指摘もある。このような具体的な情報をもとに、貧困解決に必要な財源確保について問題を提起している。

　第11章（升本潔担当）は、まず近年大きな問題となっている地球環境問題や環境問題と他章でも取り上げている開発、特に経済発展の関係について説明し、その後人類の生存基盤にとっても脅威となっている地球環境問題の最重要課題である気候変動問題について解説する。さらに、今後環境を保全するために国際協力にはどのような課題があるかを検討する。

　第12章（間辺利江担当）は、2019年に発生後、瞬く間に全世界に拡大し、経済、社会に大きな影響をおよぼした新型コロナウイルス感染症を事例に、途上国ではワクチンや抗ウイルス薬等医療資源の不足から、感染は容易に爆発し重症者の致死率も高いという国際協力の課題が浮き彫りになった過程を解説、「すべての人が必要な医療を受けられる社会」を目指す国際的感染症への対応を考える。

　第13章（福井美穂担当）は、ジェンダーの視点からみた国際協力の変遷を辿りジェンダー概念を整理し、ジェンダーに基づく暴力、性的搾取・虐待ハラスメント被害を解説する。また、今後特に取り組みが必要な分野として、2030年までの国際社会の開発目標である持続可能な開発目標（SDGs）を背景にした開発におけるジェンダー、PKOや人道支援要員による性的暴力の廃絶、女性ピースビルダーを推奨する「女性平和安全保障」推進の重要性を訴える。

　第14章（利根川佳子担当）は、合意された持続可能な開発目標

（SDGs）のうち、4番目の目標として設定されている教育について検討する。教育は、知識・スキルの獲得や人材育成の観点からSDGsの全ての目標に対して影響力を持つ領域横断的な分野であるため、国際協力の中で重要な役割を担っている。本章ではSDGsが目指す「インクルーシブ（包摂的）かつ公正で質の高い教育」とはどのような教育かを解説する。

第15章（佐藤滋之担当）は、住み慣れた場所を離れて別の場所で生活する人々に注目し、なぜそのような選択をするのか、またそのような人々はどのような問題に直面してきたかを解説する。また、移動した人々の中でも、国外に安全を求めるしかなかった難民を取り上げ、彼らを守るために国際社会が行ってきた取り組みとはどのようなものであり、課題は何なのかについて考察する。

第16章（峯田史郎担当）は、世界人口の10〜20％と推計されている少数民族が、社会的に不利な立場にある集団であることが多いため差別や不正行為の対象となり、公的・政治的生活への有意義な参加から排除されているといった問題を整理する。さらに、少数者保護に関する国際社会の普遍的な取り組みや、その取り組みからも取り残される人々に対する多様なアクターによる支援について解説する。

第17章（本多倫彬担当）は、貧困や紛争に苦しむ人々を救う取り組みとして、グローバルな共通利益確保や、経済大国の責務として、国際的なプレゼンスや資源確保のため、あるいはインフラ輸出といった実利のためなど、様々な理由が考えられる国際協力において日本がどのように向き合ってきたのかを考え、世界で起きている新たな課題に対して人口減少や国力低下が懸念される日本が今後どのように取り組むべきかを考察する。

第18章（加藤丈太郎担当）は、日本に住む約296万人の「在留外国人」（2022年6月末日時点）に着目する。また、日本政府が移民政策を否定し続ける一方で移民は着実に日本社会を構成する一員となって

いる現実を直視する。また、彼らは労働者としてだけではなく生活者であるという側面を訴え、実際に日本国内で外国人を支援し共に生きていくための方法と、これまで日本国外で取り組んできた「国際協力」セクターの事例を紹介する。

ゼミナール

①地球公共財の事例をあげて、国際協力のあり方を議論してみよう。

②皆さんの周りにいる（起きている）フリーライダー問題についての例を考えてみよう。

③国連の最大の分担金を支払うはずのアメリカが、なぜ滞納をするのか。その背景にある理由を議論してみよう。

註

1) インゲ・カウル（Inge Kaul）他「地球公共財の供給を改善するには」（高橋一生監訳・編『地球公共財の政治経済学』国際書院、2005 年）38 頁。カウルは、1999 年に出した UNDP の報告書では、「消費の非競合性」「非排除性」と「その便益が普遍性を持っている」財を地球（グローバル）公共財と呼んだ（インゲ・カール、イザベル・グルンベルグ、マーク・A・スターン編（FASID 国際開発研究センター訳）『地球公共財——グローバル時代の新しい課題』日本経済新聞社、1999 年、30 頁）。

2) 世界銀行は、2022 年 9 月 14 日より国際貧困ラインを 1 日あたり 2.15 ドル以下（2017 年の購買力平価で計算）に設定したと FACTSHEET でアナウンスした。この基準では 2019 年で約 6 億 4800 万人、2022 年末までには約 6 億 8500 万人が極度の貧困に陥ると試算している。

3) 『SDGs レポート 2021』によると、SDGs の達成度が高い上位 3 カ国は、フィンランドの 85.9%、スウェーデンの 85.6%、デンマークの 84.9% で、日本は 18 位の 79.8% となっている。

4) グラハム・アリソン（藤原朝子訳）『米中戦争前夜』ダイヤモンド社、2017 年。

文献案内

インゲ・カール、イザベル・グルンベルグ、マーク・A・スターン編（FASID
　国際開発研究センター訳）『地球公共財——グローバル時代の新しい課題』
　日本経済新聞社、1999 年。

コフィ・アナン、ネイダー・ムザヴィザドゥ（白戸純訳）『介入のとき——コ
　フィ・アナン回顧録』上下巻、岩波書店、2016 年。

庄司真理子・宮脇昇・玉井雅隆編『新グローバル公共政策』（改訂第 2 版）晃洋
　書房、2021 年。

UNDP『人間開発報告書』国際協力出版会、及び英語版、各年度版。

世界銀行『人間開発報告』一灯社、及び英語版、各年度版。

II イシュー編 〈国際協力が対象とする諸問題〉

第14章　教育
──「インクルーシブかつ公正で質の高い教育」とは
利根川　佳子　　......................283

第15章　移民・難民
──国境を越える人々のダイナミズムと保護
佐藤　滋之　　......................305

第16章　少数民族
──普遍的保護と取り残される人々への支援
峯田　史郎　　......................329

I

フレームワーク編〈国際協力の枠組〉

─────────────────────第 1 章

開発支援
そのパラダイムの変遷に注目して

吉川　健治・堀江　正伸

開発支援は国際協力の大きな部分を占める。また人道支援など開発支援以外のカテゴリーに分類されることがある支援も、時代とともに移り変わる開発支援政策の影響を受けてきた。最近の開発支援のトレンドであり、日本でもすっかり馴染みが深くなった「持続可能な開発目標（SDGs）」に至っては、国際協力に関連する全てのイシューを網羅しているようにも見える。

　そこで、本章では開発支援の潮流、パラダイムの変遷を概観する。そこから開発支援はどの様に国際政治の影響を受けてきたかについて若干の考察をしてみたい。またパラダイムの変遷は、国際協力が注目し解決しようとするグローバル・イシューの変化でもあり、国際社会が解決に向けて試行錯誤を重ねてきた軌跡でもある。よってパラダイムの変遷を理解することは、今後の国際協力の在り方を考えるために不可欠なことでもあるのである。

はじめに

　本章では、国際協力の大きな部分を占める開発協力とはどの様なものかについて考察してみたい。開発協力には、コミュニティ、参加、オーナーシップ、パートナーシップ、レジリエンスなど、時代とともに移り変わるキーワードが存在する。最近、日本語で「持続可能な」と訳される "Sustainable" という単語をよく目にする。国際協力の初学者であっても、SDGs（Sustainable Development Goals）、持続可能な開発目標という言葉を聞いたことがある方は少なくないのではないだろうか。

　では、何故開発協力にはこのようなキーワードやトレンドが存在するのだろうか。それは、パラダイムシフトと呼ばれるものに関連している。パラダイムとは、あることに対して広く受け入れられる見方や考え方のことである。つまり、見方や考え方が変遷しているからキーワードが変わるのである。パラダイムが何故、どの様に変化してきたかを理解することは、本書で取り扱う事柄がどの様に問題化し、どの様に解決策が模索され、また今後何が行われるべきかを考察する一助となるのではないだろうか。

　国際協力がいつから始まったかは特定できない。例えば第3章で説明する人道支援などは、国家の概念が生まれる前から行われていた。植民地支配はどうだろうか。そもそも「開発」とは、「役立てること」や「利用すること」を意味しているが、「未開」で「野蛮」な地を植民地化し「開発」することは16世紀頃より行われていたのである[1]。

　とはいえ、現代のような国家や国際機関、NGO などが行う国際協力の思想や基盤整備は、第二次世界大戦中に戦後の国際社会の在り様が模索されていた頃、また戦後に計画が実行されていった頃に形作られていった。現在でも国際協力の文脈で使われる「恐怖からの自由」「欠乏からの自由」という言葉は、1941年にアメリカ大統

領であったルーズベルトが一般教書演説で使ったものである。よって本章では、第二次世界大戦後の開発協力パラダイムの変遷を概観してみることとしたい。

第1節　経済開発

　第二次世界大戦後に始まった開発協力の下地となったのが、1943年に設立された連合国救済復興機関（United Nations Relief and Rehabilitation Administration：UNRRA）である。UNRRAの活動は1947年まで続いたが、ヨーロッパとアジアで1万2000人以上の職員を抱え、数億ドルの援助金を配分した。UNRRAは国際連合（国連）ではないが、国連による支援の原点となった機関である[2]。UNRRAに人員面、資金面で多大な拠出をしていたアメリカは、グローバルな戦後構想の中で引き続き国連による支援を政治的な中心に据えた。

　国連とともに戦後の復興支援において経済面で中心的な役割を担ったのが、国際通貨基金（International Monetary Fund：IMF）と国際復興開発銀行（International Bank for Reconstruction and Development：IBRD）であった。IBRDは複数の組織から成る世界銀行の中核を占める構成組織である。これらの組織は、経済のブロック化が二度の大戦を引き起こしたことへの反省より、為替相場の安定、自由な貿易体制、開発途上国支援などを目指して作られた組織である。アメリカが中心となり構想されたが、1944年にアメリカ・ニューハンプシャー州のブレトン・ウッズで行った会議で締結されたことより、ブレトン・ウッズ機関と呼ばれることもある。

　開発協力の黎明期に国連や世界銀行の活動方針を後押ししたのが、アメリカが実施したマーシャル・プランと呼ばれるヨーロッパの開発支援計画であった。マーシャル・プランの名称は、ルーズベルトの後を引き継いだトルーマン政権（1945〜1953年）で国務長官を務めたジョージ・マーシャルに由来する。マーシャル・プランは、戦後

間もなくアメリカとソ連によるイデオロギー闘争である東西冷戦が激しさを増す最中、ヨーロッパ社会の経済的健全性の回復を目的とした支援であった。アメリカは、マーシャル・プランをもってヨーロッパにおける共産主義の災禍を封じ込めようとしたのである[3]。

ヨーロッパ以外の地域はどうであろうか。マーシャル・プランを通して国境を越えた経済学者や社会科学者のネットワークが形成されていったが、彼らは計画化と投資と技術をうまく組み合わせれば、ヨーロッパでの復興の手法は、ヨーロッパ以外の低開発地域でも有効であると考えた。つまり経済的健全性と精神的活力の回復を目的とした支援は、どこでも経済成長を促すことができ、低開発地域の開発にも普遍的に適用できるか、他の環境にも転用できると考えたのである。そのため、世界銀行は当初の復興という目的に、開発という役割も負うこととなったのである。

さらに、トルーマン大統領はマーシャル・プランに続くポイント・フォー・プログラムを打ち出し、人道主義と開発の概念、そして冷戦を結び付けていった。ポイント・フォー・プログラムの所以は、1945年の大統領就任演説に含まれるアメリカ外交戦略「四大行動指針」である。その内容は、①国連や国際機関への支援の続行、②世界経済回復プログラムの続行、③自由愛好国の強化、そして④科学技術進歩と産業発展の恩恵を低開発地域を改善し成長させるために利用する、であった。

このポイント・フォー・プログラムは、前述のUNRRAやマーシャル・プランとは違い、緊急措置や復旧に焦点を当てているのではなく、長期間の継続を意図していた。その背景には、経済状況が改善されれば、民主的な制度やより平和な世界に繋がるという期待があったのである。第5章で紹介する、国連システムの中で開発を担当している国連開発計画（United Nations Development Programme：UNDP）の前身である国連拡大技術援助プログラム（Expanded Programme of Technical Assistance）は、このポイント・フォー・プログラムに後押し

されて作られた機関である。

　こうしたアメリカが主導して進められた国連や世界銀行の支援は、日本でも行われた。1950年代から60年代に、世界銀行が日本の経済成長支援のために融資を行った案件は31に上る。その中には、発電所、製鉄所、車工場、高速道路、東海道新幹線などが含まれるが、日本の戦後復興、経済成長を支えたものばかりであるだけでなく、今日まで我々の生活を支えているものも多い。

　また国連は60年代を「開発の10年」と位置付け、経済開発支援を促進した。「開発の10年」は、61年にアメリカのケネディ大統領により提唱され、発展途上国における年間5%以上の経済成長を狙った先進国の支援を決議したものである。

　ここまで経済開発支援の初期の動向を見てきたが、次の議題に入る前に二つのことを指摘しておきたい。まず一つ目は、経済開発支援は戦争で荒廃した国々の復興や発展途上国の経済成長を目的として行われたことは間違いないが、その背景には冷戦の激化があったことである。つまりアメリカが独自にまた国連や世界銀行を通じて行った経済開発には、自由主義圏を拡大するという目的もあったということである。二つ目は、重厚長大産業に重きを置く経済開発は「経済が発展すれば、富はやがて貧困層にも及び、恩恵をもたらす」という考えに基づいていたことである。この考えは、「トリクルダウン仮説」と呼ばれているが、先に紹介した日本の例ではその考えは少なからず事実であることが分かる。

第2節　社会開発

　1970年代に入ると、経済開発の問題も見えてきた。国連開発の10年の間に途上国の経済成長は5.5%と目標を上回る成果を達成したにもかかわらず、それが貧困問題の解決には繋がらなかったのである[4]。経済開発支援は、どの様な場所においても支援は普遍的に

効果があるという仮説と、経済が発展すればやがては貧困層にもその富が及ぶというトリクルダウン仮説に基づいて行われたが、それらの仮説が万能でないことが分かってきたのだ。

　仮説が機能しない理由は幾つか考察されてきたが、その一つが、発展途上国においてはトリクルダウンの恩恵を受けられる人々と、そうでない人々がいるということである。例えばインドネシアを考えてみたい。首都ジャカルタの町は 1970 年代には高層ビルが出現し、既に街のいたるところで車による渋滞が発生していた一方、地方都市には電気もない状態だったのである。ジャカルタなど大きな町では、貧困層が住む住宅が密集するいわゆるスラムと呼ばれるような地域が形成されていく。つまり、経済発展による富の滴りが、そもそも届かない人々が多くいたということであり、経済開発とともに彼らには最低限の教育、医療、保健衛生、住宅などを提供する必要があることが分かってきたのである。

　そこでアメリカ、世界銀行、国際労働機関（International Labour Organization：ILO）などは、貧困層に対して教育、医療などのニーズを満たすような支援を行うようになる。このような支援の戦略は、BHN アプローチと呼ばれる。"BHN" とは Basic Human Needs、つまり「人間の基本的ニーズ」である。

　1970 年代世界銀行は、マクナマラ総裁の指導の下で、人的資本投資政策として BHN アプローチを展開した。具体的には食料、住居と衣料、教育、安全な水、保健といった公的サービスへの支援である[5]。1976 年には、ILO も生産的雇用の拡大、極端な不平等の縮小、平等な成長の配分を促進するため、社会の最貧困層の人々に対して最低レベルの生活水準を設定すべきとし、「栄養、衣服、健康、水と栄養、住居」の 5 分野を基本的ニーズとして設定した。ILO は、その名のとおり労働問題を取り扱う国際機関であるが、BHN アプローチを提唱した背景には、貧困層の労働性を高めることが必要であるとの認識があったと言われている。

BHN アプローチは、教育、健康、つまり学校や病院といった社会サービスを提供することから社会の開発ではある。しかしながら、次節で説明するような「人間開発」や 2000 年に国連主導で設定された開発目標である Millennium Development Goals（MDGs）が社会開発であるとする見方[6]や、BHN が社会開発第 1 期で後者が第 2 期であるとする見方[7]もある。いずれにしても、BHN は本来の「社会」やその構成員である「個人」は受益者ではあったが、主体ではなかったということであろう。

　それでは何故 BHN は、社会開発か否かという疑問が生じるのであろうか。それは、社会を開発することが目的ではなく、経済成長の手段としての開発といった側面があったからである。例えば 1979 年にノーベル経済学賞を受賞したセオドア・シュルツは、人間及び知識に関する投資は、将来の収入及び満足を得るための資源を確保することだと述べる。人口が増加するにつれてやがて地球では人口に対し十分な食糧が作れなくなる、天然資源は消耗するという説に対して彼は、経済生産性はスペース、エネルギー、農耕地によって運命づけられているのではなく、人間の能力によって決定されると反論する[8]。つまりこの時代、教育、健康などの社会サービスを整備することは、社会や人間そのものの成長より、経済成長の条件と捉えられていたのである。

　1970 年代後半になると、BHN 戦略は衰退していく。その背景にあったのが二度にわたるオイルショックであった。世界経済の低迷は、発展途上国の経済を直撃し累積債務が増えていったのである。このような事態に対し IMF や世界銀行は国際収支改善のための融資を行った。その際、発展途上国が再び同じ状態に陥らないために、融資に付帯条件として緊縮政策を内容とする経済安定化政策を勧告した。このような政策を構造調整政策と言う。

　BHN 戦略では、健康、教育といった社会サービスの充実が図られたため、政府の負担が大きくなりいわゆる「大きな政府」が必要

となった。一方、構造調整政策は市場至上主義に則っており、歳入増のための増税、支出削減を狙った文教・福祉予算のカット、公務員賃金の引き下げ、農業従事者に対する補助金の削減、公共料金の補助金削減などが含まれていた。つまり「小さな政府」が効率的であるという考え方である。しかし構造調整政策は、予算削減項目を見れば分かるとおり、初等教育の有償化（教科書の有料化）、健康保険制度改定による医療費負担の増加など、貧困層をより厳しい状況へ追い込んでいった。そのため、1980年代は開発の文脈で「失われた10年」と呼ばれている。またこの時期の特徴として国際政治を二分していた冷戦の影響もあり、国連の力が弱まっていたことも指摘されている[9]。

第3節　人間開発——人間やコミュニティへの注目

　1980年代に経済開発を実施しても貧困問題に解決が見られない中、パキスタンの経済学者マブーブル・ハクは開発の基本的な目的は、人々の選択の幅を広げることであると主張した。経済成長においては所得という唯一の選択肢に焦点を当てるが、人々の選択の多くは、経済的な幸福の枠を超え、知識や保健、清潔な物理的環境、政治的自由、ささやかな人生の楽しみなど、所得のみに左右されるものではない、よって開発は人間を関心の中心に据えるべきであると論じた[10]。

　また、インドの経済学者アマルティア・センは、人間は誰も潜在的な能力を持っており、その能力が開花できない状況こそが開発の妨げとなっているとの「潜在能力アプローチ」を発表する[11]。1980年代は構造調整政策により国家や政府が主体となることが開発の主流であったが、ハクやセンは人間個人が持つ能力へ注目したのである。

　もう一つ紹介しておきたいのが、1980年代より開発協力現場に

おいて注目された「参加型」と呼ばれる、支援される側の視点に立った取り組みである。参加型の提唱で中心的な役割を果たしたロバート・チェンバースは、援助者は「中心」から「周縁」へ、上から下へと物事を見る傾向があり、問題の本質を見失う傾向があると批判している[12]。その上で、ソーシャル・ワーカー、社会学者、人類学者が農村にてコミュニティの優先事項を見定めることを手伝うことの有効性を指摘、参加型の支援を提唱している。この潮流は国連など「上流」の支援政策文書の中にも、「参加（participation）」「オーナーシップ（ownership）」といった語句が散見されることのきっかけともなった。

　1980年代後半になるとUNDPは、潜在能力アプローチや参加型開発といった人間やコミュニティへの注目を基に、「人間開発」という概念を登場させた。UNDPによると人間開発とは「人々が各自の可能性を十全に開花させ、それぞれの必要と関心に応じて生産的かつ創造的な人生を開拓できるような環境を創出する」[13]ことである。人間開発では、開発度合いを示すためにGNPといった経済的指標に代わって識字率、教育の度合い、男女差などに注目した指標である人間開発指数（Human Development Index：HDI）が使われた。1990年以降UNDPは、各国の人間開発指数をまとめ『人間開発報告書（Human Development Report）』を発行している。

　『人間開発報告書』は毎年、各指数の発表とともに人権、民主主義など開発と関連する事項に関する特集を組んでいる。その1994年版で特集されたのが、「人間の安全保障」という概念である[14]。「人間の安全保障」については第2章で詳しく取り扱うが、報告書は冷戦の終焉に伴い、人々の心配は国家間の外敵からの安全確保ではなく実は日常生活の中にあり、我々は安全に対する思考の転換を求められていると指摘し[15]、人間の安全に対する脅威からの安全を二つに分類している。それらは「日常生活のパターンを脅かすような急性的脅威からの安全」と「飢餓、病気、（政治的）抑制などの慢

性的脅威からの安全」であり、それぞれ「恐怖からの自由」と「欠乏からの自由」と表現されている[16]。つまり紛争などにより生ずる脅威と、食糧、水、健康維持に関するサービスなどが欠如することにより生ずる脅威である。つまり、開発は、人間開発を通して、安全保障の問題ともリンクされていくこととなったのである。

第4節　ミレニアム開発目標
（Millennium Development Goals：MDGs）

（1）冷戦後の開発協力政策の見直し

　1989 年に冷戦が終結し 1990 年代に入ると、開発支援の潮流は「失われた 10 年」への反省もあり大きな転換期を迎えた。国際的議論は活発化し、経済協力開発機構（Organization for Economic Cooperation and Development：OECD）や世界銀行といった開発機関の政策にも変化が見られるようになった。OECD 内に組織された開発協力委員会（Development Assistance Committee：DAC）は 1995 年 5 月、それ以前の 30 年間に行われた支援の成果を評価しつつ、メンバー国のより強固な協力を促す『新しい世界の状況に応じた開発パートナーシップの在り方（Development Partnership in the New Global Context）』[17] を発表した。そこで強調されたのは開発協力の効果と効率の向上であったが、同時に OECD メンバーの ODA 総額を世界総計の 90％である 50 億ドル以上確保することを約束した。冷戦の終結とともに、支援出資国（ドナー国）は財政赤字など国内問題を優先事項とし対外支援予算を減額していたのである[18]。DAC は、翌 1996 年 5 月、具体的な開発目標を含んだ『21 世紀に向けて——開発協力を通じた貢献（Shaping the 21st Century: The Contribution of Development Co-operation）』[19] を発表する。

　『21 世紀に向けて』は、貧困の削減、初等教育の普遍化、ジェンダー間の平等、基本的医療の充実、環境の保持などを目標に掲げている。しかし具体的な実行計画はなく、ドナー国が支援の効率化や

表 1-1　1990 年代に開催された社会開発に関する国際会議等

年　月	国際会議
1990 年 3 月	万人のための教育世界会議
1990 年 5 月	『人間開発報告書』発行開始
1990 年 9 月	子供のための世界サミット
1992 年 11 月	環境と開発に関する国際連合会議
1992 年 12 月	国際栄養会議
1993 年 6 月	世界人権会議
1994 年 3 月	『人間開発報告書』「人間の安全保障」特集
1994 年 9 月	国際人口開発会議
1995 年 3 月	国連世界社会開発サミット
1995 年 9 月	第 4 回世界女性会議
1996 年	国連貧困撲滅年
1996 年 6 月	第 2 回国連人間居住会議
1996 年 11 月	世界食糧サミット

出所：筆者作成

透明性を目指して合意した文章という印象もあった。しかしながら、諸問題を経済、社会、環境の三つの大項目で整理していることは、後の SDGs にも共通することとなっており注目に値する。

　冷戦期に力が弱っていたとされた国連は冷戦後にその権威を取り戻し、多くの国際会議を開催、貧困、教育、ジェンダーといった社会問題の国際的合意形成を主導しようとした。例えば、1990 年 3 月、国連児童基金（ユニセフ、United Nations Children's Fund）、国連教育科学文化機関（ユネスコ、United Nations Educational, Scientific and Cultural Organization）、UNDP 及び世界銀行の主催で、タイのジョムティエンで「万人のための教育世界会議」が開催された。その結果、全ての人に就学前教育、初等教育、前期中等教育及びノンフォーマル教育（成人教育、識字教育など）といった基礎教育を提供することを世界共通の目標とする「万人のための教育」[20] が世界的な目標として採択された。

　また 1992 年にはローマで「国際栄養会議」、1993 年にはウィーンで「世界人権会議」、1994 年には国連人口基金（United Nations Population Fund）の主催で「国際人口開発会議」がカイロで開催された。

人口に関する会議は 1974 年と 1984 年にも開かれていたが、初めて会議名に「開発」というコンセプトが入れられ、文字どおり家族計画の重要性、女性の権利ベースの性と生殖に関する健康が開発と結び付けられた。その他多くの分野で行われた会議は、表 1-1 にまとめておく。

（2）MDGs の採択と評価

2000 年代に入り間もなく、2015 年までの国際社会の開発目標である MDGs が 2000 年 9 月に国連ミレニアムサミットで採択された『国連ミレニアム宣言』を基に設定された。それに先立つ 2000 年 6 月、国連、IMF、世界銀行が合同で『2000 年全ての人により良い世界を（2000 A Better World for All）』[21] という文書を発表しており、1990 年代に主要国際機関が個別に行ってきた開発に関する議論を取りまとめていた。文書では、世界が力を合わせていくべき問題として、①貧困の削減、②初等教育の完全普及、③ジェンダー間の平等、④乳幼児死亡率の削減、⑤妊産婦死亡率の削減、⑥生殖に関わる健康の改善、⑦環境の悪化の防止を上げている。MDGs はこれらの項目に、開発に関わる主体間の連携を強固にするという 8 番目の問題を追加して設定したものとなっている。

MDGs 達成を目指して行われた努力の結果は、2015 年発行の『ミレニアム開発目標報告書（The Millennium Development Goals Report 2015）』[22] にまとめられている。報告書では、発展途上国で極度の貧困に苦しむものが 1990 年の 47％から 14％に減少し、人数も 1990 年の 19 億人から 2015 年には 8 億 2500 万人あまりに減少したことや、発展途上国での初等教育への就学率が 2000 年の 83％から 91％へ向上したことなどの多くの成果が報告されている。

その一方、2015 年までに目標が達成されずに、今後の課題として残ったものも報告されている。例えば、女性の意思決定への参加の割合は男性のそれよりも低く、貧困の割合は高く、また就業の機

会も限定的であることが指摘されている。また、貧困層と富裕層を比較すると就学率や5歳以下の死亡率で大きな差があること、農村部と都市部の比較においても出産時の医療体制や飲み水へのアクセスという面において大きな差があることが報告されている。つまり、MDGsで設定された多くの目標達成を数値で見た場合大きな成果があった反面、貧困層と富裕層、居住する場所の違いによる格差が広がったという結果である。

また、7番目の目標である「環境の持続可能性確保」をチェックしておきたい。1990年以来炭酸ガスの排出は50％増加し気候変動の要因となっていること、伐採により森林が減少していること、水産資源の乱獲などにより多くの生き物が絶滅に瀕していること、世界の40％の人々は水不足に直面しておりその割合は今後も増加すること等が指摘されている。さらに、紛争は、難民等、移動を余儀なくされる人々の人間開発の妨げとなっていることも報告されている。これらの結果「何百万人もの人々が置いてきぼりになった」と振り返りMDGsを締めくくっている。

第5節　持続可能な開発目標（Sustainable Development Goals：SDGs）の時代へ

MDGsが終了する2015年の9月、新たな開発目標であるSDGsが『世界を変革する——持続可能な開発のための2030アジェンダ』が国連総会で採択されたことで発足した。「持続可能な開発」という概念は、1980年、国連環境計画（United Nations Environment Programme：UNEP）、国際自然保護連合（International Union for Conservation of Nature and Natural Resources）、世界自然保護基金（World Wildlife Fund）が提出した『世界保全戦略（World Conservation Strategy：Living Resource Conservation for Sustainable Development）』にて初めて示された。『世界保全戦略』での「持続可能な開発」は「環境汚染が人類の存続にとって脅威になっ

ている」という意味合いのみで使われており、現在のSDGsが目指すものとは相違がある。しかし、SDGsとMDGsを比較すれば、SDGsでは環境面での目標が増えており、環境と開発の関連性が強まったことは明らかである。

　環境と開発の関係は、1960年代より議論されてはいた。既出のとおり1960年代は「開発の10年」が施行され工業的な開発が世界各地で進んだが、それに伴い環境保全への関心も高まったのである。1972年シンクタンクのローマクラブは、『成長の限界』[23]を発表する。『成長の限界』では「通常、汚染の発生を伴うような活動の便益は、時間的にも空間的にも、その費用と対応していない」、つまり、経済成長と環境保全はトレード・オフの関係であると説明している。同じ年には、「国連人間環境会議」がストックホルムで開催され、『人間環境宣言』[24]が採択された。宣言では、人類が環境から受けている恩恵を認識し、開発途上国では一次産品や原材料の採取により、先進国では工業技術開発により環境を破壊することを避けなければならないことが確認された。また、環境保全分野における先進国の開発途上国への支援の必要性も謳われている。この会議の結果、先述のUNEPも発足している。

　こうした新しい開発と環境の考え方がより明らかになったのは、1984年国連に設置された「環境と開発に関する委員会（World Commission on Environment and Development）」[25]がまとめた最終報告書である。『私たちの共通の未来（Our Common Future）』と題された同報告書では「これまでも、環境保全のために技術協力がされ原料やエネルギーの効率性も向上してきた。しかし、環境と開発の関係はそれだけでは不十分であり、環境と開発の双方を適切に管理することに失敗すれば、それは全ての国々を脅かすことになる」と開発と環境保全の関連の強さを訴えている[26]。また、持続可能な開発を「将来の欲求を満たしつつ、現在の欲求も満足させるような開発」[27]と定義づけている。

1992 年には「環境と開発に関する国際連合会議」がリオ・デ・ジャネイロで開催され、持続可能な開発の課題に対する行動への政治的勢いを加速した[28]。成果文書は『アジェンダ 21（Agenda 21）』[29]として知られているが、環境問題から教育問題や女性の行動の必要性まで、環境問題と社会・経済開発問題を幅広く含んでいる。また同会議の結果、「持続可能な開発委員会（Commission on Sustainable Development）」も発足している。

2002 年には、『アジェンダ 21』の見直しや新たに生じた課題などについて議論を行うため、ヨハネスブルグ（南アフリカ）において「持続可能な開発に関する世界首脳会議」が開催され、世界の政府代表や国際機関の代表、産業界や NGO 等 2 万人以上が参加した。その成果文書である、『持続可能な開発に関するヨハネスブルグ宣言』[30] は、「我々は、地球を救い、人間の開発を促進し、そして世界の繁栄と平和を達成する」としている。環境と社会開発を、今後の世界の繁栄の条件とした見解である。また 2002 年サミットでは、「持続可能な開発のための教育」を推進していくことが決定され環境と社会開発を繋ぐ具体的な合意も見られた。

2012 年には再びリオ・デ・ジャネイロで「国連持続可能な開発会議（リオ＋ 20）」が開かれたが、そこで現在の SDGs への具体的な動きが始まった[31]。SDGs の最大の特色は、社会開発、経済開発、環境保全を包括的に取り扱っている点である。今までの国際会議の合意では、社会開発、経済開発、環境保全との文言が登場しつつも、開発は開発途上国の問題あるいは支援の問題との見解があったため統合が図りにくかったのである。しかし、「リオ＋ 20」の成果文書である国連総会決議『我々の求める未来』[32] では、「リオ＋ 20」は1992 年にリオ・デ・ジャネイロで、2002 年にヨハネスブルグで開催された環境に関する会議と一連のものであることを言いつつ、これまでは社会、経済、環境の三つの要素の融合が不十分か、むしろ後退していたことに言及している。その上で、全文書にわたってこ

表 1-2　SDGs に至る開発パラダイムの変遷

年代	社会・経済開発	環境問題
1940 年代	マーシャル・プラン	
1950 年代		
1960 年代	国連開発の 10 年	
1970 年代	人間の基本的ニーズ（BHN）	成長の限界（ローマクラブ） 『人間環境宣言』
1980 年代	構造調整政策	環境と開発に関する国連会議 『私たちの共通の未来』（「持続可能な開発」概念の普及）
1990 年代	人間開発 人間の安全保障 国連主導の社会開発に関する会議 （表 1-1 参照） DAC『21 世紀に向けて』による開発目標	国連環境開発会議 『アジェンダ 21』
2000 年以降	MDGs	
		持続可能な開発に関する世界首脳会議 『持続可能な開発に関するヨハネスブルグ宣言』 持続可能な開発に関する世界会議（リオ + 20） 『我々の求める未来』
	SDGs	

の三つの要素統合の重要性を確認する内容となっている。

　また、『我々の求める未来』では 2015 年に満了を迎える MDGs 以後の開発目標と統合されることと決定された。つまり、『アジェンダ 21 (1992)』『ヨハネスブルグ計画書 (2002)』そして 2012 年「リオ + 20」へと続いた環境主導のラインと、1990 年代の社会開発に関する様々な国際会議から MDGs へ継続してきた開発主導ラインがこ

こで統合されたこととなる。

　ここまで見てきたように、「持続可能な開発」という言葉は、環境分野での国際協力の潮流が生み出した言葉であるが、それがやがて MDGs の一つの目標となり、2015 年にまさにその文言がタイトルとして採用された SDGs が採択されたことで、環境は他の経済、社会と並んで国際社会が協力して対応しなければならない問題として存在感を示すようになった。

　本節で振り返ったように環境問題は 1970 年代より地球全体の問題、つまり人類の存続を脅かす問題として捉えられてきた。一方、貧困、教育などの経済、社会問題は 1940 年代より議論されてはいたが、国際情勢の変化に影響されつつ、究極的には「その場、その人たちの問題」として限定的に捉えられてきた。MDGs においても、極度の貧困を半減する、就学率を上昇させるなど、開発はいわば「支援してあげる」べき問題という認識であったのではなかろうか。

　しかし、MDGs が採択されて以降、社会、経済問題は、環境問題とも大きく関係していることを示す出来事が注目されるようになった。例えば、気候変動により水資源が少なくなったことが紛争に繋がる例も報告されているおり、MDGs の結果報告書は近い将来地球上の 40％の人々が水不足に苦しめられ、経済開発、社会開発に影響が出ることへの懸念を示している。地下資源や食料のことを考えてみると、日本は原油、天然ガスといった主要な地下資源のほとんどを、また食料の 60％を輸入している。開発途上国から輸入されるものも多い。輸入元地域の平和が脅かされたり、災害で作物の収穫ができなくなったりしたらどうだろうか。つまり、社会・経済開発の最大の焦点であり続けている貧困は、貧困に苦しむ人々だけでなく実は環境と同じように人類存続にとって脅威となっているとは言えまいか。こう考えると、SDGs で社会、経済、環境の三つの分野における目標統合がなされたことは、大きな前進でもあり、必然でもあるように思える。

おわりに

　本章では約10年毎に変遷する開発協力のパラダイムがそれぞれ
どの様な問題に焦点を当てていたかを、パラダイム形成を取り巻く
状況とともに紹介してきた。パラダイムは国際政治の状況や、国連
や世界銀行といった「上流」の会議で決まってきた感がある。しか
し、本来の開発協力の主眼は、支援を必要としている人々の生活を
好転させることである。パラダイムが変遷する間、彼らの生活はど
の様に変化したかということは検証されなければいけない。例えば、
直近のパラダイムであるSDGsは日本では一定の認知度を獲得して
いる。しかし、国内で行われている努力は自国に関係の深い環境問
題などに偏っているようにも見える。しかし本章で説明したとおり
SDGsが世界の目標であり、「誰も取り残さない」ことを目指すなら
ば、「既に取り残された人々」についてどの様に手を差し伸べてい
くのかということも引き続き議論されなければならないであろう。

　さらに日本国内においても、今までともすると「途上国の問題」
と考えられあまり注目を集めてこなかった貧困、教育や健康管理に
おける不平等といった問題も確実に存在する。また、外国人労働者
の受け入れに関する入国管理上の制度作りが進む昨今、彼らの入国
後の生活に対する備えが十分でないことも指摘されている。日本国
内にもSDGsの設定する17の目標全般にわたって再考されるべき問
題があるのである。世界全体でのSDGs達成に向けて、日本が果た
すべき役割は少なくない。

ゼミナール

①経済開発支援が有効に作用する条件はどの様なものがあるか考えてみよう。

②2030年以降の開発目標が策定される時どの様なイシューが盛り込まれるか、2015年以降の国際社会の問題から考察してみよう。

③SDGs達成のために、私たちができることを17のゴール全てについて考えてみよう。

註

1) 石井洋二郎「思想としての開発」川田順造他編『歴史の中の開発』岩波書店、1997年。

2) 大平剛『国連開発援助の変容と国際政治』有信堂、2008年。

3) サラ・ロレンツィーニ（三須拓也・山本健訳）『グローバル開発史——もう一つの冷戦』名古屋大学出版、2022年。

4) 同註2。

5) 西川潤『社会開発——経済成長から人間中心型発展へ』有斐閣、1997年。

6) 斎藤文彦『国際開発論——ミレニアム開発目標による貧困削減』日本評論社、2005年。

7) 同註5。

8) セオドア・W・シュルツ（伊藤長正・大坪檀訳）『「人間資本」の経済学』日本経済新聞社、1985年。

9) Hulma, David, *The Millennium Development Goals (MDGs): A Short History of the World's Biggest Promise*, BWPI Working Paper 100, University of Manchester, 2009.

10) マブーブル・ハク（植村和子他訳）『人間開発戦略——共生への挑戦』日本評論社、1997年。

11) アマルティア・セン（池本幸生他訳）『不平等の再検討——潜在能力と自由』岩波書店、1999年他を参照のこと。

12) ロバート・チェンバース（穂積智夫他監訳）『第三世界の農村開発——貧困の解決−私たちにできること』明石書店、1995年。

13) UNDPウェブサイトより（http://www.undp.or.jp/hdr/）。2023年2月6日閲覧。

14）人間の安全保障は、1993 年版にも新しい概念としてその有用性が説明され
ている。

15）UNDP "Human Development Report 1994", 1994.

16）前述のとおり、「恐怖からの自由」「欠乏からの自由」は 1941 年にルーズベ
ルト大統領が所信表明演説で使った文言である。

17）OECD, *Development Partnership in the New Global Context*, 1995.

18）同註 9。

19）OECD, *Shaping the 21st Century: The Development of Development Co-operation*,
1996.

20）英語タイトルは "Education for All"。

21）IMF, OECD, World Bank, UN, *2000 Better World for All: Progress towards the International Development Goals*, 2000.

22）UN, *The Millennium Development Report 2015*, 2015.

23）D・H・メドウズ、D・L・メドウズ、J・ランダーズ、W・W・ベアランズ
三世（大来佐武郎監訳）『成長の限界』ダイヤモンド社、1972 年。

24）UN, *Report on the United Nations Conference on the Human Environment* (A/
CONF.48/14/Rev.1), 1972.

25）同委員会は、ブルントラント・ノルウェー首相が委員長であったことから
「ブルントラント委員会」として知られている。

26）UN, *Report on the United Nations Conference on the Human Environment* (A/
CONF.48/14/Rev.1), 1972, Ch. 1, Para. 39 and 40.

27）Ibid, Ch. 1, Para. 49.

28）蟹江憲史『持続可能な開発目標とは何か──2030 へ向けた変革のアジェン
ダ』ミネルヴァ書房、2017 年。

29）アジェンダ 21 は UN, *Report of the United Nations Conference on Environment and
Development* (A/CONF.151/26), 1992 の付属文書 2 である。

30）『持続可能な開発に関するヨハネスブルグ宣言（Johannesburg Declaration on
Sustainable Development）』は UN, *Report of the World Summit on Sustainable Development* (A/CONF.199/20), 2002 の付属文書である。

31）実際には、リオ＋20 を控えた 2011 年 9 月の国連総会において、コロンビア
政府がリオ＋20 に期待する成果の一つとして提案したのが SDGs であった
（蟹江、2017）。

32）UN, The Future We Want (A/Res/66/288), 2012.

読書案内

大平剛『国際開発援助の変容と国際政治――UNDP の 40 年』有信堂、2008 年。

サラ・ロレンツィーニ（三須拓也・山本健訳）『グローバル開発史――もう一つの冷戦』名古屋大学出版会、2022 年。

アマルティア・セン（池本幸生・野上裕生・佐藤仁訳）『不平等の再検討――潜在能力と自由』岩波書店、1999 年。

蟹江憲史『持続可能な開発目標とは何か――2030 年に向けた変革のアジェンダ』ミネルヴァ書房、2017 年。

佐藤仁『反転する環境国家――「持続可能性」の罠をこえて』名古屋大学出版会、2019 年。

第 2 章

人間の安全保障

21 世紀世界の連帯と協力に向けて

宮下　大夢

国際協力において目指すべき指針や理念とはなんだろうか。その答えの一つが「人間の安全保障」という考え方である。提唱から四半世紀の間に、人間の安全保障は、国家、国際機関、地域機関、市民社会・非政府組織（NGO）といった多様なアクター（主体）に受け入れられ、国際協力、開発援助、平和構築、人道支援などの分野で実践されるようになった。また、学術的にも、人間の安全保障に関する研究は、国際関係論、地域研究、開発研究、人類学、社会学、教育学、公衆衛生などの様々な分野で行われてきた。国際協力のアクターやイシューについて学ぶ前に、本章では国際協力における重要な概念である人間の安全保障について考えてみよう。

はじめに

　21世紀の世界に生きる私たちは、貧困・格差、武力紛争、難民問題、感染症、環境破壊、気候変動、自然災害といった数多くの問題に直面している。最も大きな影響を受けるのは貧困層や脆弱な立場にある人々である。また、これらの問題は国境を越える脅威であるため、各国が単独で対抗することは困難である。だからこそ、本書のテーマである国際協力が必要となる。それでは、多様な脅威から人々の命が守られ、安心して暮らせるようにするために、具体的にどのような国際協力が求められるだろうか。この問題を考える上で鍵となる重要な概念が、国際協力や開発援助の分野で発展してきた「人間の安全保障」（human security）という考え方である。人間の安全保障は誕生から四半世紀が経過したが、現在もなお新たな議論と実践が進展している。本章では、まず人間の安全保障の誕生と発展の経緯、そして理論と実践について説明する。その上で、「持続可能な開発目標」（SDGs）との関連を踏まえて、後述する「人類の時代（人新世）」における人間の安全保障の重要性について考察する。

第1節　人間の安全保障の誕生と発展

（1）国家の安全保障と平和
　「安全保障」（security）とは、誰が、どのような手段で、どのような脅威から、誰の安全を守ることだろうか。国際政治学のリアリズム（現実主義）が最も重視する安全保障とは「国家の安全保障」（national security）である。これは国家（政府）が、軍事力や同盟関係の強化によって、他国の攻撃から、自国（主権、領土、国民）を守ることを意味する。こうした伝統的な安全保障の考え方は、17世紀半ば以降の国民国家の形成にともなって成立してきた。
　19世紀後半には欧米列強による植民地獲得競争が激化し、20世

紀前半に第一次世界大戦と第二次世界大戦が勃発した。凄惨な総力戦となった2度の世界大戦は平和のための国際協力の必要性を広く認識させ、1945年に「国際の平和と安全の維持」を目的とする国際連合が設立された。また、1948年には「恐怖と欠乏のない世界の到来」に向けて、すべての人々とすべての国が達成すべき共通の基準として世界人権宣言が採択された。しかし、人権を国際的に保障しようとする動きが生まれたものの、現実の国際政治の世界では人間一人ひとりの安全よりも国家の安全が優先される時代が到来する。

1947年に東西冷戦が始まると大国間の核開発競争が激化した。その結果、核戦争の脅威からの「国際安全保障」（international security）が追求され、内政不干渉原則や国家体制間の友好関係が優先される国際秩序が形成された[1]。1970年代に石油危機が発生するまでは、国家の安全保障が高次元の問題（ハイポリティクス）であり、経済や福祉に関する問題は低次元の問題（ローポリティクス）であると考えられてきた。この時代、非民主主義国家では政府や統治者によって推定8000万人の人民が殺戮されたが、国際社会がこうした深刻な人権侵害に積極的に対応することはなかった[2]。

さらに、戦争や暴力がなくても「平和」が実現するわけではない。冷戦期にこの点を指摘したのがインドのスガタ・ダスグプタである。開発途上国では貧困、差別、疾病、飢餓などが原因で数多くの死者が発生しており、戦争がなくても平和とはいえない状態であった。そこでダスグプタは、平和の反対は「戦争がない状態」ではなく「平和ならざる状態」（peacelessness）であると表現したのである。同じ頃、ノルウェーのヨハン・ガルトゥングもまた、平和に関する画期的な概念を提示した。ガルトゥングは戦争などの直接的暴力のない状態を「消極的平和」と捉え、貧困や抑圧といった「構造的暴力」（structural violence）のない「積極的平和」を実現する必要性を主張した[3]。これらの考え方は冷戦期における国家中心的な平和観に

疑問を投げかけるきっかけとなった。

(2) 人間の安全保障の誕生

　安全保障に関する新しい考え方が登場するのは東西冷戦の終結後である。1990年代初頭、国連開発計画（UNDP）が「人間の安全保障」という革新的な考え方を提唱した。UNDPは1993年の『人間開発報告書』で人間の安全保障にはじめて言及し、翌年の『人間開発報告書』でさらに体系的な説明を加えた[4]。報告書によれば、安全保障の概念は「外部の侵略から領土を守る安全保障」や「核のホロコーストからの国際安全保障」のように、人々ではなく国家に関するものとして長期にわたり狭義に解釈されてきた。しかし、「領土偏重の安全保障から、人間を重視した安全保障へ」、また「軍備による安全保障から『持続可能な人間開発』による安全保障へ」と直ちに切り替えなければならないと指摘する。そして、人間開発は「人々の選択の幅を拡大する過程」だが、「人間の安全保障」はその選択権を妨害されずに自由に行使でき、将来も選択の機会が失われないという自信を持たせることだと位置付けた（人間開発については第1章を参照）。

　さらに、報告書では人間の安全保障の基本原則として、普遍性、相互依存、早期予防、人間中心（people-centered）の四つを示した。また、主要な構成要素として「恐怖からの自由」（freedom from fear）と「欠乏からの自由」（freedom from want）の二つを提示する。「恐怖からの自由」とは、紛争や暴力から命が守られることである。そして、「欠乏からの自由」とは、衣食住、教育、医療などの基本的なニーズが満たされ、健康な生活が確保されることである。二つの自由は1941年にアメリカのフランクリン・ルーズベルト大統領が提唱し、大西洋憲章や世界人権宣言にも登場する考え方である。加えて、経済の安全保障、食料の安全保障、健康の安全保障、環境の安全保障、個人の安全保障、コミュニティの安全保障、政治の安全保

障の七つの分野における脅威や、爆発的な人口増加、経済機会の格差、過度な国際移動、環境の悪化、麻薬生産と取引、国際テロといった地球規模の脅威に取り組む必要があることを指摘した。

　上記の通り、報告書では戦争や核の脅威から軍事力によって国家の安全を守るのではなく、多様な脅威から「持続可能な人間開発」によって人間一人ひとりの安全を守ることを提案している。これは安全保障概念のパラダイムシフト（価値観の革命的な変化）を目指す画期的な試みであった。このように特定の問題が新たな脅威と認識され、安全保障上の問題として扱われるようになることを「安全保障化」（securitization、セキュリタイゼーション）という。

(3) 人間の安全保障委員会の設立

　UNDP が提唱した人間の安全保障は世界中の関心を集め、賛同する多数の国が現れた。日本は 1990 年代後半から人間の安全保障を積極的に推進してきた国の一つである。当時の小渕恵三首相はアジアの 21 世紀を「人間の尊厳に立脚した平和と繁栄の世紀」にするために人間の安全保障を重視することが必要であると考えた[5]。そして、小渕のイニシアティブによって、国連の活動の中に人間の安全保障の考え方を反映させ、人間の命（生存）、生活、尊厳の確保を目的とする「人間の安全保障基金」が 1999 年に国連に設置された。

　2000 年に開催された国連ミレニアム・サミットでは、コフィ・アナン国連事務総長が人間の安全保障の柱である「恐怖からの自由」と「欠乏からの自由」の実現を国際社会に要請した。この要請を受けて、急死した小渕の後を継いだ森喜朗首相も、21 世紀を人間中心の世紀にするために人間の安全保障を外交の柱に据えて取り組むことを宣言し、人間の安全保障に関する国際委員会を発足させる意志を示した[6]。こうして 2001 年に設立されたのが「人間の安全保障委員会」である。委員会の共同議長は国連難民高等弁務官として人道支援の最前線で活動してきた緒方貞子と、ノーベル経済学賞

の受賞者であるアマルティア・センが務めた。委員会が 2003 年に公表した『安全保障の今日的課題』（以下、緒方・セン報告書）では人間の安全保障を次のように定義している[7]。

> 人間の安全保障委員会は「人間の安全保障」を「人間の生にとってかけがえのない中枢部分を守り、すべての人の自由と可能性を実現すること」と定義する。すなわち、「人間の安全保障」とは、人が生きていく上でなくてはならない基本的自由を擁護し、広範かつ深刻な脅威や状況から人間を守ることである。また、「人間の安全保障」は、人間に本来備わっている強さと希望に拠って立ち、人々が生存・生活・尊厳を享受するために必要な基本的手段を手にすることができるよう、政治・社会・環境・経済・軍事・文化といった制度を一体としてつくり上げていくことをも意味する。

第 2 節　人間の安全保障の理論と実践

（1）戦略と定義

　緒方・セン報告書によれば、人間の安全保障は国家の安全保障を補完し、人権の幅を広げるとともに人間開発を促進する。また、多様な脅威から個人や社会を守るだけでなく、人々が自ら立ち上がれるよう、その能力を強化することを目指すものでもある。

　まず、人間の安全保障は次の四つの観点から国家の安全保障を補完するという。第 1 に、国家よりも個人や社会に焦点を当てる「人間中心」の考え方であること。第 2 に、軍事力によって国境を守るのではなく、環境汚染、国際テロ、大規模な人の移動、感染症、抑圧や貧困までの多様な「脅威」を視野に入れること。第 3 に、国家だけではなく、国際機関、地域機関、市民社会・NGO などの多様な「主体」が役割を担うこと。第 4 に、「保護」（protection）を超え

て、人々が自らを守るための「エンパワーメント」(empowerment, 能力強化) が必要であること、以上の四つである。

　緒方・セン報告書が提示した「保護」と「エンパワーメント」は、人間の安全保障を実現するために不可欠な二つの戦略である。「保護」とは基本的人権と自由を尊重し、多様な脅威から人々の安全を確保するために、国際社会や国家が規範、手続き、制度を整えるトップダウン型のアプローチである。これに対して、「エンパワーメント」とは人々の潜在能力を伸ばし、困難な状況に対する「強靭性」(resilience, レジリエンス) を備えるためのボトムアップ型のアプローチである。この二つのアプローチによって包括的で相互補完的な取り組みが可能になる。

　加えて、センは人間の安全保障と「人間開発」や「人権」との相互補完的な関係についてそれぞれ次のように整理している。まず、人間の安全保障は「状況が悪化する危険性」(downside risk, ダウンサイドリスク) に関心を向けることで、楽観的に拡大していく人間開発の性質を補うものであるという。突然の危機に対処することで社会を再び人間開発の経路に乗せていく努力が人間の安全保障だと捉えられる[8]。また、人権は人が平等に有する権利を規範として要請するものだが、人間の安全保障は自由への深刻な脅威を特定し対応を促す。つまり人々が直面する自由への脅威を特定し、改善を実践することが人間の安全保障の重要な視点である[9]。

　これまでに確立してきた一般的な定義をまとめると、人間の安全保障とは、国家、国際機関、地域機関、市民社会・NGO、民間企業といった多様な主体が、とくに脆弱な立場にある人々に焦点を当てて、人間一人ひとりの「恐怖からの自由」「欠乏からの自由」「尊厳を持って生きる自由」(freedom to live in dignity) を実現することである。言い換えれば、人間の安全保障とは、私たちの命、生活、尊厳を脅かす多様な脅威から脆弱な立場にある人々を守るための「実践」である。

人間の安全保障委員会の取り組みによって、人間の安全保障は国連に代表される国際機関、欧州連合（EU）やアフリカ連合（AU）などの地域機関、各国政府、市民社会・NGO といった多様な主体に受け入れられ、国際協力の現場で実践されるようになった。例えば、国連では 2003 年に「人間の安全保障ユニット」が事務局内に設置され、人間の安全保障基金の運営を行っている。そして、人間の安全保障基金を活用し、人間の安全保障を実現するための数多くのプロジェクトが実施されてきた。具体的には、UNDP だけでなく、国連児童基金（UNICEF）、国連難民高等弁務官事務所（UNHCR）、国連食糧計画（WFP）などの様々な国連機関が協働して取り組んできた [10]。

　日本政府も「政府開発援助」（ODA）の一環として人間の安全保障を推進してきた [11]。人間の安全保障は 2003 年に改正した ODA 大綱や 2005 年の ODA 中期政策に取り入れられ、2015 年に策定された「開発協力大綱」の基本方針の柱の一つとなっている [12]。日本の二国間援助機関である国際協力機構（JICA）は ODA 中期政策に人間の安全保障が反映されたことを踏まえて、「JICA 改革プラン第 1 弾」の柱の一つに人間の安全保障を掲げ、その実践を進めるための「七つの視点」を導入した。これは後に「4 つの実践方針と 4 つの重要なアプローチ」としてまとめられている [13]。四つの実施方針とは、第 1 に、「恐怖」と「欠乏」からの自由に包括的に取り組むこと。第 2 に、社会的に弱い人々への裨益（ひえき）を強く意識すること。第 3 に、「保護」と「エンパワーメント」の実現を目指すこと。第 4 に、グローバル・リスクや国境を越える課題に対処することである（JICAについては第 7 章を参照）。

　このように人間の安全保障の考え方を共有する多様な主体によって、脆弱な立場にある人々を支える努力がなされてきた。他方で、人間の安全保障はそのまま受容されるのではなく、現地の文脈の中で修正が加えられた上で受容される現地化（localization）が生じる場

合もある。例えば、東アジアでは人間の安全保障という言葉が正式に使用されることは少ないものの、同概念を構成する三つの自由や「保護」と「エンパワーメント」というそれぞれの要素が全域に定着していることが指摘されている[14]。各国が人間の安全保障の重要な要素を独自の方法で政策に反映しているのである。

(2) 「保護する責任」(R2P) との相違

人間の安全保障と類似する概念に「保護する責任」(R2P：Responsibility to Protect) がある。R2P は人間の安全保障の柱のうち「欠乏からの自由」を重視した日本とは異なり、「恐怖からの自由」を重視したカナダの働きかけによって設立された「介入と国家主権に関する国際委員会」(ICISS) が 2001 年に提唱した概念である[15]。人間の安全保障は国境を越える多様な脅威から人々の安全を確保することを目的とするが、R2P は 1990 年代に相次いで発生した大量虐殺から人々を保護することを目的に提唱されたものである。

R2P は人々を保護するために強制的な軍事介入を許容するため、開発途上国の多くは大国が内政干渉を正当化するために利用するのではないかと危機感を抱いた。それゆえ、日本は人間の安全保障を普及する上での足かせとならないよう、人間の安全保障と R2P は異なる概念であるという見解を主張し、国連加盟国の理解が得られるように説得を行った[16]。その結果、2005 年に国連で開催された世界サミットでは、人間の安全保障と R2P はそれぞれ異なる概念として峻別された[17]。

その後国連では、日本の国連代表部の主導により、2006 年に人間の安全保障を推進する有志諸国の非公式なネットワークである「人間の安全保障フレンズ」が結成された。さらに、人間の安全保障フレンズの要請に応じて、2010 年に人間の安全保障に関する初の国連事務総長報告書が作成された[18]。そして、2012 年の国連総会では人間の安全保障に関する国連決議が採択され、その共通理解

についての合意がなされた。その中で、人間の安全保障の概念は
「R2P およびその履行とは異なること」、そして「武力による威嚇も
しくは武力の行使または強制措置を求めるものではないこと」が確
認された[19]。こうして人間の安全保障と R2P をめぐる長い論争に終
止符が打たれたのである。

第 3 節　人新世の連帯と協力に向けて

(1) SDGs と人間の安全保障

　SDGs は 2015 年の国連サミットで採択された「持続可能な開発の
ための 2030 アジェンダ」に掲げられた 2030 年の達成を目指す国際
的な開発目標である（SDGs については第 1 章を参照）。SDGs の前身とな
る「ミレニアム開発目標」（MDGs）では、開発途上国における貧困
問題などの解決に焦点が当てられていた。しかし、SDGs では開発
途上国だけでなく先進国も含む一人ひとりの尊厳の確保を目指し、
誰も取り残さない社会（leave no one behind）の実現に向けて、最も遅
れているところに第 1 に手を伸ばす（reach the furthest behind first）努力
をすることを宣言している[20]。

　近年は SDGs に対する国際的な関心が高まり、政府、自治体、市
民社会・NGO、民間企業などの多様な主体がその実現に向けて何
らかの取り組みを行うようになっている。しかし、最も取り残され
ている人々に焦点が当てられているだろうか。例えば、先進国の一
つである日本は、所得水準、健康・保健、教育、エネルギー、イン
フラなど SDGs の多くの指標を達成している。しかし、すべての
人々の命、生活、尊厳が尊重されているだろうか。残念ながら、日
本国内にも貧困、いじめ、孤立、差別、偏見、排除といった様々な
問題が存在し、脆弱な立場にある人々に対する十分な支援が行き届
いているとはいえない。

　SDGs が掲げる誰も取り残さない社会を実現し、真の意味で SDGs

を達成するためには、すべての人々の命、生活、尊厳の確保を目指す人間の安全保障の視点が不可欠である。筆者が事務局長を務めるNPO法人「人間の安全保障」フォーラムは、国連事務総長人間の安全保障担当特別顧問を務める高須幸雄の主導により、2018年に命、生活、尊厳の三つの指標からなる「人間の安全保障指標」を作成した。そして、人間の安全保障の視点から各都道府県が取り組むべき課題を可視化するとともに、取り残されるリスクが高いと考えられる、子ども、女性、若者、高齢者、障害者、性的少数者、被災者、外国人といった個別のグループの実態と課題を分析し、誰も取り残されない社会を実現するための具体的な提言を行った[21]。人間の安全保障指標は「尊厳」の達成度の測定を試みる革新的な指標としてUNDPに評価され、2019年の『人間開発報告書』の中で紹介されている[22]。

　上記のグループにも含まれる日本国内の外国人を支えることは、身近なところからできる「国際協力」である。日本には2022年6月末時点で296万人の移民や難民が暮らしているが、法的、経済的、社会的な課題を抱えている人は少なくない。また、同時点で、国内には32万人の技能実習生が存在する。技能実習制度は開発途上国の人材育成を目的とするが、その実態は安価な労働力を確保する手段となっており、数多くの人権侵害が指摘されている。技能実習制度をめぐる問題は私たちの暮らしと密接に関わる国際協力の問題である（日本国内での「国際協力」については第18章を参照）。

（2）人新世の人間の安全保障

　2020年時点で世界人口の15％に相当する約12億人が紛争被災地域（戦闘地域から50キロメートル以内）に暮らしている[23]。迫害や暴力による強制移動者（難民・国内避難民など）の数は過去10年間で約2.3倍に増加し、2022年に1億人を突破した。また、新型コロナウイルス感染症（COVID-19）の世界的大流行によって、脆弱な立場にある

人々が最も大きな影響を受け、2022 年 12 月までに 664 万人が死亡した[24]。開発途上国の貧困率は減少してきたが、2020 年末時点で推定 7 億 1900 万人が 1 日 2.15 ドル未満の生活を余儀なくされている[25]。このような人々は絶対的貧困層と呼ばれるが、コロナ禍がない場合の想定よりも 1.2% の増加となった。2000 年から 2019 年までの 20 年間で 7348 件の自然災害が記録され、123 万人の死者、42 億人の被災者が発生した[26]。この他にも、国際テロ、人身売買、海洋汚染、地球温暖化、資源枯渇などの多様な脅威が存在する。これらの国境を越える脅威に対抗するためには、私たち一人ひとりが当事者意識を持ち、連帯して取り組まなければならない。

　UNDP は 2022 年に人間の安全保障に関する特別報告書『人新世の脅威と人間の安全保障——さらなる連帯で立ち向かうとき』を公表した[27]。報告書によれば、人間が地球の生物圏を大きく変え、地球規模の変動に大きな影響を与える「人新世の時代」（Anthropocene、アントロポセン）では、デジタル技術の脅威、暴力的紛争、集団間の不平等、健康への脅威などが相互に絡み合いながら広がっている。そして、これらの人新世の新たな脅威に対抗するために、従来の人間の安全保障の戦略である「保護」と「エンパワーメント」に「連帯」を加えることを提言している。ここでいう「連帯」とは「人新世の課題を乗り越えるために力を合わせる決意」と定義される。また、これは地球上のすべての人々の間の相互依存性や、地球と人間との間の相互依存関係までをも体系的に考慮していく必要性を認識するものであるという。加えて、三つの戦略は「人間の行為主体性」（agency）の強化によって後押しされる。「行為主体性」とは、個人の幸福（well-being、ウェルビーイング）を差し置いても、社会的な価値観のために当事者として行動できる能力である[28]。

おわりに

21世紀の世界では、米中関係の悪化やロシアによるウクライナ侵攻に象徴されるように、分断と対立が加速している。アントニオ・グテーレス国連事務総長が2021年に発表した報告書『私たちの共通の課題』によれば、人類はブレークダウン（崩壊）かブレークスルー（突破）かという厳しい緊急の選択を迫られている。にもかかわらず、人々は持続可能な未来を確保するために必要な、相互信頼・相互連帯の価値観にますます背を向けるようになっている。だからこそ、すべての人々のためにすべての人々と連帯し、次のステップを踏み出さなければならない[29]。国境を越える多様な脅威に分断と対立で対抗することは困難である。脆弱な立場にある人々の命、生活、尊厳の確保を目指す人間の安全保障の視点に立ち、多様な脅威に連帯と協力で対抗する国際協力がより一層求められている。

※本稿は、宮下大夢「人間の安全保障の理論と実践——『誰も取り残されない社会』の実現に向けて」『SYNODOS』2020年、https://synodos.jp/opinion/international/23969/（2022年12月20日閲覧）を大幅に加筆修正したものである。

ゼミナール

①国家の安全保障と人間の安全保障の違いを整理し、それぞれの重要性について考えてみよう。

②日本に暮らす私たちはどのような脅威に晒されているだろうか。人間の安全保障の視点から考えてみよう。

③誰も取り残されない社会を実現するために、身近なところに存在する問題について調査し、自分にできることを実践してみよう。

註

1）吉川元『国際平和とは何か――人間の安全を脅かす平和秩序の逆説』中央公論新社、2015 年。

2）R. J. Rummel, *Democide Since World War II*, 1998. https://www.hawaii.edu/powerkills/POSTWWII.HTM（2022 年 12 月 20 日閲覧）

3）Johan Galtung, Violence, Peace, and Peace Research, *Journal of Peace Research*, 6:3, 1969, pp.167-191.

4）UNDP, *Human Development Report 1994*, New York: Oxford University Press, 1994.（国連開発計画『人間開発報告書 1994』国際協力出版会、1994 年。）

5）外務省「小渕総理大臣演説 アジアの明日を創る知的対話」1998 年 12 月 2 日、https://www.mofa.go.jp/mofaj/press/enzetsu/10/eos_1202.html; 外務省「ヴィエトナム国際関係学院主催講演会における小渕総理大臣政策演説 アジアの明るい未来の創造に向けて」1998 年 12 月 16 日、https://www.mofa.go.jp/mofaj/press/enzetsu/10/eos_1216.html（2022 年 12 月 20 日閲覧）

6）外務省「国連ミレニアム・サミットにおける森総理演説」2000 年 9 月 7 日、https://www.mofa.go.jp/mofaj/press/enzetsu/12/ems_0907.html（2022 年 12 月 20 日閲覧）

7）人間の安全保障委員会『安全保障の今日的課題――人間の安全保障委員会報告書』朝日新聞社、2003 年、11 頁。

8）詳しくは、峯陽一「補論 人間の安全保障とダウンサイド・リスク」『貧困削減と人間の安全保障』国際協力機構（JICA）国際協力総合研修所、2005 年、31-38 頁。

9）詳しくは、JICA 緒方貞子平和開発研究所『今日の人間の安全保障』JICA 緒方貞子平和開発研究所、2022 年、5 頁。

10）具体的なプロジェクトについて詳しくは次を参照。外務省「人間の安全保障基金による支援案件」https://www.mofa.go.jp/mofaj/gaiko/oda/bunya/security/ah_list.html（2022 年 12 月 20 日閲覧）

11）室谷龍太郎「『人間の安全保障』の実践への取り組みとその課題」『国際問題』第 616 号、2012 年、6-18 頁。

12）外務省「開発協力大綱」2015 年。https://www.mofa.go.jp/mofaj/gaiko/oda/files/000072774.pdf（2022 年 12 月 20 日閲覧）

13）JICA「4 つの実践方針と 4 つの重要なアプローチ」https://www.jica.go.jp/activities/issues/special_edition/security/approach01.html（2022 年 12 月 20 日閲覧）

14）峯陽一「東アジアにおける人間の安全保障――認識共同体を目指して」東大作編著『人間の安全保障と平和構築』日本評論社、2017 年、246-262 頁。

15）International Commission on Intervention and State Sovereignty (ICISS), The Responsibility to Protect, Ottawa: International Development Research Center, 2001.

16）栗栖薫子「日本による人間の安全保障概念の普及——国連における多国間外交」グローバル・ガバナンス学会編『グローバル・ガバナンス学Ⅰ——理論・歴史・規範』法律文化社、2018 年、236-256 頁。

17）UN Doc., A/RES/60/1, 2005.（外務省「2005 年世界サミット成果文書（仮訳）」https://www.mofa.go.jp/mofaj/gaiko/unsokai/pdfs/050916_seika.pdf）（2022 年 12 月 20 日閲覧）

18）高須幸雄「国連と『人間の安全保障』」『国際問題』第 603 号、2011 年、36-48 頁；UN Doc., A/64/701, 2010.

19）UN Doc., A/RES/66/290, 2012.（外務省「人間の安全保障に関する国連総会決議（仮 訳）」https://warp.ndl.go.jp/info:ndljp/pid/11454275/www.mofa.go.jp/mofaj/press/release/24/9/pdfs/0911_03_02.pdf）（2022 年 12 月 20 日閲覧）

20）UN Doc., A/RES/70/1, 2015.（外務省「我々の世界を変革する——持続可能な開発のための 2030 アジェンダ（仮訳）」https://www.mofa.go.jp/mofaj/files/000101402.pdf）（2022 年 12 月 20 日閲覧）

21）NPO 法人「人間の安全保障」フォーラム編、高須幸雄編著『全国データ SDGs と日本——誰も取り残されないための人間の安全保障指標』明石書店、2019 年。

22）UNDP, *Human Development Report 2019*, New York: UN, p.55.

23）詳しくは、国連開発計画（UNDP）著・訳、星野俊也監訳『2022 年特別報告書 人新世の脅威と人間の安全保障——さらなる連帯で立ち向かうとき』日経 BP、2022 年、200-201 頁。

24）WHO, WHO Coronavirus (COVID-19) Dashboard, https://covid19.who.int（2022 年 12 月 20 日閲覧）

25）World Bank, Poverty and Shared Prosperity 2022, 2022. https://openknowledge.worldbank.org/bitstream/handle/10986/37739/9781464818936.pdf（2022 年 12 月 20 日閲覧）

26）UNDRR, The Human Cost of Disasters: An Overview of the Last 20 Years (2000-2019), 2020. https://www.undrr.org/publication/human-cost-disasters-overview-last-20-years-2000-2019（2022 年 12 月 20 日閲覧）

27）国連開発計画（UNDP）、前掲書、2022 年。

28）報告書では、行為主体性を「人間として主体的に自らの選択をしたり、集団の意思決定に参加したりする際に、その結果が自分のウェルビーイングにつながるかどうかにかかわらず、実現されるべき一定の価値を掲げ、その推

進にコミットし、然るべく行動できる能力」と定義している。前掲、309 頁。

29）UN, Our Common Agenda, Report of the Secretary-General, 2021. https://www.un.org/en/content/common-agenda-report/assets/pdf/Common_Agenda_Report_English.pdf（2022 年 12 月 20 日閲覧）

読書案内

NPO 法人「人間の安全保障」フォーラム編、高須幸雄編著『全国データ SDGs と日本——誰も取り残されないための人間の安全保障指標』明石書店、2019 年。

国連開発計画（UNDP）著・訳、星野俊也監訳『2022 年特別報告書 人新世の脅威と人間の安全保障——さらなる連帯で立ち向かうとき』日経 PB、2022 年。

高須幸雄・峯陽一編著『SDGs と地域社会——あなたのまちで人間の安全保障指標をつくろう！ 宮城モデルから全国へ』明石書店、2022 年。

人間の安全保障委員会『安全保障の今日的課題——人間の安全保障委員会報告書』朝日新聞社、2003 年。

東大作編著『人間の安全保障と平和構築』日本評論社、2017 年。

—————————— 第 3 章

人道支援
緊急対応から強靱な社会づくりまで

堀江　正伸

2022年2月、ロシアがウクライナへ侵攻すると、ニュース番組は関連ニュース一色となった。被害を受けた一般市民の姿がテレビに映し出されると、「国際社会はどうにかしないと」と思わずにはいられない。こうした紛争・戦争の被害を受ける一般市民は、ウクライナに留まることなく、世界の多くの場所にいる。また台風、地震などの自然災害の被害を受ける人々もいる。こうした人々への支援は、緊急人道支援と呼ばれる。

　緊急人道支援の需要は増加傾向にあり、2023年に支援を必要とする人々は3億3900万人いるとされるが、国連とそのパートナー機関は68カ国に住む2億3000万人を支援することを目標とし、そのためには513億ドルが必要だとしている。しかし、2022年に資金提供を呼びかけた517億ドルのうち、47.4%しか集まらなかったと報告している。

　支援を受ける姿が報道されると、次に浮かぶ疑問は「いつまで必要なのだろう」「大量の物資の流入は、社会を変容させてしまうのではないか」といったことではなかろうか。そうした疑問は人道支援を緊急時のみに行うのではなく、裾野を拡大して考えねばならないということを示唆する。

　そこで本章では、国際的な人道支援の仕組みを学習し、また人道支援の課題や現在の支援の潮流はどのようなものかを考察することとしたい。

はじめに

　第 1 章で紹介された開発は、多くの場合、目標達成までに一定の時間を要する。しかし、自然災害や紛争などの被害を受けた人々は、まず生命を繋ぐための支援を必要とする。読者の中にも、例えば2022 年 2 月に始まったロシアの侵攻によりウクライナから隣国へ逃れた人々が支援物資を受け取っている様子などをメディアで見たことがある人も多いのではないだろうか。そのような支援は人道支援と呼ばれている。本章では人道支援はどのような機関がどのように行っているのか、今後の課題は何なのかといったことを検討していきたい。

　人道支援に唯一の定義はないが、主要な国際機関で使用されているものは「緊急事態またはその直後における、人命救助、苦痛の軽減、人間の尊厳の維持及び保護のための支援」というものである。しかし緊急事態に生命を繋ぐ、苦痛を和らげるというようなことだけではなく、緊急事態の発生を予防したり、緊急事態後の復興をサポートしたりすることも人道支援の目的である。

　緊急事態において即座に必要となるものは何かを考えれば、人道支援には食料、水、医療をはじめとする多くの物資やサービスが関わっていることがわかるし、現場で支援を届ける機関も多数に上る。そこで特に緊急時のニーズを効率的に把握し、機関間のコーディネーションを高めるために 1992 年国際連合（国連）総会において『国連の人道緊急支援調整の強化』という決議 46/182 が採択された[1]。この決議は、当時の国際情勢の変貌とともに変革されるべき人道支援のあり方を整理するもので、今日の国際的な人道支援の基礎となっている。詳細は後述するが、決議では人道性、公平性、中立性という人道支援の原則も確認されている。

　同決議に基づいて国連事務局内部に設置された人道問題調整事務所（Office for the Coordination of Humanitarian Affairs：OCHA）によれば、2023

年に緊急人道支援を必要とする人々は3億3900万人、国連とその
パートナー機関は68カ国に住む2億3000万人を支援することを目
標とし、そのためには513億ドルが必要とのことだ[2]。OCHAは緊
急人道支援が必要となると人道危機の情報をまとめ国際社会に向け
て情報を発信し資金提供を呼びかけるが、2022年に資金提供を呼
びかけた517億ドルのうち47.4%しか集まらなかったと報告してい
る。また、人道支援のニーズは近年増加傾向にあり、原因は感染症
や気候変動、紛争の増加などと説明する。

　しかし、人道支援は緊急時にのみ行われるものではない。緊急時
に備える活動も人道支援であるし、また他の章で取り上げている平
和構築や開発支援との関わりあいも増している。つまり人道支援は、
緊急事態以前、以後や平常時にも行われるということである。この
ようなことを踏まえて本章では人道支援を行う機関、今日の人道支
援システムの生い立ち、今後の課題を紹介していく（開発支援につい
ては第1章、平和構築については第4章を参照）。

第1節　人道支援を行う機関

（1）赤十字と非政府組織（NGO）

　筆者はある人道支援機関の幹部職員と話していた際に「倒れてい
る人を見たら、起こすのを手伝おうという気持ちは人間が普遍的に
持っているものです」という彼の言葉に「はっ」とさせられたこと
がある。人道支援の歴史は、戦争の歴史と同様に同じくらい古いと
言われることがあるが、前述のコメントに則って考えるならば、人
道支援の歴史は人類の歴史と同じくらい深いということになるであ
ろう。隣人同士、同じコミュニティに生活する者同士、自然災害な
どの緊急時には助け合いながら生きていたことは容易に想像できる
からである。

　隣人、コミュニティのメンバーによる助け合いではなく、組織

立った人道支援だけを考えてみてもその歴史はかなり長い。例えば、人道支援の一部であり本書でも取り上げられている難民の保護を考えてみても、基礎となっている収容、避難、庇護等と訳されることの多いアサイラム（Asylum）という概念は、神聖な場所（寺院）へ逃げるという意味で古代ギリシャ時代より存在していた（難民については第 15 章参照）。

　しかしながら、国境を越えた国際的な人道支援は、赤十字の出現とともに開始されたと考えられることが多い。赤十字は、いくつかの組織に分かれている。それらは、（1）赤十字国際委員会（International Committee of the Red Cross：ICRC）、（2）国際赤十字・赤新月社連盟（International Federation of the Red Cross：IFRC）、（3）各国の赤十字社・赤新月社である。ICRC は主に紛争地において紛争の犠牲となっている人々のために様々な活動を行い、各国の赤十字社・赤新月社は、それぞれの国のニーズにあった活動を行っている。IFRC は各社の連合体として、主に災害で犠牲となった人々のために支援活動を行っている[3]。この赤十字の起源は 1863 年にまで遡る。スイスのジュネーブ出身のアンリ・デュナンが、イタリア・オーストリア戦争の惨状を目の当たりにして戦時の兵士のための救護体制の必要を訴え、それに同意した 4 人を含め 5 人で集まったのが最初であった。1864 年には、軍が敵味方関係なく負傷した兵士を救護することを基礎としたジュネーブ条約を各国が受け入れることを説得し、今日まで続く赤十字の統一された白地に赤い十字のエンブレムも制定されている[4]。その後各国の赤十字社が設立されたが、日本赤十字社の前身となる博愛社が設立されたのは 1877 年のことである。IFRC は、平時における赤十字活動を推進するために各国赤十字の連合体として 1919 年に設置された[5]。

　その頃になると、その他の人道支援機関も設立されるようになった。イギリスの教師、エグランティーン・ジェッブは、第一次世界大戦（1914〜1918 年）の直後「戦争には勝者も敗者もなく、単に子ど

もたちが空腹と貧困で苦しんでいる」との考えのもと、子どもへの人道支援を目的としたセーブ・ザ・チルドレン（Save the Children）を設立した[6]。セーブ・ザ・チルドレンはまずドイツの孤児への支援を行ったが、今日では120カ国以上で活動する大きな国際NGO（Non-Governmental Organization：NGO）となっている（NGOについては第8章を参照）。

第二次世界大戦（1939〜1945年）後には、さらに多くのNGOが設立されるようになった。現在96カ国で活動するケア・インターナショナル（CARE International）は、1946年ヨーロッパで第二次世界大戦の被害に遭った人々への送金から活動を開始し、その後ラテン・アメリカや日本を含むアジアへ支援物資を送ることへと活動を広げていった[7]。またキリスト教の信仰を基礎として設立されたワールド・ビジョン（World Vision）は朝鮮戦争の孤児を支援するために設立された国際NGOである。こうしたNGOは、現在の国際的人道支援において世界各所で大きな役割を果たしている。

(2) 国連システムの人道支援機関——UNICEF、UNHCR、WFPの活動

第二次世界大戦は、その後に設立される国連が人道支援を行っていくための契機にもなった。国連は1945年10月の発足であるが、第二次世界大戦中の1943年に連合国はヨーロッパにおいて戦争の被害を受けた人々の救済活動のために連合国緊急支援復興事務局（United Nations Relief and Rehabilitation Administration：UNRRA）を設立した。UNRRAは今日の国連とは異なる組織であるが、今日の国連の人道支援とは深い関係を持っている。

国連児童基金（United Nations Children's Fund：UNICEF）はUNRRAの事業のうち子どもたちへ食糧、服などの緊急物資を支給する事業を継続する形で機関として誕生した。その後、活動範囲をアジア、アフリカへ拡大し、1953年には国連総会決議[8]により恒久的国連専

門機関となった[9]。1960年代、UNICEFは緊急支援機関であるとともに途上国での教育や水の確保、衛生といった分野へも活動の幅を広げていった。1980年代から90年代にかけては、1959年に採択された「児童の権利に関する宣言」に沿った児童の権利の保護といった分野にも力を注ぐようになる[10]。現在、国際的な人道支援においてUNICEFが担当する事項は、水・衛生、教育、栄養、児童保護となっている。

　国連の人道支援において難民保護を使命としている国連難民高等弁務官事務所（United Nations High Commissioner for Refugees：UNHCR）の起源は、1921年に発足した国際連盟がロシア革命による難民を保護するため、ノルウェー人探検家であり駐英大使も務めたフリチョフ・ナンセンを難民高等弁務官として任命したことまで遡る。その後ロシア難民保護に関する業務は、ナンセン国際難民事務所により行われたが、1933年代には、ナチスドイツの台頭に伴うユダヤ人難民の保護を目的としたドイツ難民高等弁務官が設立され、1939年にナンセン国際難民事務所とドイツ難民高等弁務官の機能は国際連盟難民高等弁務官へと統合された。その後、難民保護は前出のUNRRAへ引き継がれていった。第二次世界大戦後、1948年に国連総会にて「世界人権宣言」が採択されたことなどを背景に、難民問題は国際社会が引き続き取り組むべき問題であるとの認識が広がり、1950年には国連総会決議[11]によりUNHCRの設立が決定された。当初のUNHCRの支援対象や活動領域は限られていたが、その後UNHCRは、1960年代にはアフリカ、1970年代には南米と、国際的な難民保護の必要性とともに活動を広げていったのである（難民保護については第15章参照）。

　人道支援に不可欠な食糧支援は、国連世界食糧計画（World Food Programme：WFP）が担当している。WFPは、アメリカ政府の提唱により1961年に世界食糧機構（Food and agriculture Organization：FAO）と国連総会の並行決議[12]を経てFAOの一部門として試験的に開設が

決定された組織である。当初は1963年の開設を目指していたが、1962年にタイでのハリケーン並びにイラクでの地震が甚大な被害をもたらしたため、正式な開設を待たずに1962年に活動を開始した。3年間の試験期間が成功裏に終了したため、1965年には独立した国連の人道支援機関となった。2021年、WFPは120を超える国と地域で、1億2820万人に支援を届けた[13]。WFPは緊急人道支援だけでなく、学校給食や栄養状態の改善を目指した活動、農村開発といった食糧に関連する支援を幅広く行ってきた。また、後述するが、国連の緊急人道支援システムにおいて、その特性を生かした輸送や通信の分野も担当している。

第2節　増え続けるニーズに対応するために

(1) 人道支援ニーズの増加

　冒頭で1992年に今日の国際的な人道支援の基礎となっている国連決議が採択されたことを紹介した。その背景には、1989年に東西冷戦が終結すると人道支援に対するニーズが変化していったことがある。東西冷戦の終結は、一方では冷戦構造の下で続いていた国家の利益に繋がった戦争に解決の機会をもたらしたが、他方では民族、氏族、宗教や言葉などに基づいたアイデンティティ・ポリティックに関わる戦いの激化を引き起こした。それらの多くは国内紛争として捉えられるが、実は国内紛争の数は冷戦終結をはさむ数年で増加したということではない。国内紛争の数は実際には1970年代に増え、1990年頃は高止まりしていた。しかし冷戦終結は冷戦中には東西両陣営内で処理されていた紛争をグローバルな問題として浮き彫りにし、それまでの国際的な人道支援の見直しを迫ることとなった[14]。

　特に人道的危機に見舞われやすい人々として、国内避難民（Internally Displaced Persons：IDPs）がクローズ・アップされたのもこの時期

である。IDP とは、難民と同じように武力紛争や暴力、人権の侵害等から避難した人々であるが、国際的に承認された国境を越えていない人々のことである。IDP の支援は、難民支援とは違い「国際問題」でないため、内政不干渉原則に抵触する恐れがあるため難しく、国際的な人道支援は改革を迫られたのである。

(2) 人道支援の改革

　東西冷戦の終結により人道危機の変化が顕著となっていた 1991年 12 月、冒頭で紹介した国連総会決議 46/182 が採択された。この決議の目的は、変わりゆく人道支援ニーズに対応するため、支援の効率化を図ることであった。具体的には様々な人道危機の状況、人道支援のニーズを国別、年度別にまとめ、ドナー国へ資金を要請することを目的とした統合アピール（Consolidated Appeal Process）や、迅速な対応が求められる際に人道支援機関に資金貸与を行う中央緊急貸与基金（Central Emergency Revolving Fund：CERF）が設置された[15]。また、従来自然災害危機における人道支援調整の責任者であった国連災害救済調整官（United Nations Disaster Relief Coordinator：UNDRO）の業務に紛争に起因する人道危機の業務が追加され、新たに緊急援助調整官（Emergency Relief Coordinator：ERC）として任命され、また人道支援部（Department of Humanitarian Assistance：DHA）も設置された。さらに、世界銀行や ICRC などを含む人道支援を行う諸機関間の活動調整や政策協議を行う場として機関間常設委員会（Inter-Agency Standing Committee：IASC）が設立された。

　1997 年 7 月、国連事務総長は国連総会議長に『国連の刷新（Renewing The United Nations：A Programme for Reform)』[16] を提出し、人道支援制度にも再度改革が加えられることとなった。『国連の刷新』は、「複雑な政治、軍事的背景のもとでの内戦等、複合的大型緊急人道危機の発生は、国際社会に新たな国際的人道支援アプローチを要請している」と指摘し、改革の目的は様々な国連の活動をより効率的に、

効果的に行われるようにすることと述べる。換言すると、1997 年国連改革のうち人道支援部門の改革の背景には、やはり前述した IDP への人道支援をどのように行うかということが主眼であったと言える。1997 年に着手された改革では、1992 年に設置された DHA が、人道支援機関間の調整をより強固にすべく国連人道問題調整事務所（Office of Coordination for Humanitarian Affairs：OCHA）へと改組された。OCHA の役割は、政策の立案、アドボカシー活動及び各人道支援機関の調整において、ERC の支援業務を遂行することであった。

　2005 年 8 月、ERC 兼人道問題担当国連事務次長が国連、ドナー国、赤十字からなる 4 人の代表者へ委嘱して行われた人道支援政策の評価結果『人道対応レビュー（Humanitarian Response Review）』[17] がまとめられた。同報告書において強調された点は、①分野間調整機能の一段のレベルアップが必要であるということと、②「保護」の分野は、他分野にも増して至急強化される必要があるということであった。2005 年改革により新たに導入された制度は、①クラスター制度の導入、②中央緊急資金の創設、③人道問題調整官の任用、④パートナーシップの強化の四つの領域である。その中でも今日の国際的な人道支援に特に影響を与えているのは、クラスター制度である。

　クラスター制度とは支援の種類をクラスター（業務群）に再編成し、人道支援機関がクラスター内外で協働するという枠組みである。クラスター制度は「いかなる国連機関も単独で IDP を保護、支援する任務も資源もない」[18] という問題を解消すべく採用された枠組みであった。人道危機の複雑化に伴い、各人道支援機関が従前より任務として活動している分野に該当しない人道支援ニーズが出現し、人道支援の隙間となるという現象が生じた。クラスター制度はこうした隙間となった人道支援ニーズを網羅するために、人道支援全般をクラスターに再仕分けし、クラスターごとの責任機関を明確に定めたものである[19]。クラスターとしては、水に関する事項、健

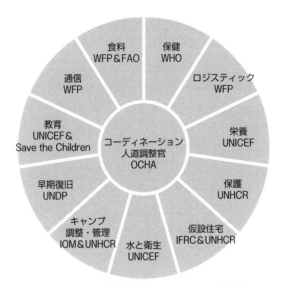

図 3-1　人道支援業務群（クラスター）と担当機関
出所：OCHA ウェブサイトを参考に筆者作成

康に関する事項、ロジスティックなどが設定された。クラスター制度には、各人道支援機関の本部レベルの政策調整を行うグローバルレベルと、国別に実際の緊急人道支援を行ったり、事前に危機に備えたりする国レベルの2種類があり、それぞれ国連の人道支援機関、NGO などが参加している。OCHA は、人道支援ニーズ調査、共同計画、計画の執行、資金の調達、モニタリングと評価といった緊急支援の各段階におけるクラスター内の調整が円滑に実施されていることを確認する役割を担い、クラスター間の協力計画を議論したり、計画執行に関する決定を承認したりする調整機能の主導機関となった[20]。図 3-1「人道支援業務群（クラスター）と担当機関」は、現行のクラスター制度におけるクラスターと主導機関の関係性を示したものである。

　人道危機に対して、人道問題調整官が国レベルでのクラスター制度の始動を決定した場合、クラスター主導機関は定期的な会議を開

催し（Cluster Meetings）、クラスター内事項を調整していく。それら会議においてクラスターのメンバーは、各機関の活動内容、予定について発表する。そのような活動によって、緊急人道支援の効率性は高まった。現場レベルでは、被災者の状況に関する情報収集が以前に比して容易になり、他の機関による支援の計画などを織り込んだ支援計画の立案も可能となった。しかし、例えばクラスター制度に参加することで負担が増えるなどの問題点も指摘されている。クラスター制度では、先に紹介したクラスター内での会議（Cluster Meetings）とクラスター間の調整のための会議（Inter-Cluster Meetings）が必要となる。つまり緊急を要する場面にも関わらず、多くの会議が開催されるのである。特に分野横断的な活動を展開する機関は複数のクラスターに参加しているため、多くの会議に参加する必要が生じ重い負担となる。

（3）新しい人道主義

　人道と似た言葉に人権がある。人権は国連設立時からその主要な目的の一つであったが、東西冷戦の終結とともに人道支援の分野で存在感を高めた。その背景には、欧米の主張を中心とした自由民主主義の世界的な波の高まりに基づく民主的平和論がある。人権は民主的平和論の基本概念である点で、「人権・民主化レジーム」を作り出してきたが[21]、人道支援においても人権をベースとしたアプローチが注目されるようになった。武内は、自由民主主義的価値観がアフリカの紛争国において、近年人道支援が関連性を深める平和構築活動を通じて組織的に移植されていることを指摘し、同価値観の限界に自覚的であるべきだと論じている[22]。また、前出の稲田も、「（欧米的な）民主的制度を持つ国家同士は戦争する可能性が低い」「民主主義と経済発展は因果関係がある」などの議論に対して、相関であって因果関係ではないと疑問を呈している[23]。

　実際紹介してきたような人道支援の制度改革の過程では、冷戦終

結後に明らかになった紛争の複雑性、つまり複合的な人道危機に立ち向かうことが主眼とされてきた。その結果人々の人権の保護や人道支援終了後の開発支援への移行などが論じられるようになってきた。つまり、人道危機を起こしている根本的問題にアプローチしようとするものである。このような人道支援を「新人道主義」に基づいた支援とする批判もある[24]。

確かに世界的に人道支援のニーズが増加する中、人道危機自体を防止することは得策のように思える。しかし人権や開発は統治に深く関連する問題であり、政治的な問題である。それに対して冒頭で紹介したとおり人道主義の理念は「非政治的」なことである。人道支援に対して政治的条件が付けられるといった事例も報告されている。人道支援がある政治的目的の達成のために行われることは、人道支援の受益者を選択してしまうことにも繋がりかねない。このように、今日の人道支援は非政治性と政治性の中で、ジレンマを抱えていることも事実なのである。

第3節　人道支援のこれから

（1）新しい人道支援の手法

人道支援というと、大量の物資が被災者に贈られるような映像を想像する読者も少なくないのではなかろうか。もちろんそのような支援が、特に人道危機発生当初には多い。しかし、最近「現金に基づいたプログラム（Cash Based Assistance：CBA）[25]」という支援が多く行われるようになった。

支援は大量の物資を届けるが、その種類は限定的である場合が多い。例えば、食糧支援で考えてみると主食（米、小麦、もろこし等）、豆類、砂糖、塩、缶詰ぐらいだろうか。場合によっては、栄養価の高いビスケットなど補助栄養食品が配られる場合もある。しかし、人道危機状態が長期にわたると、栄養面より野菜、肉、魚、卵など

の生鮮食料品も必要となる。これらの食品は備蓄できないし、冷蔵機能のないトラックでは運べない。そこで 2000 年代中盤より登場しているのが、現金や支援物資交換券による支援である。交換券は、指定された物品を支援機関が契約している店舗に行って物品と交換するというものである。

　既に紹介した国連の人道支援機関で食糧クラスターを主導している WFP は、従前より実施されている食糧による支援と現金や交換券での支援を比較して後者が優れている点として、受益者が自由に必要な食糧を選択することができることで受益者のニーズに合った食糧支援となることや、受益者の尊厳が守られ受益者のエンパワーメントが図れるなどの点を挙げている。また市場が機能している場合において、受益者は食糧支援では手配することのできない卵、野菜などの生鮮食料品も購入することができ、栄養摂取面においても効果が期待できる。さらに、受益者が現物を取りに行く手間が省けることから、より効率の高い支援となるとしている。

　さらに、支援機関側の利点としては、食糧と同じ価値の現金を配る方が食糧を配るより容易であるし、費用も軽減できる。また、現金にしても交換券にしても、人道危機で閉鎖に追い込まれることもある商店などの再生にも一役買う。つまり、支援で被災地に現金が入ることで、地元の経済を立て直す効果もあるのである [26]。

　また、都市部での人道危機のケースを中心に、デビット・カードや携帯電話を利用した支援も行われるようになっている。受益者に配布したデビット・カードや携帯電話にタイミングを見計らいチャージするという方法である。この方法では、受益者に現金や交換券を渡す必要もなくなり、移動するかもしれない受益者を配給所に召集したり、支援機関が現金や交換券を配給所まで運搬したりする手間さえも省くことができる。さらに、どの受益者が、どの店舗でいつ、いくら、どのように使ったかなどのモニタリングもタイムリーにまた正確に行えるというメリットがある。

もう一つ紹介したいのが、受益者登録の技術の進歩である。かつては、人道危機にあった人々が実際に記入した用紙を基に、人道支援機関が受益者データベースを作っていた。しかし、この方法では、同一の人物を何回も登録してしまうといったことが起こっていた。そこで、最近では受益者登録に指紋や虹彩を使うこともある。受益者登録を正確に行うことは、人道支援を本当に必要としている人々に届けるために非常に重要である。こうした通信、ICT 分野の技術を使った新しい試みは、人道支援を効率性や精度の面において、各段に進歩させているのである。

（2）開発支援・平和構築との連携、耐性を高める支援

　冒頭で紹介したように、緊急人道支援のニーズは毎年高まっている。その一因は、緊急人道支援が必要となる国では、脆弱な立場に置かれている人々が元から多いということである。そのような国は2021 年には 36 カ国に上り、緊急人道支援を必要とする人々の 76%が住んでいる[27]。緊急人道支援の終わらせ方と、そもそも緊急人道支援を必要としない社会作りを検討しなければ資金不足は深刻化の一途を辿るであろう。今日の緊急人道支援システム構築の契機となった国連総会決議 46/182 も、「救援から復興及び開発への連続」と題された章で、緊急人道支援は復興・開発へ繋がる方法でされるべきとし、また平時より人道危機に備えられるような開発支援を国際社会に促している。

　開発支援と緊急人道支援の関係は、2016 年 5 月にイスタンブールにて開催された世界人道サミットにおいても確認されている。サミットの準備段階で国連事務総長に提出された『人道への課題』[28]は、「人々の生活を変えよう：届けることから必要性を終わらせること」への国際社会の責任が記されており、開発支援との連携強化の必要性が強調されている。この方向性はサミットでも確認され、「人道への投資」としての開発や危機軽減活動に対する出資が呼び

かけられた。このような動向を背景に、出資国も人道支援と開発支援の連携を意識した資金供出に取り組んでいる。例えば、経済協力開発機構（Organisation for Economic Co-operation and Development：OECD）は2017年に『人道と開発の一貫性』[29] という文書を発行、出資国に「家庭やコミュニティに着目する人道支援」と「国、制度造りに注目する開発支援」に理論的な結び付けや一貫性を持たせるような出資を促している。

　また平和構築においても、人道支援は平和を耐久性のあるものとし、紛争を再発させないために行われるべき、と連携の重要性が指摘されている[30]。2008年に発行された『国連平和維持活動——原則と指針』[31] においては、平和構築においては同じ国で活動する国連機関が協働することで効率性の向上を図るために、先に紹介した1992年の人道緊急支援改革で導入された『統合アピール』や、開発支援機関間の調整、連携を促す目的で被支援国別に作成される統合計画である『国連開発支援枠組み』[32] との繋がりを積極的に模索するべきだとしている。

おわりに——新しい人道支援に向けて

　本章では人道支援に携わる機関、現在の緊急人道支援システムの仕組みを紹介してきた。その根底には「緊急時に人命救助や人々の苦痛を和らげる」という理念がある。その一方で、緊急人道支援を終わらせるため、また相互に効果を持続的なものとするため開発支援や平和構築との連携も模索されてきた。その中で、防災や緊急対応力の強化を行い危機に強い社会を目指す、つまり耐性（レジリエンス）向上を目指すということも最近存在感を増してきた。

　しかし、問題もある。開発支援や平和構築はもちろんその対象となる人々を対象とするものではあるものの、一つの国を対象に行われる。開発支援は二国間、多国間を問わず国家を枠組みとして行わ

れてきたし、平和構築は紛争後の新しい国家建設そのものを目指すものである。つまり開発支援や平和構築は、非政治性を理念とする人道支援とは必ずしも軌を一にしないのである。しかし、本章で紹介した人道支援を行う機関は、実は緊急時ばかりに活動をしてきたわけではなく、それぞれの得意分野において脆弱性を持つ人々を支援してしたことも事実である。

このような現状を鑑み、第2章で説明されている人間の安全保障という概念が改めて重要性を増してくるのではないだろうか。そもそも人間の安全保障誕生の背景の一つは、人道支援、開発支援など分野ごとにバラバラに捉えていては機能しないという問題であった。また人々の欠乏・恐怖という人間の脆弱性に注目する人間の安全保障は、国家を中止に据えた安全保障では無視されることもある不偏性、中立性、独立性といった人道原則を確認するものでもある。人道支援は、人間の安全保障を政策、計画立案の基礎とすることで、緊急事態への対応、強靭な社会作りの双方をあえて分断させることなく包括的なものとできるのではないだろうか。

国際社会の諸問題が、国境を越え一層グローバル化する中、人間の「不安全」に対応するための人道支援の需要は今後も増していく。一方で資金の不足が伝えられ、また新たな対策も求められている。今後も、より深刻な事態に瀕している人々、瀕する危険性がある人々に支援を差し伸べるために、支援国、受け入れ国、人道支援機関をはじめとする多くの関係者の新しい知恵と一層の協力関係強化が求められている。

註

1) UN A/Res/46/182, Strengthening of the coordination of humanitarian emergency assistance of the United Nations, 1991.

2) OCHA, 2022. Global Humanitarian Overview 2023.

3) http://jp.icrc.org/faq/（2022 年 12 月 18 日閲覧）

4) https://www.icrc.org/en/document/history-icrc（2022 年 12 月 18 日閲覧）

5) 桝居孝・森正尚『世界と日本の赤十字——世界最大の人道支援機関の活動』東信堂、2014 年。

6) https://savethechildren.ch/en/about-us/（2022 年 12 月 18 日閲覧）

7) https://www.care-international.org/who-we-are/75-years-care（2022 年 12 月 18 日閲覧）

8) UN A/Res/802（VIII）, United Nations Children's Fund, 1953.

9) UNICEF, The Unicef Executive Board an Informal Guide, 2010.

10) UNICEF, 1946 - 2006 Sixty Years for Children, 2006.

11) UN A/Res/319（IV）, Refugees and Stateless Persons, 1949.

12) UN A/Res/1714（XVI）, World Food Programme, 1961.

13) WFP, Annual Performance Report 2021, 2022.

14) Francis M. Deng, *Internally Displaced Populations - Paradox of National Responsibility*. Cambridge, MA：Center for International Studies, Massachusetts Institute of Technology, 2007. p.3.

15）中央緊急貸与資金は 2005 年の人道支援改革にて中央緊急救済資金（Central Emergency <u>Relief</u> Fund：CERF）へ、つまり貸与から付与に変更された。

16）UN A/51/950, Renewing The United Nations, 1997.

17）Humanitarian Response Review Team of Consultants, Humanitarian Response Review：The United Nations, 2005.

18）国際連合広報局（八森充訳）『国際連合の基礎知識［改訂版］』関西学院大学総合政策学部、2012 年、397 頁。

19）IASC, Guidance Note on Using the Cluster Approach to Strengthen Humanitarian Response, 2006.

20）OCHA, 2012. Inter-Agency Standing Committee, OCHA on Message

21）稲田十一『紛争と復興支援——平和構築に向けた国際社会の対応』有斐閣、2004 年、28-30 頁。

22）武内進一「アフリカ紛争と国際社会」武内進一編『紛争と平和の間——紛争勃発後のアフリカと国際社会』アジア経済研究所、3-56 頁、2008 年、20-21 頁。

23）稲田十一『紛争と復興支援——平和構築に向けた国際社会の対応』有斐閣、2004 年、36-37 頁。

24）Daniela Nascimento Daniela, One step forward, two steps back? Humanitarian Challenges and Dilemmas in Crisis Settings, *Journal of Humanitarian Assistance*, Springer, 2015

25）支援機関によっては、Cash Based Response, Cash Transfer Program など別の名称も使用している。

26）WFP, *Cash Based Transfers: Empowering People, Markets and Countries.* Rome, 2020.

27）Development Initiative, Global Humanitarian Assistance Report 2022, 2022

28）UN A/70/709, Agenda for Humanity, 2016

29）OECD, Humanitarian Development Coherence, 2017.

30）UN A/47/277-S/24111, An Agenda for Peace: Preventive Diplomacy, Peacemaking and Peace-keeping. 1992, Para 57

31）UNDPKO, *United Nations Peacekeeping Operation: Principles and Guidelines*, 2008, pp. 53-56

32）United Nations Development Assistance Framework。2018 年より「国連持続可能な開発協力枠組み（United Nations Sustainable Development Cooperation Framework）」となった。

読書案内

内海成治・桑名恵・大西健丞編『緊急人道支援の世紀——紛争・災害・危機への新たな対応』ナカニシヤ出版、2022 年。

人間の安全保障委員会『安全保障の今日的課題』朝日新聞社、2003 年。

山下光『国際平和協力』創元社、2022 年。

メアリー・B・アンダーソン（大平剛訳）『諸刃の援助——紛争地での援助の二面性』明石書店、2006 年。

五十嵐元道『支配する人道主義——植民地統治から平和構築まで』岩波書店、2016 年。

第4章

国際平和協力

平和な社会はいかにして築けるか

山田　満

国際平和協力の前提となる「平和」とは何か。通常、平和とは暴力・武力を使って問題を解決するのではなく、話し合いで問題を解決することが制度化されている状態をいう。逆にいうと、限られた資源をめぐって当事者間がゼロ・サム（有限資源の争奪）を行うと紛争に至る。しかし、平和学者のヨハン・ガルトゥングは戦争や紛争がない状況を消極的平和と呼び、積極的平和の実現には差別、弾圧、飢餓などの社会構造に根ざす不平等（構造的暴力）や文化的暴力を解決する必要があるという。この定義から「平和」の実現を考えると国際平和協力の範囲はかなり広くなる。現代社会では SNS を利用するなど、私たち一人ひとりが平和の実現に向けて関与する機会が増大してきたといえるのではないか。

はじめに

　21世紀半ばに向けて、徐々に国際社会の平和の様相が変化している。東西の冷戦が終結した時には、国際社会は平和の配当を期待した。フランシス・フクヤマの『歴史の終わり』が描いたように、米国とソビエト連邦間のイデオロギーに基づく「冷たい戦争」は、西側の自由民主主義モデルの勝利で終わった。ソビエト連邦は1991年末に解体され、東欧の民主化が続いた。しかし、ジェニファー・ウェルシュが著した『歴史の逆襲』が述べているように、2010年以降の国際社会の平和への様相は確かに変化していく[1]。

　ウェルシュが指摘する『歴史の逆襲』の四つの現象は、テロリズムの横行にみる「蛮行への回帰」、国内や地域紛争による「大量難民への回帰」、ロシアのクリミア占領、その後に至るウクライナ侵攻にみられる「冷戦への回帰」、さらに世界国内外の絶対的貧困と相対的貧困を背景にした「不平等社会への回帰」である。いずれも現代国際社会が直面する平和を揺るがす課題となっている。本章では、このような諸問題解決に向けた国際平和協力の諸相を特に国際関係理論の枠組みから考えてみる。

第1節　国際関係理論からみた国際平和協力

(1) リアリズムからみた国際平和協力

　リアリズムは、国家を中心とする国際関係を考える。つまり、国際社会は世界政府が存在しないアナーキーな世界であり、それゆえに主権国家が国際関係の中心になると考える。したがって、政府は主権の及ぶ領土、領海、領空そして、領民など国家を構成するものが、他国からの侵略によって脅かされることのないように、国家の軍事力を強化し、最高の安全保障を求めようとする。

　このように、自国の安全は自国で守ろうとする主権国家の数は

200 あまり存在する。このうち、国連に加盟している国家は 193 カ国である（2022 年 12 月現在）。主権国家を基本単位に据えた伝統的な国際政治システムができたのは、1648 年のウェストファリア条約を契機とする。ローマ教皇を中心にした中世ヨーロッパ世界から、教皇の権威が崩れるのにともない、神聖ローマ帝国内にもプロテスタントの蜂起による宗教内乱が生じた。これに周辺諸国が武力介入して起きたのがドイツ 30 年戦争であり、ウェストファリア条約で終結した。ウェストファリア体制は各国王に排外的な支配地域を認め、主権、領土、領民を核とする現在の主権国家システムの形成を促していった。

　リアリズムが求める国際平和秩序とは何か。国家は自国の安全保障を最大限にするためにパワーを求める。当然ながら、どの国家も同様にパワーを求めることで国家間では「権力闘争（struggle of power）」が起きる。ちょうど、トマス・ホッブスが述べた自然な状態下における人間が自らの生命の安全を確保するために、他者との奪い合いに勝利しなければならないとした、「万人の万人に対する戦争」と同様の状況下に陥る。

　したがって、主権国家の上位において国家間の秩序を維持する世界政府がない限り、リアリズムにおける国際平和秩序は勢力均衡（Balance of Power）に頼ることになる。それは、第二次世界大戦後から 1989 年のベルリンの壁が崩壊するまでの間、東西間の冷戦（Cold War）が起きたことで理解できよう。米国・ソ連という二大超大国が直接の戦火を交えることのない勢力均衡で「国際平和」が維持されていた。この二極システムはネオ・リアリズムの考え方に反映された。しかしその一方で、勢力均衡に至るまでは「安全保障のジレンマ」[2] が指摘するように、軍備は限りなく拡張されていくことになった。

　それでは国家対テロ集団という非対称型の紛争を決定づけた「9・11 テロ事件」後の国際平和協力をみてみよう。2001 年 9 月 11

日は、米国民のみならず世界中の人々が震撼した、世界貿易セン
ターその他を狙った同時多発テロ事件が起きた日である。同事件後
のジョージ・W・ブッシュ大統領（当時）は記者会見で、「米国に対
して宣戦布告がなされた。米国は世界を勝利に導くだろう」と、
「強いアメリカ」を米国民や世界に強調し、「世界から邪悪を一掃す
る」対テロ予防戦争を展開することになった。

　具体的には、9・11テロ事件の首謀者とされるオサマ・ビン・ラ
ディンを匿うアフガニスタンのタリバン政権の攻撃を迅速に開始し
た。また、翌年2002年初頭の一般教書演説で、ブッシュ大統領は
イラク、イラン、北朝鮮を「悪の枢軸」と呼び、大量破壊兵器を保
有するテロ国家として名指しの非難を行い、次の攻撃ターゲットを
明らかにした。

　その中で、イラクのサダム・フセイン体制は、再三にわたる国際
原子力機関（International Atomic Energy Agency：IAEA）の査察拒否を行っ
ていたので、結局米国、英国などの有志連合 [3) によって、2003年3
月に「イラクの自由作戦」という名の下で攻撃が始まった。しかし、
フランス、ドイツ、ロシア、中国は即時攻撃には反対し、査察の継
続を主張した。タリバン攻撃とは違って、イラク攻撃に関しては国
際社会が一枚岩にはならなかった。実際、イラクには大量破壊兵器
が見つからなかったわけであるが、そのような不確かな情報である
にもかかわらず、なぜイラク攻撃を米国は実行したのだろうか。

　ブッシュ政権にとって、強い米国の存在は何よりも重要な政権の
必須要件であった。また、米国は冷戦終結後世界において、唯一の
大国として、「世界の保安官」を任じ、国際社会の安全保障におけ
るリーダーシップが求められていると確信していた。それこそが
「9・11テロ事件」後に出された「先制攻撃」と「米国の正義」を
骨子とする「ブッシュ・ドクトリン」であった。米国本土を直接
ターゲットにした同時多発テロの衝撃の大きさが背景にあるものの、
自衛権に基づく他国への内政干渉を正当化し、強大な米国の軍事力

によって「テロ支援国家」を撲滅することが、米国国民を守ること（国益）であると同時に、国際社会の安全保障に貢献することであると考えた。

　その後、2009年1月にバラク・オバマが大統領に就任し、「核なき世界」を訴え、ノーベル平和賞を受賞し、現職大統領として初めて広島を訪問するなど国際協調主義への回帰を期待させた。しかし、2017年1月に就任したドナルド・トランプは「世界の保安官」から「米国第一主義」を掲げ米国の国益を最大限求める政策に舵を切った。2011年頃から中東・北アフリカ地域では「アラブの春」[4]という民主化運動が起きていたが、米国の存在感の衰退はいっそう同地域の政治的な混乱を大きくしていった。

　具体的には政治的混乱の中で、新たにイスラム国（Islamic State of Iraq and Syria：ISIS）のようなテロリストが、シリア紛争[5]の間隙を縫って勢力を拡大し、アフガニスタンにおいても自国第一主義政策のもとトランプ政権は米国軍の撤退を宣言し、政権を引き継いだジョー・バイデン大統領の下で完全撤退を実施した。その結果、2021年にはアフガニスタン大統領アシュラフ・ガニは国内から脱出し、タリバン政権が復活することになった。

　リアリズムの観点からは、軍事的に圧倒的なパワーを有する米国やその同盟国、北大西洋条約機構（North Atlantic Treaty Organization：NATO）こそが、国際社会に危機をもたらす国際テロリズム、あるいは大量破壊兵器を有する「ならず者国家」に対して軍事的な圧力を示すことで、国際平和に貢献できると考えた。いまや中国の大国化を背景に米中対峙時代を迎えている。日本でも安全保障関連法案の制定など防衛力の強化が進んでいる。これらの取り組みの前提はあくまでも「自国の安全保障」に適っていることが前提になる。これがリアリズムの目指す国際平和秩序と国際平和協力である。

表 4-1　リアリズムとリベラリズムの特徴

	リアリズム	リベラリズム
行為の主体	国家	個人、国家、政府間組織、NGO
行為の目的	国家利益	国際社会・人類共同体の利益
行為の領域	安全保障	経済、社会
行為の性質	対立	協調
国際秩序の基盤	力（軍事力）	規範、制度、市場
国際関係の動態	不変、循環	変容、進歩

出所：山田高敬・大矢根聡編『グローバル社会の国際関係論』新版、有斐閣、2011 年、12 頁

(2) リベラリズムからみた国際平和協力

　表 4-1 にあるように、リベラリズムの行為主体は、国家に限らず個人、政府間組織、NGO も含まれる。つまり、リベラリズムの考える国際平和は、様々なアクターがそれぞれの影響力を持って、それぞれの求める目的に向けて、国際平和秩序の形成に取り組むことが可能であるという前提に立っている。

　リベラリズムも主権国家を上から統治するような世界政府の存在は認めていないものの、それぞれのアクターが、規範、制度、市場などを舞台に協調という手段を用いて、経済や社会の領域で、国際社会や人類共同体の利益を目的に、ともに行動をとることは可能であると考える。つまり、リアリズムが考えるような、「国際関係はアナーキー（無政府状態）である」とは捉えず、むしろ対立や紛争は、政府間、あるいは個人や社会の動きや対話・交渉を通じて、解決が可能であると国際関係を捉えている。

　それでは具体的にリベラリズムの考える国際平和秩序形成をみてみよう。リベラリズムはリアリズムのように国家の行動を軍事的な安全保障に限定して考えてはいない。国家の安全保障を、市場を通じた経済的側面から、あるいは国家の制度に着目した政治的な側面からも考えている。

　まず、経済的リベラリズムとして、市場メカニズムをあげている。アダム・スミスは「神の見えざる手」によって、価格が決められ、

それこそが生産者にとっても、消費者にとっても最高の利益を供与することになると教えた。市場は経済主体が、自らの判断で最大限の利益を得られるような競争システムである一方で、これはあくまで市場を通じた競争であって、決して武力に依存するシステムではない。つまり、国際貿易を拡大していくことで、各国は貿易によって富の拡大を実感するわけで、武力によって領土や資源を収奪するリスクを選択しなくなると考える。

　この考え方は、国際経済が拡大している現代国際社会においては相互依存という形で深化している。国境を越えた貿易や投資、さらには技術移転や労働移動が国家間で展開され、いずれの国家も他国との共存なしには存続できない状況になっている。ロバート・コヘインとジョセフ・ナイは、リアリズムが依拠するパワーが軍事的な側面からみた伝統的な軍事的安全保障であったのに対して、むしろ軍事力以外の要素もパワーとなるとして、経済的な相互関係を重視する「複合的相互依存」の国際関係を唱えた[6]。

　次に、政治的リベラリズムには、制度的リベラリズムと民主的平和論がある。国際連合、国際通貨基金（International Monetary Fund：IMF）、国連開発計画（United Nations Development Programme：UNDP）、国連難民高等弁務官事務所（United Nations High Commissioner for Refugee：UNHCR）などの国際機関、京都議定書、パリ協定、対人地雷禁止条約、核禁止条約、国連人権規約などの条約や協定も国際的な制度として捉えられる。制度とは「人間の行動様式の定型化されたもの」（『現代政治学小辞典』有斐閣）を指すが、制度的リベラリズムの考えではこれらの諸国際制度が機能することで、リアリズムの考えるようなアナーキーな国際関係は回避できると考える。

　たとえば、環境問題は地球規模の問題であると同時に、各国産業界からの圧力もあり経済成長を反映した国益との衝突の問題でもある。その国益を超える決断が、パリ協定として、2015 年 12 月に国連気候変動枠組条約締約国会議（Conference of the Parties：COP）21 で

190 カ国以上の合意で採択され、翌年 16 年 4 月 22 日、ニューヨークの国連本部で日本を含めた 175 の国・地域が署名した。パリ協定は 1997 年に COP3 で採択された温室効果ガス削減を目指した京都議定書のいわゆる「ポスト京都議定書」になる。

パリ協定は 2016 年 11 月 4 日に、55 カ国以上の参加と世界の総排出量のうち 55％以上をカバーする国の批准で発効する条件を満たした。実際、世界の温室効果ガス排出量シェア第 1 位の中国、第 2 位の米国が同年 9 月に同時に締結し、日本も 11 月には締結するなど世界の温室効果ガス排出量の約 86％、197 カ国・機関が参加した。2017 年 6 月に米国大統領に選出されたトランプは、前任者のオバマ大統領、欧州など世界各国の非難をよそに、パリ協定からの離脱を表明したが、バイデン政権の誕生で 2021 年に復帰している。

パリ協定を発効に至らしめる上で、COP21 を構成する政府間の交渉だけではなく、気候行動ネットワーク（Climate Action Network：CAN）のような環境 NGO の存在と役割も大きかった。1989 年に設立した CAN は、100 カ国以上の 950 以上の NGO で構成された世界最大の環境 NGO のネットワーク組織である。このように、温室効果ガス削減という環境問題解決に向けたアクターが国際レジームを形成することの意義は大きい。私たちの周りには、国際社会に存在する諸問題解決に向けた国際レジームが創設されている。そして、制度的リベラリズムとしての国際レジームの形成を通じて、国際協調が行われているのだ（環境については第 11 章参照）。

最後に、民主的平和論に触れたい。同論を主張する一人、ブルース・ラセットは「民主的に統治された国どうしが戦争をすることはめったになく、戦争をしても多くの死者を伴う暴力を用いない」と述べ、「それを理論的に説明することができれば、現実主義に代わる」として、民主的平和論の理論化に挑むとともに、国際社会による民主化支援の必要性を訴えた[7]。民主主義国家は「紛争の平和的解決」規範を持ち、それゆえに民主主義国家の対外政策や対外行動

が武力を用いた解決方法をとらないというのだ。

　国連、西側諸国が紛争後国家の平和構築において、民主的なガバナンスを当該国家に定着させようとしている背景には、言うまでもなく「紛争の平和的解決」規範の重要性を認識しているからであり、民主主義国家の建設こそが、地域秩序の形成、国際平和への実現に寄与すると考えているからである。

(3) コンストラクティヴィズムからみた国際平和協力

　コンストラクティヴィズム（社会構成主義）は、国際関係の現実を主観的な世界として捉える。また、「国家は一枚岩で合理的選択によって政策決定を行う」という合理主義の考え方に疑問を呈し、むしろ政策決定においては理念や信条、認識、規範などの観念的なアイディアに着目する必要があるという考え方である[8]。

　1997年にジョディ・ウィリアムズと地雷禁止国際キャンペーン（International Campaign to Ban Landmines：ICBL）がノーベル平和賞を受賞した。受賞理由は「対人地雷の禁止及び除去に対する貢献」であった。対人地雷はその名の通り、人を対象に殺傷する武器である。従来から「武器」は国家安全保障に関わる国家の専権事項であり、その削減・管理等の議論はジュネーブ軍縮会議等で扱われる案件であったが、ICBLを中心に人権侵害という視角からアイディアを共有することで対人地雷全面禁止条約の制定を可能にした。

　また、2017年のノーベル平和賞は核兵器の非合法化と廃絶を目指した「核兵器廃絶国際キャンペーン（International Campaign to Abolish Nuclear Weapons：ICAN）」に授与された。唯一の被爆国としての日本は、政府とNGOで違った立場をとっている。日本政府は「核なき世界」を掲げたオバマ前大統領からトランプ政権に変わり、米国の「核態勢の見直し（Nuclear Posture Review：NPR）」が公表されると、「核兵器による米国の抑止力維持は必要不可欠」（防衛大綱）との賛意を示し、米国の「核の傘」を支える側に回っている[9]。その一方で、

被爆者団体は唯一の被爆国として、「被爆者自身」が核兵器（原爆）の悲惨さ、残酷さを伝えることで核抑止の役割を果たしている。

　ICAN の「核兵器のない世界」（核兵器禁止条約）を国際社会に広げる戦略は、かつて対人地雷の問題が、紛争の終結にもかかわらず、埋設された地雷によって民間人の被害が絶えないことを訴えたように、国際政治や安全保障の問題という視角からではなく、核兵器が「人間の健康を破壊し、社会や環境に甚大な被害をもたらす」という人道的な側面を前面に出すことであった。それゆえに、もっとも説得力のある存在が被爆者であり、被爆者の語り部こそが核兵器禁止条約を実現させたのだといっても過言ではない。

　ICAN は 2017 年 7 月に、国連加盟国のうち 122 カ国の賛成を得て、2020 年 10 月に条約発効に必要な 50 カ国の批准を受けて、翌年 2021 年 1 月に条約の効力を持った。核兵器禁止条約の採択では ICAN が主導的な役割を果たす一方で、オーストリアや非核兵器地帯に属する国々が後押ししている[10]。

　さて、コンストラクティヴィズムの観点から核兵器禁止条約、対人地雷禁止条約や、それと同様に、不発弾などから民間人への被害が大きいことを理由に NGO が主体となって実現させたクラスター爆弾禁止条約はどのように考えたら良いのだろうか。ICAN も ICBL も、NGO アクターの連合組織であったことはすでに述べた。NGO がそれぞれの兵器の性格を「戦闘要員を殺傷する兵器」というよりも「むしろ非戦闘要員に対する無差別兵器」として捉え、人間の尊厳に対する挑戦、あるいは人権侵害そのものであるという共通の意識（アイディア）の下に、オーストリア、カナダ、ノルウェーなどの諸国を巻き込んで実現させていった条約であった点で共通する。

　国際 NGO は同様のアイディアを持つアクターが集まる国際レジームを形成し、米国、ロシア、中国のような大国が結局参加を見合わせても、無辜の人々を殺傷する非人道的な行為を許さないという国際世論を背景にした国際規範を形成する戦略をとったのだ。す

なわち、各アクターの主観的なアイディアを共有した、いわゆる間主観的な立場で実現した条約であるという点で、コンストラクティヴィズムの特徴を備えている[11]。

第2節 国際平和協力をどのように進めるのか

(1) 国際社会が目指す国際平和協力

　第二次世界大戦が終わる直前に戦後の国際秩序を決定づける二つの大きな国際会議があった。一つが、1944年7月に米国ニューハンプシャー州ブレトンウッズで開催された「ブレトンウッズ会議」である。第二次世界大戦後の国際通貨・金融・貿易体制を担う国際機関として国際通貨体制を担う IMF、国際金融を担う国際復興開発銀行（International Bank for Reconstruction and Development：IBRD、後に世界銀行になる）が設置され、これらを軸とする国際通貨体制が確立された。また、ジュネーブに本部を置く「関税及び貿易に関する一般協定」（General Agreement on Tariffs and Trade：GATT、現在は世界貿易機関、World Trade Organization：WTO へ発展）も設置され、戦後の国際経済秩序が整ったのである（国際機関に関しては第5章参照）。

　これら国際機関による戦後の世界通貨体制となったブレトンウッズ体制は、1971年8月のリチャード・ニクソン大統領の「ニクソン・ショック」によって金とドルの兌換停止がなされたことから、従来の金本位制の固定相場制から、73年には変動相場制へと移行することになった。とは言うものの、自由主義市場経済体制は堅持され、1990年代から顕在化していくグローバリゼーションの進展とともに新自由主義経済との連携を強めていくことになる。

　もう一つの国際会議は、1944年8月にワシントン郊外のダンバートン・オークスで開催された会議[12]であった。同会議では国連憲章の草案が発表されたが、元々は1941年8月に発表された大西洋憲章において、国際連盟より強固な「一般的な安全保障制度の設立」

と言及されたことに始まる。また米英ソ首脳による1945年2月のヤルタ会談[13]では、安全保障理事会での表決手続などが議論され、同年4月のサンフランシスコ会議ではすべての連合国が招集され、「国際機構に関する連合国会議」が開催された。同会議を通じて国際連合憲章が採択され、51カ国を原加盟国とする国際連合の設立が決まった。

国連憲章前文では、言語に絶する二つの世界大戦を人類は経験したが、その惨害から将来の世代を救うこと、基本的人権と人間の尊厳及び価値と男女及び大小各国の同権とに関する信念をあらためて確認すること、正義と条約その他の国際法の源泉から生ずる義務の尊重とを維持することができる条件を確立すること、いっそう大きな自由の中で社会的進歩と生活水準の向上とを促進することが謳われている。また、これらのために、国際の平和及び安全を維持するためにわれらの力を合わせ、共同の利益以外には武力を用いず、すべての人民の経済的及び社会的発達を促進するために国際機構を用いることが決意されている（『解説条約集、三省堂』）。

つまり、国際連合の目的は国連憲章第1条に書かれてあるように、主として「国際の平和及び安全を維持すること」と「経済的、社会的、文化的又は人道的性質を有する国際問題の解決に対して、人権及び基本的自由を尊重しながら、国際協力を行うこと」の2点に集約可能であろう。また、米国、英国をはじめ、第二次世界大戦を戦った大国がファシズムや全体主義に対する民主主義の闘いを掲げたことも国連創設の重要な背景である。

以上のことから、第二次世界大戦後の国際社会は、第一次世界大戦後に歪んだウェストファリア体制の再生（主権国家の再建）を基本に、経済体制としての自由主義市場経済の導入と、民主主義・人権・法の支配が主権国家の持つべき政治体制として考えられたことがわかる。

(2)「グッド・ガバナンス」は国際平和協力の共通項か

2015年に政府開発援助（Official Development Assistance：ODA）大綱が開発協力大綱に改定されたが、その重点課題として自由、民主主義、基本的人権の尊重、法の支配といった普遍的価値の共有が述べられ、平和で安定した社会の実現のために日本は開発支援するのだと訴えている。実際、多国間支援を実施する国際機関、二国間支援を実施する国家、とりわけ西欧社会は、支援対象国に対して、「グッド・ガバナンス」を条件にする。なぜならば、前述したように、グッド・ガバナンスが経済発展にプラスの影響を与えると認識されているからである。それでは「グッド・ガバナンス」とは何か。

稲田十一は、主要国際機関のガバナンス概念を整理している。まず、世界銀行では、行政や公的部門管理に関わる狭義の概念で使用され、説明責任、透明性、予測可能な法的枠組み、公的部門の効率性や情報公開などが含まれているという。次に、経済協力開発機構（Organization for Economic Co-operation and Development：OECD）の開発援助委員会（Development Assistance Committee：DAC）では、参加、市民社会の政策決定への関与・チェック、人権擁護、汚職・腐敗の防止、民主的な政治制度、法の支配、過度な軍事支出の削減などを含めた、世界銀行より広義のものとして扱っている。

その一方で、世界銀行やOECDのガバナンス論に対する批判も紹介している。第1の批判として、これらガバナンス概念が、欧米の基準からみた画一的な基準であり、歴史的・社会的・文化的な価値観が異なる途上国にそのまま適用可能かということ、第2に、開発金融機関が救済融資を与える条件、つまりコンディショナリティを付けて当該国の経済政策に介入することは、なかんずく援助支援国の内政に関与することであるという批判、第3の批判として、世界銀行・IMFは国際機関といっても米国主導の開発金融機関であることは間違いなく、したがって同機関の政策は米国の利害・国益を反映しているということである。つまりは、米国がこれら開発金融機

表 4-2　政治体制別の民主主義指数（2021 年度）

政治体制 （指数）	国の数	国の割合 （％）	世界人口の 割合（％）	G7／ G20 諸国と ASEAN 諸国 （原則指数の高い順で記載）
完全な民主主義 （8.0-10）	21	12.6	6.4	オーストラリア、カナダ、ドイツ、韓国、日本、英国
欠陥ある民主主義 （6.0-7.9）	53	31.7	39.3	フランス、米国、イタリア、マレーシア、南アフリカ、インド、ブラジル、アルゼンチン、インドネシア、フィリピン、シンガポール、タイ
混合政治体制 （4.0-5.9）	34	20.4	17.2	メキシコ、トルコ、
権威主義体制 （0-3.9）	59	35.3	37.1	ロシア、ベトナム、カンボジア、中国、サウジアラビア、ラオス、ミャンマー

＊世界人口の割合は、調査対象 167 カ国の総人口での割合を示す。なお、民主主義指数は選挙過程・多元性、政府機能、政治参加、政治文化、市民の自由度で構成されている。
出所：Democracy Index 2021, *The Economist Intelligence Unit.*

関を通じて米国の「民主主義の輸出」を行っているという批判である[14]。

　また、岩崎育夫は、アジア国家とグッド・ガバナンスの問題を論じて、シンガポールの開発体制の特徴を、政治領域における権威主義体制と経済領域における国家主導型開発との組み合わせとして捉えている。つまり、「非民主的政治体制」の下で経済発展を実現する一方で、政治支配と開発行政の分担がなされ、開発に関しては欧米留学組のテクノクラートによって担われていたことを指摘している[15]。

　シンガポールのガバナンスのあり方は、経済開発を担保にして国民の民主主義要件を犠牲にする権威主義政治体制である、いわゆる開発独裁国家[16] 一般にみられる傾向である。しかし、日本の ODA 大綱の「援助実施原則」が明示しているように「民主化の促進」「市場経済導入の努力」「基本的人権及び自由の保障」は、西欧国家が実施する二国間援助の基本方針[17] であり、また多国間援助においても「非政治的理念」を掲げる世界銀行・IMF においても、明示

的ではないものの、当然予期されている条件に含まれている。

このように、"グッド・ガバナンス" は西欧国家が実施する二国間援助及び多国間援助における重要な援助の前提条件になっていることがわかる。したがって、紛争後国家の平和構築支援には当然ながら、国連、国際機関、国際開発金融機関、さらには西側諸国からの支援条件として、「民主化」「人権」「法の支配」といった政治的制度の定着と、また経済制度としての「自由主義市場経済」の導入を前提とする国家建設が求められているのだ。

おわりに

本章を通じて、国連、国際機関、主要西欧諸国は二つのコンセプト、すなわち経済制度としての「自由主義市場経済」と、政治制度としての「民主主義」の二つを求めて国際平和協力を実践していることがわかった。しかしその一方で、国際社会は多様な文化と価値観を擁する国民国家体制であり、必ずしも二つのコンセプトに容易に順応できない国家も存在していることも理解できた。そこで、柔軟性のない直接的な二つの制度の導入、あるいは早期の導入に対して疑問が投げかけられている。

ポール・コーリアらは世界銀行から『戦乱下の開発政策』[18]と題する報告書を出している。その中で、内戦の終結を迎えた典型的な国で、5年以内に再び内戦が勃発するリスクが約44％に達していると述べている（76頁）。同報告書作成の意図は、世界銀行が対処すべきグローバルな貧困問題の観点から、第1に内戦が開発に及ぼす悪影響を指摘する。つまり紛争による犠牲者が実は政治指導者ではなく、一般人であることを強調している。第2に、内戦のリスクは低所得国が高いことから、逆に開発こそが内戦の防止につながるというのだ。つまり、内戦が開発の失敗を反映していることを証明しようとした。「1人当たり所得を倍増すると、反乱のリスクは半

減する。その伸びが1％ポイント上昇するごとに、リスクがほぼ1％ポイントずつ低下する」と指摘している（53頁）。

　他方、早期の西欧型自由主義導入に危惧の念を抱いているのが、ローランド・パリスである。彼は「平和構築の逆説」現象を指摘し、まずは「自由主義導入以前の制度化（Institutionalization Before Liberalization）」の定着を主張する。つまり、平和構築を進める過程で導入される民主化や市場化が、実は内在的に混乱を引き起こす改革につながり、むしろ脆弱な平和を破壊する可能性を持っているというのだ。

　それゆえ、自由主義導入による不安定化の影響を最小化するために、第1に、民主的な制度導入の初期段階では、まずは諸制度間の連携が可能になるまで、民主的な改革や、市場化を目指した改革の導入を遅らせることであり、第2に、いったん上記制度を導入したとしても、直ちに政治的経済的な競争を誘引するのではなく、民主化と市場化のプロセスが徐々に、しかも精巧に少しずつ導入されるような管理をすべきである、と指摘する。

　つまり、紛争後直後の期間に必要なことは、すぐに選挙を実施することでも、民主主義の必要性を騒ぎ立てることでもなく、さらには経済的な「ショック療法」を導入することでもない。これら政治的経済的な改革の導入に対して、制御可能な統治制度を早期に構築し、自由主義化導入に対するより統制された段階的なアプローチこそが必要なのだと、パリスは主張している[19]。

　本章の最後に、「国際平和」協力とは何かを再考することで締めたい。吉川元は、「国際平和と人間の安全は両立するのか」[20]と問題提起している。吉川はランメルの「政府による殺戮」[21]の定義を利用して、「戦争ではなく、無辜の民、武装していない一般市民に対する政権による政治的な殺害」（ランメルはこれを「デモサイド"democide"」と定義）の驚くべき数を指摘する。具体的には、20世紀の戦争の直接の犠牲者数が4000万人であるのに対して、政府が国民を殺した数（デモサイド）が2億6000万人、まさに戦争犠牲者の6

倍以上が、政府によって殺害されている事実を取り上げている[22]。そして、国際社会が取り組む国際平和が、片面的であることの懸念を述べている。

上記の事実は何を指しているのだろうか。国際社会が実施する国際平和協力とは、多分に「自国の安全」を脅かされないための国際平和協力であって、軍事国家や独裁国家で繰り広げられている当該国民（政治犯、マイノリティなどの人々）に対する殺戮には、内政不干渉や民族自決という国際規範を理由に黙殺してきた事実がある。

このようなパズルを解くような国際社会の状況下に、私たちが取り組む国際平和協力が実施されていることを本章で確認してもらいたい。それでは何も解答はないのだろうか。いまや、私たち自身がSNSに声を発して、国際平和協力の中に反映させることができるようになった。様々なアクターとの連携を通じた取り組みが可能になったのである。

ゼミナール

①アフガニスタンのタリバン政権を国際社会が認めない理由は何か。

②グッド・ガバナンスの観点から巨大化する中国の援助政策をどのように評価するのか。

③ロシアのウクライナ侵攻で起きている戦争犯罪とはどのようなものか。

註

1) ジェニファー・ウェルシュ（秋山勝訳）『歴史の逆襲』朝日新聞、2017年。フランシス・フクヤマ（渡部昇一訳）『歴史の終わり（上・下）』三笠書房、2005年。

2)「安全保障のジレンマ」とは、ハーツ（John Hermann Herz）が、1951年公刊

の自著 *Political Realism and political Idealism: A Study in Theories and Realities* で記載した表現。つまり、国家は自国の安全保障を高めるために、他国よりも防衛力を増強するが、他国においても同様な動きが起きるので、国家はたえずさらなる自国の防衛力を高めるかどうかというジレンマに陥ることをいう。

3) 有志連合も多国籍軍には違いないが、通常「多国籍軍」は国連安保理の決議を受けた国際部隊を指し、「有志連合」は決議のないまま出す国際部隊をいう。

4)「アラブの春」は、2011 年初頭の中東・北アフリカ地域で本格化した民主化運動で、チュニジアで発生した反政府デモが最初であった。民衆が SNS などを駆使して次々に政権交代を実現させた一方で、その後の政治的混乱で同地域の不安定化の中でイスラム国（ISIS/ISIL）のようなテロリストの温床にもなっていった。

5) シリアにおける民主化を求めたデモによる内政の混乱と、その後の近隣諸国及び反政府軍に肩入れした西欧諸国の介入で紛争化した。

6) Robert Keohane and Joseph S. Nye, *Power and Interdependence*, 3rd.ed, Longman, 2001. 参照。

7) ブルース・ラセット（鴨武彦訳）『パクス・デモクラティア』東京大学出版会、1996 年。

8) 大矢根聡「リベラリズム」（山田高敬・大矢根聡編『グローバル社会の国際関係論』新版、有斐閣、2011 年）第 2 章を参照。

9) 2022 年 8 月に国連本部で核不拡散条約（NPT）の再検討会議が 4 週間にわたって開催された。今回被爆国日本の首相として初めて岸田文雄首相が、NPT 締約国として核保有国と非核保有国の橋渡し役を掲げて演説を行った。会議は結局ロシアの反対で最終文書が採択されなかった。

10) 核兵器禁止条約第 1 回締約国会議が 2022 年 6 月 21 日から 23 日までオーストリアのウィーンで開催され、核の脅威を非難する「核兵器のない世界へのコミットメントに関する宣言（ウィーン宣言）」と 50 項目からなる「ウィーン行動計画」が合意文書として出された。なお、2022 年 12 月末現在の世界の非核兵器地帯は、6 地域・1 カ国となっている。

11) 対人地雷に関しては、足立研幾『オタワプロセス——対人地雷禁止レジームの形成』有信堂、2004 年。核兵器禁止条約に関しては、冨田宏治『核兵器禁止条約の意義と課題』かもがわ出版、2017 年などを参照。

12) ダンバートン・オークス会議では、国際連合の機構構成（総会、安全保障理事会、国際司法裁判所、事務局）や名称（The United Nations）が決められた。

13) ソ連領のクリミア半島のヤルタで行われた、ルーズベルト米国大統領、チャーチル英国首相、スターリンソ連首相の3人による会談。第二次世界大戦後の欧州と極東における国際秩序のあり方が議論された。事実上米ソの勢力圏を確認した会談であったこともあり、その後の冷戦構造は「ヤルタ体制」とも呼ばれた。

14) 稲田十一「『ガバナンス』をめぐる国際的潮流」下村恭民編『アジアのガバナンス』有斐閣、2006年、18～19頁。

15) 岩崎育夫「シンガポールの開発とグッド・ガバナンス」下村同上編著、177頁。

16) 高柳先男は開発独裁を「発展途上国において、欠乏の克服をめざして工業化・近代化を企図する国家が、その達成の前提条件である政治的安定を確保するために、国民の政治参加の制限と疎外を不可分にする（準）軍事独裁を正当化する体制」と定義する（阿部齊・内田満・高柳先男編『現代政治学小辞典』有斐閣、1999年、51頁）。

17) 米国国際開発庁（USAID）は、①法の支配の強化と人権への配慮、②自由で競争的な政治過程、③政治的に活動的な市民社会の発展、④より透明で効率的な政府機関の四つのカテゴリーに分類し（1996年の民主化とガバナンスに関する報告書）、明確に民主化と援助を連結させる援助政策を採用している（稲田前掲論文、21～22頁）。

18) 正式な報告書名は、Paul Collier, V.L. Elliott, Havard Hegre, Anke Hoeffler, Marta Renal-Querol, Nicholas Sambanis, *Breaking the Conflict Trap: Civil War and Development Policy*, The World Bank, 2003（田村勝省訳『戦乱下の開発政策』シュプリンガー・フェアラーク東京、2004年）。

19) Roland Paris, *At War's End: Building Peace After Civil Conflict*, Cambridge University Press, 2004, pp.7-8.

20) 吉川元「国際平和と人間の安全は両立するのか」（南山大学社会倫理研究所編『社会と倫理』第22号、2008年8月）、同著『国際安全保障論』有斐閣、2007年、同著『民族自決の果てに』有信堂、2009年を参照。

21) Rudolph J. Rummel, *Death by Government*, Transaction Publishers, 1994.

22) 吉川2008年前掲論文、82頁及び Rummel, *op.cit.*, chapter 1&2.

読書案内

吉川元『国際安全保障論』有斐閣、2007年。

長谷川祐弘『国連平和構築』日本評論社、2018年。

本多倫彬『平和構築の模索――「自衛隊PKO派遣」の挑戦と帰結』内外出版、

2017 年。

山田高敬・大矢根聡『グローバル社会の国際関係論』（新版）有斐閣、2011 年。

山田満『平和構築のトリロジー──民主化・発展・平和を再考する』明石書店、
　　2021 年。

第 5 章

国際機関
国家間協力の現状と課題

本多　美樹

今や国際機関の名前を日々のニュースで目にしない日はない。国際連合（国連）や世界保健機関（WHO）、世界銀行などはよく知られているが、その他にも私たちの生活と密接に関係している国際機関は意外に多い。例えば、私たちが携帯電話を使用する際には、国際電気通信連合（International Telecommunication Union：ITU）という国際機関が各国に割り当てた周波数を利用している。このように私たちは知らず知らずのうちに国際機関の活動の恩恵を受けている。身近になった国際機関はどのような目的で作られ、発展してきたのだろうか。また、国際機関はどのような役割を果たし、どのような課題があるのか。これらの疑問に答えるのが本章の目的である。

はじめに

　感染症や環境問題、難民問題、核をめぐる問題など一国では手に負えない地球規模の問題が深刻化したことにより、国家間の利害や政策調整を行うための場として国際機関の役割が注目されている。

　世界のほとんどの国家が加盟している国際連合（国連）のように大規模な機関もあれば、朝鮮半島エネルギー開発機構（Korean Peninsula Energy Development Organization：KEDO）のように数カ国による小さな規模のものもあり、およそ300近くの国際機関が存在しているといわれる。

　これらの国際機関はどのような目的で作られ、発展してきたのだろうか。本章では、まず、国際機関と呼ばれる組織の特徴をまとめた後、国際機関が必要になった背景について歴史的な視点から概観する。その後、開発、人権、経済協力など多岐にわたる分野で活動する国際機関の役割と機能、特徴について紹介する。その際に、国際機関が地域機関、企業、市民社会との連携を深めている点に触れる。そして最後に、国際機関が抱える限界と課題について考える。

第1節　国際機関の設立と発展

（1）国際機関とは？

　国際機関（international organizations）とは、一定の目的を果たすために組織された機関であり、その多くは国際的な活動を行う。国際法においても国際機関は厳密には定義されておらず、「国際機関とは政府間機関をいう（international organizations means inter-governmental organizations）」と規定されているだけである[1]。

　国際機関は、政府間組織、国際組織、国際機構などとも呼ばれ、おおむね同じ意味に使用されているが、その組織の規模が普遍的（世界規模）なのか地域的（限定的）なのか、また、与えられた任務が

一般的なのか専門的・技術的なのか、によって分類される[2] ことも
ある。さらに、国家間条約に基づいて設立された機関のみを指す場
合、あるいは、民間の組織によって作られた国際的な機関を含む場
合、さらには、より広義に世界規模で事業を展開する多国籍企業を
含む場合もある[3]。

　このように国際機関を厳密に定義することは困難だが、この章で
は国家を構成員とする国際機関に限定する。主に地理的に近い特定
の国家群によって組織される地域機関や、非政府組織（Non-Govern-
mental Organizations：NGO）などの民間が主体（アクター）となって構成
する国際機関、例えば、赤十字国際委員会、国境なき医師団、国際
オリンピック委員会などについては他章で扱う（地域機関については
第6章を参照、NGOについては第8章を参照）。

　国際機関が国家と異なるのは、機能的な存在として、何か特定の
目的（任務、機能、役割）が与えられている点である。国際機関は一
般に以下の特徴を備えている。

・公的な協定、条約（設立基本文書）に基づいて設立された複
　数の国家による集まりであり、国際的な活動を行う。
・国際社会で達成すべき一定の目的とそれを達成するための
　機能が与えられている。
・加盟国から独立した組織である。
・多くの場合、全ての加盟国によって構成される総会、加盟
　国の一部によって構成され特定の任務を行う理事会、加盟
　国から独立した国際的な職員によって組織される事務局が
　存在する。

　今日の主権国家体制においては、国家に対して強制的かつ一方的
に命令を下すことができる上位の権力は存在しないことから、国際
機関は国際的な活動を行うが超国家的でも世界政府でもない。193

カ国（2022年末現在）という世界のほとんどの国家が加盟している国連も世界政府ではない。国際機関の中には、その決定を加盟国に受諾させる権限を有するものもあるが、それはあくまでその機関を設立した国家がそのような強い権限を与えた（認めた）に過ぎない[4]。

（2）国際機関の設立の意図――歴史的な視点から

　国際的な機関が作られる背景として、国際秩序の変容とその時々の国家間の目標の実現や他国との利害調整の動きが常にある。とくに、戦争が終わる度に、国家は戦争の廃絶や抑制を願い、国家間の政策調整をするための体制を模索してきた。その過程で多くの国際機関が設立された。

　国際的な機関が生まれるきっかけとして、抗争と交流が挙げられる[5]。相互に認識し合う集団が複数できれば、その間に抗争が生まれるか、あるいは逆に交流が進展する。抗争をどう制御して自らの安全を高めるか、また、いかにして相互の利益調整を図るのか――各国家は自らの利権を擁護しながら共通の利益を確保するという目的に向けて努力を続けている[6]。

　さらに、国際機関の誕生に近代的な合理主義が強く反映している点も挙げておきたい。変容する国際秩序の中で、国家は必ずしも国益を増大させることができなくとも、ある程度の許容可能な枠を設けて（妥協）、他国との協力を探り、何らかの規則を作り、調整を図りながらものごとを進めるようになってきた。

近代的な国際機関の始まりと発展

　近代的で国際的な機関設立の出発点は、19世紀初頭のナポレオン戦争後にウィーン会議、パリ条約を経て作り出された「ヨーロッパ協調（Concert of Europe）」に見出せる。しかし、この体制は紛争処理という色合いが濃く、イギリス、オーストリア、ロシア、プロイセン、フランスといった大国による圧倒的な支配体制であった。そ

こには主権平等の原理はなく、今日の国際機関と比べると欠落している部分が多いが、戦時だけでなく平時から会議を行う常設的な国際会議という多国間外交の制度化が試みられていた。この時代に、高度に政治的な事項を扱うしくみがあったことは意義深い。

　その後、大きな戦争がない時期に戦争の制御あるいは紛争の緩和を目的として作られたのが「ハーグ体制」である。1899年、1907年に開かれた会議であり機関ではないが、国際社会の組織化という点で重要である。ヨーロッパ協調にはなかった主権平等原理に立つ機関が作られた。また、ヨーロッパ諸国だけでなく日本や中国（清国）、ラテンアメリカを含む多くの国が参加してネットワーク化が進んだ点も特徴的である。しかし、設立7年後に第一次世界大戦が起きたように、戦争を妨げる機能が不十分であったことは明らかである。

　第一次世界大戦中にはイギリスとフランスの提唱により連合国委員会が設立（1916年）され、同盟国間の戦時協力が進んだ。それ自体が国際機関と呼びうる存在になり、その後、イギリス、フランス、イタリア、アメリカ（非公式）が参加して戦争最高理事会が設置された。戦争遂行のためとはいえ食糧配給などの調整機能に加えて常設の事務局も有する本格的な国際機関だったといえる。

国際関係の組織化と民主化の試み

　戦後には、パリ講和会議、ヴェルサイユ会議を経て国際連盟が設立された。当時の米大統領ウッドロウ・ウィルソン（Woodrow Wilson）の「平和のための14箇条」[7]の理想主義に則って、紛争の平和的、司法的な解決、全ての国の政治的な独立と領土保全の保障が提言された。しかし、これも戦勝国による戦後の管理体制だった。ウィルソンの熱意にもかかわらず米上院による反対の結果、連盟規約（ヴェルサイユ規約）の批准に必要な賛成が得られず、アメリカは不参加だった。また、ドイツの再侵略を阻止するために強大な軍事

力の保持を主張したフランスとイタリアに対して、戦争状態になった場合の加盟国に与えうる損害を危惧したアメリカとイギリスとの間でコンセンサスが取れなかった。とはいえ、理事会、総会、事務局などの常設機関が設置され、総会では主権平等が制度原理の一部となった。また、常設国際司法裁判所も設立され、ウィルソンが構想したような紛争の平和的・司法的な解決のための体制に近づいた。

国際連盟は第一次と第二次世界大戦との間の戦間期という特殊な時期に存在した機関であり、大国による体制という現在の国連にも継承される構造的な問題を抱えていた。ただ、集団安全保障という考え方の下に国際関係を組織化した初の試みであったことや、総会や理事会において中小国に議席を与えた世界規模の機関であり、そこには主権平等の考え方が確かに存在した。国際関係を民主化した点でも歴史上の意義をもつ。第二次世界大戦後に設立された国連については次節で述べる。

第一次世界大戦後にはもう一つ画期的な機関が設立されている。国際労働機関（International Labour Organization：ILO）である。当時、資本の力で国際的な影響力を拡大しつつあった企業経営者と、それに対抗して連帯を強めつつあった労働者の対立を緩和し、政府、労働者、使用者の三者が話し合いによって働く人たちの権利と生活を保障するための国際基準を定め、その基準の実施を監視する機関として作られた。

グローバリゼーションと国際機関

国家間の争いが多国間主義（multilateralism）を促すとともに、ヒト・モノ・カネ・サービスの交流も国家間主義、多国間主義を促したことによって多くの国際機関が設立されてきた。

18 〜 19 世紀にかけてのヨーロッパでの産業革命、鉄道の発展、蒸気船の発明、スエズ運河の開通などによって国家間および人々の交流が促進されたことで国家間関係が緊密になり、国家間の利害調

整が必要になった。そこで、多国間にまたがる活動を円滑にするために、とくに行政的・技術的な分野で国際的な機関が生まれた。万国郵便連合、国際電信連合（後のITU）もこの頃に設立されている。国境を越えて流れる河川をどう整備するのか、越境する通信活動をどう規制するのかなど各分野で共通ルールの設定が求められた。

　例えば、1921年に設置された「国際河川委員会」[8]は、外国船舶に開放された国際河川の管理行政を統一して調整を図るための常設機関である。ヨーロッパ協調の頃のライン河、エルベ河、ドナウ河といった河川に対して行政・立法、司法の三分野にわたって権限をもった。ここには、国境を越えて活動を展開し始めた国家が、より便利により安全に交流を続けるための工夫が見て取れる。この頃から、本来は単独主義の国家が自国の国益を守るために他国と協力するという多国間主義の慣行が根付き始めたといえよう。

第2節　国際機関の役割と機能

(1) 国際機関のさまざまな役割と活動

　今日の国際機関は国家に対して協議の場を提供して条約案の採択をするなど問題の解決を促すほか、国際的に取り組むべき共通の課題について市民社会を含む多様なアクターと協力して行動計画の立案や実施を行う場を提供している。また、人権や自由、平等、環境保護などの普遍的な価値や規範に基づく国際的な行動基準を設定し、それらが守られているかを監視する役割ももつ[9]。国際機関の全ての役割に共通して求められるのは、一国の利害にとらわれることなく客観的・中立的な立場を貫くことである。

協議の場の提供

　国際機関は国家に協議の場を提供して問題解決を促す。国際機関の総会や理事会は定期的な会合や、必要に応じて臨時の会合を開く

ほか、会議の運営を支援する。

共通課題の設定と行動計画の立案・実施

　国際的に取り組むべき共通の課題を見つけ、基本的な考え方と行動計画を報告書として広く知らしめる。例えば、「持続可能な開発目標（Sustainable Development Goals：SDGs）」がまとめられたのは国連首脳会議においてである。人類共通の課題の解決のための条約案の採択や行動計画の立案・実施を推進する。

国際的な行動基準の設定と監視

　国際的な行動基準の設定と監視を行う。例えば、国連はこれまで多くの国際的な人権基準を設定してきたが、それぞれの条約には専門家から成る委員会（条約機関）が設けられ、締約国の実施状況の監視を行っている。また、最近では、企業に対してもその社会的責任（Corporate Social Responsibility：CSR）についての行動評価を強化している。

資金とサービスの提供

　国際機関は自らの財やサービスを提供して加盟国が直面する問題の解決にあたる。例えば、世界銀行などの国際的な金融機関は低利または無利子の資金を提供することにより途上国の開発プロジェクトを実施する。また、国連難民高等弁務官事務所（Office of the United Nations High Commissioner for Refugees：UNHCR）は世界各地に難民キャンプを設置して、難民にとって必要な住居、物資、食料品、医療品に加え、医療や教育などのサービスを提供している。

問題解決を促す活動

　国際機関はさまざまな形で国家や個人、企業などに対して問題解決を促す活動を行っている。例えば、国連の主要機関である国際司

法裁判所（International Court of Justice：ICJ）は国際法に従って紛争当事者に勧告を行い、当事国はそれに拘束される。また、国際刑事裁判所（International Criminal Court：ICC）は特定の国際犯罪（集団殺害犯罪、人道に対する犯罪、戦争犯罪、侵略犯罪）を禁止し、違反者に対して判決を通して刑罰を科す。

(2) 国際機関の機能

　国際機関は、多くの場合、全ての加盟国によって構成される総会、一部の加盟国が特定の任務を行う理事会、加盟国政府から独立した国際的な職員によって組織される事務局をもつ。

　国際機関はひとつひとつが個別の組織体として設立されており、各国際機関の加盟国はそれぞれ異なり、目的、組織、手続き、権限、活動などもまちまちである。その目的の実現のために、相互に協力体制を築いている国際機関は多く、その最も代表的なものが国連と専門機関の関係である。

国連と専門機関

　国連には国連憲章のもとに六つの主要機関（総会、安全保障理事会（安保理）、経済社会理事会（経社理）、事務局、国際司法裁判所、信託統治理事会）[10]が設置されている。

　国連システムはさらに大所帯で、「専門機関（specialized agencies）」、「計画（programmes）と基金（funds）」、その他の「関連機関」を含む（図 5-1）[11]。

　例えば、ILO や ITU、世界保健機関（World Health Organization：WHO）、ユネスコなどを含む「専門機関」は自治機関であり、それぞれの特別協定によって国連に結びついている。国連と各専門機関は相互に代表を交換して協議を行う。例えば、国連総会は専門機関の活動を調整するために勧告を行うことができるし、専門機関の行政予算を検査する権限も与えられている[12]。経社理もまたその権限の範囲内

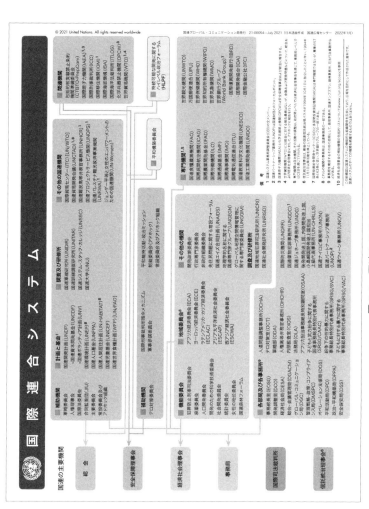

図 5-1 国連システム

出所：国連広報センター（2022 年 1 月）

の事項について専門機関から報告を受け、勧告をすることができる。一方、専門機関は連携協定のもとで ICJ の勧告的意見を求める権限を与えられている。

　しかし、国連の経社理による調整活動を回避するために、あえて専門機関とはならずに「関連機関」として独自の地位を保持している国際機関がある。例えば、国際ルールを定めるなど多角的貿易体制の中核を担う世界貿易機関（World Trade Organization：WTO）は各国の複雑な利害関係が絡むことから独自の地位を保っている。また、原子力の平和的利用を促進する国際原子力機関（International Atomic Energy Agency：IAEA）や化学兵器禁止機関（Organisation for the Prohibition of Chemical Weapons：OPCW）など軍縮や軍備管理に密接に関係する機関や、個人の罪を裁く ICC は経社理よりも安保理との関係が深い。これらの国際機関は総会や経社理の影響下にはなく、厳密な意味では国連の専門機関ではないが、国連との協力関係を保ち、国連事務総長が議長を務め国連の関係機関の事務局長で構成される最高執行委員会には参加している。「関連機関」はそれぞれの専門の領域で活動し、それ自身の立法機関と予算をもつ。

　また、総会の補助機関で全ての加盟国によって構成されるのが「計画と基金」である。例えば、貿易の分野では国連貿易開発会議（United Nations Conference on Trade and Development：UNCTAD）、開発分野では国連開発計画（United Nations Development Programme：UNDP）、環境分野では国連環境計画（United Nations Environment Programme：UNEP）、人の移動の分野では UNHCR、その他にも国連児童基金（United Nations Children's Fund：UNICEF）やジェンダー平等と女性のエンパワーメントの機関（UN Women）、国連薬物犯罪事務所（United Nations Office on Drugs and Crime：UNODC）などがある。

　加えて、調査訓練機関や研究所などの機関として、国連合同エイズ計画（Joint United Nations Programme on HIV and AIDS：UNAIDS）、国連軍縮研究所（United Nations Institute for Disarmament Research：UNIDIR）、国連

訓練調査研究所（United Nations Institute for Training and Research：UNITAR）、国際連合大学（United Nations University：UNU）[13] などがある。

　このように、国連システムに含まれる国際機関は国連と形式的には対等な協力関係を結んでいるが、実質的には国連が各機関の調整役としての機能を担っている。

（3）地域機関、企業、市民社会との連携

　国際機関は協定の締結や協議を通じて国際機関同士の連携だけでなく、地域的な機関、企業、NGO などの市民社会とも協力関係を深めてきた。こうした国際機関のネットワークの中心にあるのが国連である。国連はかねてから「第 1 の国連」「第 2 の国連」「第 3 の国連」という三つの側面をもつとされる[14]。「第 1 の国連」とは加盟国の討議の場としての国連であり、「第 2 の国連」とは事務総長を長とする事務局組織を指し、事務局組織は加盟国に完全には従属しておらず、それ自身が専門知識をもった官僚機構のようなものとされる。そして、「第 3 の国連」は、NGO、個人的専門家、各種の企業や団体、報道機関、学界などとのネットワークである。これら三つの側面は、ほかの国際機関にも見られる特徴である。

地域機関との協力（地域機関については第 6 章を参照）

　国連の中でもオブザーバーという特別な地位を有するヨーロッパ連合（European Union：EU）とその加盟国は、国連とその関連機関や国際通貨基金（International Monetary Fund：IMF）、国際復興開発銀行（International Bank for Reconstruction and Development：IBRD）をはじめとする多くの国際機関に対して世界最大の拠出金を提供しているほか、国連の「計画と基金」に対する資金のほぼ 4 分の 1 を担っている。さらにEU・加盟国・欧州の金融機関によるチーム・ヨーロッパは、WHO、GAVI ワクチンアライアンス、感染症流行対策イノベーション連合（Coalition for Epidemic Preparedness Innovations：CEPI）が主導する COVAX

ファシリティを通じて中低所得国への継続的なワクチン配布にも重要な役割を果たしている。

　また、安全保障の分野でも国連と地域機関は古くから連携してきた[15]。例えば、安保理の決定によって設置される平和維持活動（Peacekeeping Operations：PKO）はドミニカ危機（1965年）の際には米州機構（Organization of American States：OAS）が派遣した平和軍と、1990年代のリベリア内戦の際には西アフリカ諸国経済共同体（Economic Community of West African States：ECOWAS）が派遣した停戦監視団と協力している。

　開発分野では、国連の諸機関はUNDPの現地代表を長とする調整委員会に参加して互いの活動を効率的かつ効果的に実施するように努めている。また、国連以外の国際機関が地域機関と協力関係を築いている例は多い。例えば、世界銀行は、地域開発銀行（アジア開発銀行 Asian Development Bank：ADB、米州開発銀行 Inter-American Development-ment Bank：IDB、アフリカ開発銀行 African Development Bank：AfDB）と連携して協調融資などを行っている。保健衛生の分野では、WHOがOASと密接な関係にある米州衛生機関と連携して活動している。

市民社会との連携（NGOについては第8章を参照）

　国際機関の主要な会議体は国家間の会議だが、NGOは各種の会議にオブザーバーとして出席して発言することが許されており、会議の動向や結論に影響を与えている。環境、開発援助、人権、人の移動、対人地雷やクラスター弾や核の分野においても、国際的な条約発効に至るまでの市民社会の貢献は大きい[16]。

　また、個人も国際機関において重要な役割を果たしている[17]。特定の政治家や外交官が国際機関の設立に影響を及ぼしてきた。また、IMFや世界銀行などの国際的な金融機関では、理事会が国家代表ではなく個人的資格をもつ理事によって構成されている。有識者や専門家によって構成される会議体も多く存在する。さらに、紛争解決

の場で調停官や国連事務総長特別代表が公的な資格で活動する場合でも、任命された個人の資質や能力が国際機関の目標の達成を大きく左右する。さらに言えば、SDGs に含まれる地球規模の諸問題を解決に導くための担い手は私たち一人ひとりである。

　また、市民社会の台頭、消費者行動の変化、企業間競争の激化などにより、国際機関が企業に対して、利益の追求だけでなく経済活動の社会に対する責任を果たすよう求めている。多国籍企業の活動によって引き起こされる環境問題や社会問題に取り組む国際的なネットワークが国連グローバル・コンパクト[18]である。国連が形成した人権・労働・環境に関する 10 原則を、経営指針や研修を通じて企業に受け入れるよう呼び掛けている。金融業界に対しては、「国連責任投資原則」[19]を示し、投資家の投資行動に環境、社会、企業統治の ESG の観点を組み込むことを提唱した。

その他の組織との連携

　国際的な非政府組織ともいえる財団、例えば、カーネギー財団、ロックフェラー財団、フォード財団なども教育、福祉、医療などの分野で国際機関と協力してきた。例えば、マイクロソフト元会長のビル・ゲイツとその妻が創設したビル＆メリンダ・ゲイツ財団は国際開発やグローバルヘルスのプログラムに支援を行っている。既に述べた GAVI ワクチンアライアンスや COVAX ファシリティを通じて中低所得国への継続的なワクチン配布にも重要な役割を果たしている。

　また、特定の目的のために一部の国家が定期的に会合し、共通の目標に向けて協力する制度と国際機関との連携も重要である。例えば、国際捕鯨取締条約のもとに設置された国際捕鯨委員会、気候変動枠組条約などの国際的な環境条約のもとの諸制度、さらには先進国首脳会議（G7）、金融・世界経済サミット（G20 首脳会議）、BRICS（ブラジル、ロシア、インド、中国、南アフリカの経済新興国）、東アジアサ

ミットなどがその例である。これらは条約に基づく組織ではなく、常設的機関ももたないことから国際機関とは呼べないが、東南アジア諸国連合（Association of Southeast Asian Nations：ASEAN）が条約に基づく常設的な地域的国際機関として見なされているように、将来的には国際機関に発展する可能性があり、互いの連携が益々重要になっている。

第3節　国際機関の限界と課題

（1）国際社会の危機への対応

　2019年に発生した新型コロナウイルス感染症（COVID-19）は世界規模で感染が拡大し、2022年末時点での感染者数は累計6.55億人を超えた。アントニオ・グテーレス（António Guterres）国連事務総長はこの事態を「第二次世界大戦以降で国連が直面する最も困難な危機」と呼んだ[20]。感染症の撲滅に向けて国家が連携し、国際機関が指導的な役割を果たすことができれば、国際機関の妥当性と多国間主義の重要性を示すことができたかもしれないが、現実には、パンデミックの対応は国ごとであり、WHOが機能したとは言い難い。グテーレスが示唆したように、COVID-19の世界的大流行は多国間システムにとってその真価が問われる「真実の瞬間（moment of truth）」だった[21]。

　今後はCOVID-19の後遺症から立ち直るために多くの技術的・経済的援助が必要だが、国際機関の加盟国が国家主義的アプローチを取り続けることになれば、多くの人が国際機関は不要と結論付けることになりかねない。そうなれば、気候変動から人権の問題に至るまで、国際協調に悪影響が出ることが懸念される。

（2）国際機関の限界と克服するための連携

　2022年2月末のロシアによるウクライナ侵攻もまた、国際機関、

とくに国連にさらなる試練を突き付けた。ロシアによる拒否権の行使によって安保理が機能不全に陥ったことによって国際社会から国連への非難は絶えない。安保理は国連設立時からの制度設計上の欠陥から、ロシアに対する非難はおろか経済制裁すら決議できなかった。そこで動いたのがその他の国際機関である。

　国連総会は安保理の要請で40年ぶりに緊急特別総会を開き、ロシア軍のウクライナからの即時撤退を求める決議を採択した[22]。総会決議に法的拘束力はないものの、軍事行動を許さない国際社会の断固たる姿勢と強いメッセージは事務総長のメッセージとともに国際世論を結集する一助となった。

　また、近隣諸国に避難した人々に対してUNHCRや国連世界食糧計画（World Food Programme：WFP）、WHOなども緊急支援を強化した。国連人権理事会[23]もまたロシアの武力侵攻に関連する国際人道法違反などの人権侵害について現地で調査する独立委員会を設ける決議を採択した[24]。その後、国連では人権理事会におけるロシアのメンバー資格を停止する決議を採択した[25]。とくに注目したいのは、ICCの主任検察官が捜査を実施すると発表したことだ。これによって、同裁判所は、集団殺害犯罪、人道に対する犯罪、戦争犯罪および侵略犯罪、のいずれかの罪を犯した個人を国際法に基づいて訴追・処罰することが可能となった。

　このように安保理以外の国連の機関やその他の国際機関ができることを進めながら安保理の機能不全を補う努力を続けている。

（3）多国間主義にとっての試練

　今日の主権国家体制においては、国家に対して強制的かつ一方的に命令を下すことができる上位の権力は存在しない。国際機関が国家の集まりである以上、条約の履行とその成果はもっぱら国家の裁量に委ねられているという限界をもつ。

　また、国際機関は運営という面でも試練に直面している。多国間

主義にとっての喫緊の問題は加盟国が国際機関に対する拠出金を減らしていることだ。例えば、国連加盟国のうち最大の拠出国であるアメリカを含む 60 カ国以上が分担金を滞納しており、この財政難は COVID-19、紛争、気候変動、景気後退によってさらに深刻化している。WHO も設立当初は事業収益の全てが加盟国の分担金によって賄われていたが、今ではその割合は 2 割を下回る。国際機関が受けている経済的な制約への理解と対応も必要であろう。

おわりに

　国際機関は協定の締結や協議を通じてさまざまな分野で相互に結びつきを強めながら協力体制を築いてきたが、国際機関が国家の集まりである以上自ずと限界を抱える。それでも長い時間をかけて国際社会を組織化してきたこの歩みを簡単に止めるわけにはいかない。当面は複雑かつ不完全な組織でも、国際社会の共通の課題について多様なアクターと協議したり、普遍的な価値に基づいて国際的な行動基準を設定したり、権利を奪われている人々を国家主権を乗り越えて保護するといった活動は国際機関だからこそ担える役割である。
　国際機関同士や他のアクターとのネットワーク化をさらに進めて、安全保障、開発、環境、保健衛生、教育、人権などの分野で人類が直面するさまざまな地球規模の課題に取り組む努力を今後も続けていくことが必要である。国家主権を無制約に認めるのではなく、許容可能な枠を設けて、協力可能な領域を広げ、それを徐々に強化していくことが国際機関に求められている。

註

1) 「条約法に関するウィーン条約」「国と国際機関の間及び国際機関の間の条約法に関するウィーン条約」において規定がある。

2) 渡部茂己『国際機構の機能と組織――新しい世界秩序を構築するために』国際書院、1997年、96-101頁。

3) 詳しい定義については、渡部茂己・望月康恵編著『国際機構論　総合編』国際書院、2015年、21-25頁を参照されたい。

4) 山田哲也『国際機構論入門』東京大学出版会、2018年、24-25頁。

5) 最上敏樹『国際機構論講義』岩波書店、2016年を参照されたい。

6) 最上、前掲書、2016年。

7) *President Woodrow Wilson's 14 Points (1918)*, National Archives, https://www.archives.gov/milestone-documents/president-woodrow-wilsons-14-points（2022年12月18日閲覧）。

8) 「国際関係を有する可航水路の制度に関する条約」に基づいて設置された。

9) 詳しくは、渡部・望月、前掲書、33-36頁を参照されたい。

10) 国連の六つの主要機関について詳しくは、国連広報センターを参照されたい。https://www.unic.or.jp/info/un/un_organization/（2022年12月10日閲覧）。

11) 国連システムについて詳しくは、国連広報センターを参照されたい。https://www.unic.or.jp/info/un/unsystem/（2022年12月10日閲覧）。

12) 世界銀行、IMF、国際開発協会（IDA）、国際金融公社（IFC）の四つの金融機関については行政予算を検査する権限はもたない。

13) 本部は東京にある。

14) Thomas G. Weiss, David P. Forsythe, Roger A. Coate and Kelly-Kate Pease, *The United Nations and Changing World Politics* (8th ed), Westview Press, 2017, pp. 2-6.

15）国連憲章は、安全保障理事会が地域的性格の紛争の地域的機関による解決を奨励し（第52条）、強制行動に関しては地域的機関を利用すること（第53条）を規定している。

16）例えば、「地雷問題・対人地雷禁止条約（オタワ条約）」「クラスター弾に関する条約（オスロ条約）」「核兵器禁止条約」はいずれも国際的なNGOによる活動によって発効した条約であり、市民社会の貢献が大きく注目された。

17）国際機関と個人、NGO、企業との関係について詳しくは、渡部・望月、前掲書、101-122頁を参照されたい。

18）詳しくは、グローバル・コンパクト・ネットワーク・ジャパン https://www.ungcjn.org/index.html を参照されたい（2022年12月10日閲覧）。

19）詳しくは、https://www.unpri.org/about-us/about-the-pri を参照されたい（2022年12月10日閲覧）。

20）'We Are Only as Strong as the Weakest', Secretary-General Stresses, at Launch of Economic Report on COVID-19 Pandemic, SG/SM/20029, 31 MARCH 2020.

21）同上。

22）2022年2月27日の安保理決議2623でロシアのウクライナ侵攻に関する緊急特別総会を開催することが決定された。ロシアはこの決議に反対したが、本決議は手続き事項であるため拒否権を行使できなかった。よって、この安保理決議を受けて緊急特別総会が開催され、ロシア軍のウクライナからの即時撤退を求める総会決議が採択された（A/RES/ES-11/1、2022年3月2日）。

23）国連総会の下部機関である。理事会は地域的配分による47カ国で構成される。総会の3分の2の多数により、重大な人権侵害を行った国の理事国資格を停止できる。

24）総会決議 A/ES-11/PV.5、2022年3月2日。

25）決議案は93カ国の賛成で採択された。A/ES-11/PV.10、2022年4月7日。

読書案内

明石康『国際連合——軌跡と展望』岩波書店、2006年。

最上敏樹『国際機構論講義』岩波書店、2016年。

山田哲也『国際機構入門』東京大学出版会、2018年。

渡部茂己・望月康恵編著『国際機構論　総合編』国際書院、2015年。

T. G. Weiss, D. P. Forsythe, R. A. Coate and Kelly-Kate Pease, *The United Nations and Changing World Politics* (8th ed), Westview Press, 2017.

地域機関

地域固有の問題に近隣諸国と向き合う

金森　俊樹

本章では、世界各地の地域機関が果たしている紛争予防、紛争解決の事例について、地域機関が設立された経緯を踏まえて述べていくこととする。

　まずは、それに先立ち、国際機関の設立を見て、国家の意思によって設立される点、共通の目的を達成するという任務・機能を有する点、常設性がある点、国際機関に固有の意思が存在するという点が共通点として指摘できる。こうした国際機関の中でも、現代では、国際連合（国連）と連携関係を持ち、協力し合う「専門機関」や特定地域の共通利益のために設立される「地域機関」とも呼ばれる機関が存在する。

　この地域機関について、それが地域の紛争予防、平和構築にいかに機能しているのかの具体例も本章では見ていくこととする。

はじめに

　第5章においても説明されているように、国際機関や国際機構に明確な定義はないが、1969年に締結された「条約法に関するウィーン条約」第2条1項（i）では「国際機関とは、政府間機関をいう」と規定している。これを基にした一般的な国際機関の定義は「複数の国家によって、共通の目的を達成するために、国家間の条約に基づいて直接設立された、独自の主体性を有する、常設的な団体」ということになる[1]。

　その中で、ある一定の地域に限定して活動している機構は地域機関と分類される。詳しくは後述するが、例えば2021年に英国が離脱することが頻繁に日本のメディアでも報じられたヨーロッパ連合（European Union：EU）や、地理的要因及び貿易面で繋がりが深いことから日本でも馴染みのある東南アジアの国々で構成される東南アジア諸国連合（Association of South East Asian Nations：ASEAN）などがこれにあたる。

　本章では、国際機関の誕生を概観しつつ、全世界を対象としている国際機関が多数存在している中で、限定的な地域を対象とする地域機関にはどのような特徴があり、どのような役割・期待を負っているのかを検討していく。

第1節　地域機関の誕生の歴史

（1）前史——国際機関の誕生

　現代の国際社会の基礎となる主権国家体制をつくる主権国家が形成されたのは17～18世紀の欧州で、20世紀にかけて世界中に広がった。主権国家が成立する前の欧州では、キリスト教を権威として諸民族からなるキリスト教国家による統一が模索されていた。その過程において、16世紀に起こった改革運動（宗教改革）によって

勢力を拡大したプロテスタントとカトリックを軸とする宗派闘争が広がっていた。

　宗教改革をめぐる最後の闘争である三十年戦争（1618〜1648年）後にウェストファリア条約が締結され、18世紀の欧州では主権国家を政治共同体とする政治体制が形成される契機となった。主権国家とは、他に優越する権利を持たず、政府が統治権を保ち、領域と人民を有し、互いに不干渉を保ち、独立した国家のことである。

　しかし黎明期には国家相互の交流は例外的で、現代のような国家間の協力や協調は見られなかった。そのような状況を大きく変える契機となったのが、18〜19世紀にかけての英国、フランスにおける市民革命や産業革命、さらに米国での独立戦争の勃発であった。これらの出来事が、国際関係の広がり、帝国主義の広がりへと繋がり、やがて国境を越えた共通問題に共同で対処する必要性を生み出した。そこで、国家間外交に加えて多国家間による「団体（機構）」を設立するという方法で、主権国家では対処できない問題の出現に対処する国際機関が考案された。

　このような多国家間で設立された団体の嚆矢としては、1814〜1815年のウィーン会議で署名された『諸国を貫流する河川の航行に関する議定書』に基づく国際河川委員会の設置が挙げられる。同委員会の目的は、産業革命による船舶技術の発展により活発化した河川の航行に国際的なルールを定めることであった。

　国際河川委員会を皮切りとして、19世紀後半以降、欧州では専門・技術分野における協力を促進するため多くの分野で国際行政連合が設立されていった。域内の主権国家が、国内法で定められた基準、規則、規格の欧州での共通化、それによる経済の円滑化や互恵関係を確立するために国際行政連合が必要とされたのである。しかし、全会一致のもとで行われる定期的な国際会議による国際協力といった傾向が強かったため、まだ国際機関と呼び得るものではなかった。

(2) 国際機関の誕生

　国際機関は多国間外交の枠組みの提供という重要な側面を持つが、こうした面を重視した初めての常設国際機関が、第一次世界大戦（1914～1918年）後に誕生した国際連盟（League of Nations）と国際労働機関（International Labor Organization：ILO）[2]である。第一次世界大戦を経験したことで、これまでの専門的、技術的分野における課題に加えて平和が世界共通の問題となった結果である。1920年に発足した国際連盟はジュネーヴに本部が置かれ、総会、理事会、常設事務局から構成された。そして、『国際連盟規約（ヴェルサイユ条約第1篇）』にて、集団安全保障の仕組みを打ち出した。しかしながら、国際連盟は第二次世界大戦（1939～1945年）の勃発を阻止することができなかった。

　再び世界大戦を経験した国際社会では、今度こそ平和を実現しようとする機運が高まり、多数の国際機関が誕生した。言うまでもなく最大のものが、1945年に誕生した国際連合（United Nations：国連）である。『国連憲章』では、主権平等原則と大国一致原則とが共に取り入られ、また既に存在していた国際機関や新しくできた国際機関との協力関係を構築する方向を採った。

　しかしながら、20世紀後半以降、多くの国家が独立して主権国家の数が急増した。こうした新興独立国家では経済的自立が急務であり、また平和と安全の確立という目的からも地域を限定した国際協力の必要が生じた。その結果、地域的な国際機関、すなわち本章で説明する地域機関が設立されるようになったのである。

　国際機関は、普遍的、地域的な加盟国間の協力や問題解決のみならず、非加盟国との対話も行う。また、国際機関同士も個々の活動の関連から対話、協力を模索し、ネットワークを構成し、連携して活動することも多々ある。このような特性から、様々な分野においてグローバル化が益々加速化する今日、国際機関は多くの国境を越えた共通の問題への共同対処を模索、実施するという需要な役割を

担っている。

第2節　各地域の地域機関と平和

(1) 欧州の地域機関

　第二次世界大戦後、東西冷戦期を通して自由主義及び社会主義政治体制下で、それぞれの陣営で多くの地域機関がつくられた。本節で検討する欧州の地域機関の特徴としては、①加盟国の範囲が地理的な意味で欧州に限定されていないこと、②各機構の目的が明確には区別されておらず重複しながら存在していること、③多くの場合理想主義的な運動と現実的な判断で動いており、単なる政府間協力を超えた統合の要素を併せ持っていることが指摘できる。

　この特徴は、1948年のブリュッセル条約に基づいて設立された西欧同盟（Western European Union：WEU）、後にEUへと変革していく1949年設立の欧州評議会（Council of Europe）、1950年に設立された北大西洋条約機構（North Atlantic Treaty Organization：NATO）、1954年設立の欧州安全保障協力会議（Conference on Security and Co-operation in Europe：CSCE）等に顕著に見られる。

　冷戦終焉後、東欧諸国の民主化（東欧革命）、ドイツ統一、旧ソ連邦の崩壊等の欧州情勢の激変を受けて開かれた1990年11月のパリ首脳会合においては、東西冷戦の終焉を宣言するとともに、これまで会議の連続体であったCSCEの新たな役割と制度・組織が規定された。1992年7月には、初めての首脳会合がヘルシンキにおいて開催され、共通の基本的価値観に基づく域内の安定を追求する枠組みとして、①紛争予防、危機管理及び紛争解決のための機能強化、特に平和維持活動の創設、②安全保障協力フォーラムの設立等について合意した。また、政治宣言では域外国との関係を規定した。

　1994年12月のブダペスト首脳会合では、CSCEの機構化の必要性が認識され、1995年1月より「欧州安全保障協力機構（Organization for Security and Co-operation in Europe)」と名称を変更することが決定されるとともに、外相理事会や常設理事会等の役割や議長国の任期等につき規定された。

　現在 OSCE は、多くの加盟国を擁する政治安全保障フォーラムとして、米国、カナダ及び欧州から中央アジアに至る 57 カ国が加盟する欧州の地域的国際機関として、軍事的な側面からの安全保障のみならず、経済から人権に至るまでの包括的な分野を対象として、①コンセンサス・ルール、予防外交（紛争当事者に対する早期警告、事実調査など）、②非強制的手段（第三国により構成されるミッションの派遣、紛争に対する加盟国の共通の意思表明等）を基本とした活動を行っており、各国での選挙支援・選挙監視任務も OSCE の中心的活動の一つになっている[3]。

　このように OSCE は人権、民主主義、市場経済という象徴的な共通の価値を活動の基礎としており、人権は国際問題であるとの国際社会の認識や潮流が生み出されていった一つの原動力となった。また、2008 年に起こったロシアによるグルジア（現ジョージア）侵攻（グルジア戦争）までは南東欧・バルカン半島地域、コーカサス地域、中央アジア地域といった不安定地域における米国、ロシア及び EU という三者の合意に基づく共同管理という役割を果たした。しかし、グルジア戦争後は、ロシアのプーチン大統領によりロシアの権威主義国家化が進んでおり、この役割は、事実上、意味を持たなくなった。

　設立時期は前後するが、1949 年に国連憲章第 51 条を根拠として締結された北大西洋条約を基に翌年に創設された NATO も欧州ならびに周辺地域の平和と安全保障上、多大な影響力を持つ機関である。1990 年代の旧ユーゴスラヴィア連邦構成諸国の独立紛争中の休戦を挟んで二次にわたったコソヴォ紛争（1998 年 2 月～1999 年 6 月）において、大西洋憲章 5 条を改めて加盟国域外に軍事力を派遣して内戦を終結させるなど、当初の対社会主義陣営に対する自由主義陣営の

軍事同盟という位置づけから、OSCE同様、共通の価値を有する国々の軍事同盟へと変化してきている[4]。加盟国の数も冷戦終結時の16から旧ソ連邦構成国を含む30と増加している。しかしながら、欧州の東側の明確な地理上の定義が存在しないこともあり、このような背景をNATOの東方拡大だとして、ロシアは2014年3月にウクライナ領のクリミアを併合、さらに2022年2月からはウクライナ東部と南部を中心に軍事侵攻している。

(2) 南北米州の地域機関

　アメリカ合衆国とラテン・アメリカ諸国の間では、18世紀末以来、数多くの各種米州会議を通して米州制度（Inter-American System）と総称される広汎な地域的協力の枠組みが漸次形成されてきた[5]。とは言え、米州制度形成時期における米州諸国間の協力は、米国の「棍棒外交」と呼ばれる力による外交の影響で、協力分野は経済・社会分野に限定されていた。しかしながら、第一次世界大戦後の1923年には「米州諸国間の紛争回避または防止に関する米州条約（ゴンドラ条約）」や1928年の「内戦の際の国家義務に関する米州条約」の相次ぐ採択等、平和維持に関する協力も次第に顕著になっていった。

　大きく進展したのは、1933年のフランクリン・ルーズベルト米国大統領時代に出された善隣政策による汎米主義強化の路線により、政治・軍事の分野における米州諸国の協力が大きな展開を示すことになったことだ。その結果、米州諸国間の不戦条約が頻繁に採択されるようになっていった。主要なものを挙げると、1933年に採択された「ラテン・アメリカ不戦条約」、1936年に採択された「平和の維持と回復に関する条約（米州平和維持条約）」等である。また、1938年のリマ宣言では、平和への協力という側面はより強化された。

　第二次世界大戦後には米州制度を新たに法の下に再編成し発展さ

せる動きが活発化した。その中では、新たな制度形成では、広く政治・経済・社会・文化の諸分野にわたる米州諸国間の協力の促進を目的とするとともに、特に平和維持の分野では、「地域的機関」として「国際連合憲章に基づく地域的責任を果たす」ことが模索された[6]。

　1945 年に開催された米州会議では、米州諸国の連帯性をそれまでの対外的防衛協力のみならず、域内に発生する事態にも対処する集団的安全保障体制に発展することを意味したチャペルテペック規約が採択され、1948 年には『米州相互援助条約（リオ条約）』として発効した。このリオ条約と、1949 年発効の『紛争の平和的解決に関する米州条約（ボゴダ条約）』ならびに 1951 年発効の『米州機構憲章（ボゴダ憲章）』の 3 条約を基本とし、1951 年には米州機構（Organization of American States：OAS）が設立され、米州における唯一の汎米国際機関となっている。

　しかしながら、冷戦中は米州諸国も影響を受け、OAS は米州地域への共産主義の浸透の防止に重点を置くものとなっていった。1954 年に採択された所謂『カラカス決議』では、共産主義が米州の 1 国を支配した時には、リオ条約に従った措置を講ずると宣言された。これに従い、1962 年のキューバ危機では、理事会が武力行使を含むあらゆる措置を採るよう勧告し、1965 年のドミニカ内戦の際には外務大臣協議会議が米州平和軍の派遣を決定するなどしている。

　冷戦の影響は軍事面の協力だけに留まらず、経済社会面の発展によって共産主義の浸透を防ぐ活動も試みられるようになった。1959 年には、OAS の枠外で米州開発銀行が設立され、1961 年には米州経済社会理事会が「進歩のための同盟」を採択している。その後の憲章改正や機構改革により、中南米諸国の意向を汲み取りながら統合的発展に向けた協力体制の強化が図られて来た。

　冷戦終焉後の OAS の主たる活動では、民主主義の擁護と安全保障の強化、特にテロ対策が重視されているが、2001 年の米国同時

多発テロ事件以降、特に重要性を増している。事件直後、リオ条約に基づいて外務大臣協議会議が、米国への攻撃は全米州諸国への攻撃であると宣言して、OAS加盟国は有効な相互援助を提供することを決議した。

　また、日常的なテロ防止に関する域内協力を進めるため、1998年に設けられていた米州機構全体のテロに対する組織である米州反テロ委員会（Inter-American Committee against Terrorism：CICTE）も強化された。さらに、2002年に総会で「米州反テロ条約」が採択された。テロが、民主的価値及び国際の平和と安全の維持に対する深刻な脅威であるという認識が示され、OAS加盟各国がテロ対策として採るべき措置や国際協力のあり方が規定された。

(3) 東南アジアの地域機関——東南アジア諸国連合（ASEAN）

　ほとんどの国家が第二次世界大戦後に独立を果たした東南アジアにおいて、戦後の「地域協力」は、主に域外国の強い影響力によって進められたものであった。代表例は、米国の世界戦略の一環として1958年に設立された東南アジア条約機構（Southeast Asia Treaty Organization：SEATO）である。その他にも、1961年にマラヤ連邦（マレーシアの前身）、フィリピン、タイが加盟して設立された東南アジア連合（Association of Southeast Asia：ASA）、1963年に合意されたマラヤ連邦、フィリピン、インドネシアの協力機構であるマフィリンド（MAPHIL-IND）が同地域の先駆けとして挙げられる。しかしながらASAはマラヤ連邦とインドネシアの政治的対立や領土紛争でほとんど成果を挙げられず[7]、マフィリランドもマレーシアの発足と同時に消滅した。

　域内協力の行き詰まりの打開の契機となったのは、①インドネシアのスハルト政権の成立によるマレーシアとの対決姿勢の終焉、②ベトナム戦争後の共産主義浸透への防止に向けた地域協力の必要性という二つの政治状況の変化であった。本地域機関設立の上で、各

国首脳にとって同床異夢の部分はあったものの、インドネシア、マレーシア、フィリピン、シンガポール、タイの5カ国外相は、1967年に『東南アジア諸国連合設立宣言（バンコク宣言）』を採択した。同宣言は、条約ではなく政治文書であったが、東南アジア諸国連合（Association of South East Asian Nations：ASEAN）は安全保障や政治協力というよりも経済的な相互協力の意義を確認して発足したといえよう。

　ASEANに当初から加盟していた5カ国は、1976年に第1回ASEAN首脳会議を開催した。そこでは、ベトナム戦争後の東南アジアにおける平和と安全を確保するための法的枠組みの必要性が提唱され、同年中に「東南アジアにおける友好協力条約（Treaty of Amity and Cooperation in Southeast Asia：TAC）」が5カ国で批准された。その後ASEANは域外との協力関係の強化を図り、2003年には中国、2004年には日本、2005年にはオーストラリア、そして2009年には米国もTACに加盟している。

　さらに、ASEANは自由貿易協定（Free Trade Agreement：FTA）の交渉や締結を通じて域外諸国との連携をさらに深化させようとする一方で、2015年には政治安全保障共同体、経済共同体、社会文化共同体の3本柱からなるASEAN共同体を形成し、より一層の地域統合も目指している。

　しかしながら、ASEANは人権擁護や民主主義を地域機関の目的として掲げているのか、あるいは目的として掲げる内政不干渉原則や全会一致原則を緩和するのかといった点で再検討も求められている。また、ASEAN域内に種々の紛争の種を抱えてきたものの、緩やかな協議の場を提供して相互の信頼醸成の役割を果たすということで紛争解決に寄与した事例もある。例えば、ASEAN憲章第8章第22～第28条に「紛争解決」につき規定されており、未解決の紛争をASEAN首脳会議などに付託することとなっている。

　例えば、1977年、サバ領有権問題でマレーシアとフィリピンが対立していた時には、ASEAN首脳会議等の努力で地域連帯を重視

する方向で舵が切られ、フィリピンは領有権を放棄することを発表して事態が収束に向かった。また、1978年末にベトナムがカンボジアを侵攻したが、ASEANは政治・安全保障面の結束を強め、結果的にカンボジア問題の解決に向けた枠組みの構築に寄与した。

　最近の事例では、2021年2月1日にミャンマーで発生したクーデターに対するASEANの対応が挙げられる。当事国のミャンマーもASEAN加盟国であるが、ASEANは直ちに声明を発表し、事態の鎮静化を求めた。また、4月には、暴力の停止と自制、全勢力による対話の実現、当時の議長国ブルネイからのASEAN特使による仲介、ASEANによる人道的支援、全勢力との対話に向けた特使のミャンマー訪問という「5項目コンセンサス」が発表された。こうしたASEANの動向がクーデターを鎮静化させたわけではないが、ASEANがミャンマー内政に積極的に関与していこうという意思の表れでもあり、ASEANの内政不干渉原則を相対化する動きとして注目された[8]。

(4) アラブ連盟（LAS）の限界とイスラーム諸国会議機構（OIC）

　アラブ民族は16世紀よりオスマン帝国の支配下にあった。19世紀にオスマン帝国が衰退しはじめるとアラブ民族の間で、言語、宗教、文化等の意識を基盤に政治的独立を求める動きが生じるようになった。この動きは、第一次世界大戦中にオスマン帝国が瓦解したことで強まったが、戦争中に連合国に協力したアラブ民族が得たものは、英国、フランスによる委任統治と保護国化に過ぎなかった。それでも1920年代にエジプトとサウジアラビアが独立、1930年代にイラクが英国の委任統治から独立した。そして、第二次世界大戦を機に、連合国に協力したアラブ民族の国家が独立していった。

　このようなアラブ民族の諸国では、比較的早くから地域的な統合への指向が存在していたが、現在のアラブ連盟（LAS）の直接の基礎となったのは、1943年のエジプトによる連盟方式による統合構

想であった。この構想に従い、1944 年にアラブ連盟の設立とその原則を謳う「アレキサンドリア議定書」が採択された。この議定書に参加したエジプト、シリア、イラク、レバノン、ヨルダン、サウジアラビア、イエメンの 7 カ国が、1945 年に「アレキサンドリア議定書」に基づき「アラブ連盟規約」に署名し、ここにアラブ諸国の地域機関としてアラブ連盟が誕生した。こうして、現存する主権国家を優先しながらも連帯を模索する諸国と「アラブは一体」でありその民族統合を掲げる国々が、時に対立しつつ協力を進める地域機関が誕生したのである。

アラブ連盟規約は、第 1 条で、いかなる「独立アラブ国家」も加盟国となる権利を有するとしており、民族解放団体であるパレスチナ解放機構（Palestine Liberation Organization：PLO）が代表するパレスチナも 1976 年に加盟が認められている。また、2003 年からエリトリア、2006 年からベネズエラ、2007 年からインドが各々オブザーバーとして参加している。このようにアラブ民族連帯の象徴として様々な活動を行って来たアラブ連盟であるが、経済、社会、文化の諸側面で有効性を発揮して来た一方、パレスチナ問題等の紛争解決等の政治的分野について成果は限定的であった。

LAS 以外の組織としては、1967 年の第三次中東戦争に敗北したアラブ諸国が中東問題をイスラーム世界全体の重要問題とするために、1969 年に第 1 回イスラーム首脳会議を開催し、そこで設立されたイスラーム諸国会議機構（Organisation of the Islamic Conference：OIC）がある[9]。また、他にも 1981 年に湾岸協力会議（Gulf Cooperation Council：GCC）、1989 年にアラブ・マグリブ連合がアラブ連盟加盟国内で設立されるなどした。しかし、これらの機関が次々と設立されていく中で、相対的に LAS の力は低迷していく。1990 年から 1991 年にかけての「湾岸危機」、「湾岸戦争」、2003 年の「イラク戦争」、2010 年に起こった「アラブの春」が波及して生じた「シリア内戦」等を予防することはできなかった。

(5) アフリカ統一機構（OAU）からアフリカ連合（AU）へ

　アフリカ諸国の多くは長期にわたり植民地支配の下に置かれ、第二次世界大戦までに独立していた国は僅かに、エチオピア、リベリア、エジプト、南アフリカの4カ国に過ぎなかった。しかし、第二次世界大戦後、独立の機運が高まり、1960年の「アフリカの年」には17カ国が独立した。ただし、全ての新興独立国家が共同歩調を取るのではなく、むしろ方向性は対立していった。具体的には、次の三つのグループに大別できる。

　一つ目は、1960年に設立された旧仏領植民地からなる13カ国によって構成されるブラザヴィル・グループで、経済的・社会的協力を通じて徐々に政治的統一に向かうという方向性を持っていた。二つ目は、急進派の諸国による強い権限を持つ政治機構の創設を主張してカサブランカ・グループを結成して、ブラザヴィル・グループに対抗した。三つ目は、モンロヴィア・グループで、ブラザヴィル・グループと共に1961年ならびに1962年にモンロヴィアで会合を開催し連帯への道を探った。しかしながら、独立直後からあった政府内の対立がきっかけで勃発したコンゴ動乱の処理をめぐる域内問題なども存在したが、何れのグループも対立はしつつもアフリカの発展のためには何らかの形で協力する必要があるという点では一致していた。

　その結果、1963年にエチオピアのアジスアベバで当時の全独立国33カ国の内30カ国が参加した元首首長会議で「アフリカ統一機構（Organisation for African Unity：OAU）憲章」が採択され、OAUは1963年に発効した。OAUの基本的な目的は、統一及び連帯の促進、領土と独立の保全、植民地主義の根絶の3点に集約される。

　その後、OAUの活動を受けて、1999年にリビアのシルトで行われた特別会議で、アフリカ連合の設立や全アフリカ議会の創設、経済統合の促進等、EUをモデルとした地域機関の設立を決定した。2000年にはOAUは憲章を変えて「アフリカ連合（African Union：AU）

設立規約」を採択し、グローバル経済の中で正しい役割を果たすべく大陸の経済統合を促進するための AU の活動を開始した。AU は OAU の継承機関として、平和・安全保障問題にも取り組んでいる。

おわりに

　先にも述べた通り、冷戦終結は地域機関のあり方にも大きな影響を与えてきた。欧州や米州諸国において地域機関は、自由主義圏の結束を強固なものとするために設立されたり、設立の目的を変化させたりしてきたという背景があるためだ。しかしながら、冷戦の終結は新たな問題を露わにした。国家間の戦争のリスクは軽減したが、宗教に関係する課題や民族・エスニシティといったアイデンティティの違いに起因する国内及び地域内の紛争を頻発させたのだ。

　伝統的に平和や安全保障の議論は、国家間の戦争のリスクをいかに軽減するかというものであり、軍事力による抑止や同盟関係の樹立により模索されてきた。冷戦期間中の地域機関の設立やその役割の変化もこうした潮流に従うものであった。しかし、先述のようなリスクの変化にともない、多様なアクターや国家関係では捉えることのできない事象も安全保障の議論には重要となってきた。つまり、非軍的な要素による新たな安全保障、つまり非伝統的安全保障も脚光を浴びるようになってきたのだ。また、国際社会では人権・自由主義などの価値観の普遍化が模索される一方で、従来からの国際規範である「内政不干渉原則」に対する解釈をめぐっても議論が活発化してきている。

　このような今日の国際社会で地域機関がどのような役割を果たすのかといえば、地域紛争に関係する当事者である主権諸国家と国連をはじめとする国際機関との間の橋梁となることではないであろうか。主権諸国家にも国際機関にも難しい地域の独自性を共有して理解し合っている地域機関であるからこそ解決の方途を見出すことが

できることもあろう。

　先にミャンマーのクーデター発生時の ASEAN の対応を事例として紹介したが、既存の国境を越える地域のアイデンティティは、近隣諸国同士のネットワークの重要性を益々高めていることを示唆しているといえよう。

　さらに、地域機関は域外との協力関係も模索し間口を開いてきた。また域外の国々も政治、社会、経済の繋がりを地域機関に関与することでその地域との相互依存を強めようともしてきた。つまり地域機関には、まず当該地域内の国々のネットワークを構築し、次にコンセンサスを形成し、さらに域外諸国との関係においてもハブのような役割を担っていくことが期待されているのではないだろうか。

ゼミナール

①国際機関、地域機関が生まれた背景を歴史的に概観してみよう。

②地域機関が国際関係に与えてきた影響を考察してみよう。

③現在の国際秩序の中で地域機関の果たすべき役割を検討してみよう。

註

1) 詳細については、川出良枝・谷口将紀編『政治学［第2版］』東京大学出版会、2022年、178-190頁等を参照されたい。

2) ILO は、経済、社会分野でも特に労働者の保護に関する国際協力のために創設された機関である。ILO は、総会、理事会、事務局という構成で成り立っている。それに加えて、総会と理事会の代表に加盟国代表のみならず使用者代表と労働者代表も同じく構成員になり、意思決定に参加することに特徴がある。今日 ILO は国連システム内の機関であるが、国連より長い歴史を持つ。

3) 外務省（2020）『欧州安全保障協力機構（Organization for Security and Co-operation in Europe）の概要』https://www.mofa.go.jp/mofaj/area/osce/gaiyo.html。

（2023年1月8日閲覧）

4）NATOの果たしている役割については、荻野晃『NATOの東方拡大——中・東欧の平和と民主主義』関西学院大学出版会、2012年、広瀬佳一編『NATOをよく知る71章』明石書店、2023年に詳しい。

5）中村道（1991）「米州機構の現状と課題」『世界法年報』第11号、世界法学会。

6）同上

7）外交問題については、山影進「ASEAN外交半世紀にみる加盟国にとっての効用」『国際問題』665、2017年、1-5頁、東南アジアの紛争については、山田満「東南アジアにおける平和構築とASEAN」『海外事情』65（10）、2017年、12-14頁も参照されたい。

8）鈴木早苗（2022）「ASEAN議長国によるミャンマー政治危機への対応」ジェトロアジアジア経済研究所編『IDEスクエア——世界を見る眼』、1〜8頁。

9）OICは2011年6月にイスラーム協力機構（Organisation of Islamic Cooperation）と改名した。

読書案内

荻野晃『NATOの東方拡大——中・東欧の平和と民主主義』関西学院大学出版会、2012年。

広瀬佳一編著『NATOをよく知る71章』明石書店、2023年。

藤原帰一「新しい戦争・新しい平和」藤原・大芝・山田編『平和構築・入門』有斐閣、2011年、6-15頁。

山影進「ASEAN外交半世紀にみる加盟国にとっての効用」『国際問題』665、2017年、1-5頁。

山田満「東南アジアにおける平和構築とASEAN」『海外事情』65（10）、2017年、12-14頁。

第7章

二国間援助機関

国づくりは人づくりから

山本　剛

国際協力の主体、担い手といえばどのような人、組織をイメージされるだろうか。国際協力に参加したいと考えている読者の中には、どこで活動するか少なからず悩まれている方もいるだろう。ところが国際協力の対象は開発途上国に限らず日本国内そして世界各地に広がっており機会は数多あるのだ。取り組まなければならない課題が多様化するに応じて、主体も多様化してきている。本章では主体の一つである二国間援助機関について取り上げる。

はじめに

　二国間援助とは主権国家が他の主権国家を直接支援することである。それに対し主権国家が国際機関や地域機関を通じて他の主権国家を支援することを多国間援助と呼ぶ。その総称が政府開発援助（Official Development Assistance：ODA）で原資は公的資金になる。第5章「国際機関」および第6章「地域機関」で理解した各機関の役割や特徴を頭に置きつつ、本章では二国間援助とその主体の特色について学び、国際協力を多様なアプローチから考察する。

第1節　二国間援助の形態

　日本の政府開発援助および二国間援助の主な形態を図示すれば図7-1のとおりである。採用している二国間援助の形態は各国で異なり、日本は有償資金協力、無償資金協力、技術協力を採用している。かつて日本では異なる実施主体がそれぞれの形態に取り組んでいたが、2008年になってようやく海外経済協力業務および無償資金協

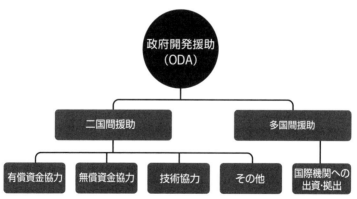

図7-1　概念図：日本の政府開発援助
出所：筆者作成

力業務の一部が独立行政法人国際協力機構（Japan International Cooperation Agency：JICA）に統合され、二国間援助を総合的に実施する専門機関が発足した。

　有償資金協力は返済を前提に資金を提供する政府貸付のことで1958年に開始された。円で貸し付ける有償資金協力である円借款（えんしゃっかん）に加え、2015年には米国ドルで貸し付けるドル建て借款も創設された。開発途上国の持続可能な発展のためには人々の生活や経済活動の基盤となるインフラが不可欠だが、多額の資金を必要とするため有償資金協力の形態で実施されている。たとえばJICAは都市化の進展著しいアジア諸国で地下鉄に代表される都市高速鉄道の導入を支援することによって公共輸送への転換と交通混雑の緩和をはかり、環境負荷の軽減や投資環境の改善に貢献している。直近では2019年に運行開始となったインドネシア初の地下鉄事業（ジャカルタ都市高速鉄道）、2022年末に一部区間の先行運行開始にこぎつけたバングラデシュ初の都市高速鉄道に円借款が活用されている。その他にもフィリピン初の地下鉄事業であるマニラ首都圏地下鉄事業やホーチミン市都市鉄道事業で円借款が活用され工事が進行中である。

　それに加えて開発途上国の経済開発計画や政策制度の改善を支援する政策借款（せいさくしゃっかん）も日本は実施している。たとえば新型コロナウイルス感染症の影響を受ける開発途上国の経済活動の維持、活性化に貢献するため、最大7000億円の新型コロナ危機対応緊急支援円借款を2020年に創設した。ロシアによる軍事侵攻で経済危機に直面するウクライナに対しては、総額780億円の緊急経済復興開発政策借款を実施した。さらに2012年には海外投融資の本格再開が決定され、民間セクターを通じた開発促進のため民間企業等が実施する開発事業に対し出資、融資も行っている。

　無償資金協力は返済義務のない資金を開発途上国に供与する手法で1968年に食糧援助という形で開始された。無償資金協力は道路や橋、電力の整備から教育、保健・医療まで幅広い協力に活用され

　I　フレームワーク編〈国際協力の枠組〉

ている。近年はこれらに加え環境、防災・災害復興、気候変動対策、平和構築、テロ・海賊対策も無償資金協力で実施している。新型コロナウイルス感染症対策においては、各国のニーズに合わせて医療サービス向上のために病院を整備したり、医療器材や検査機材を供与したり、ワクチン接種に必要な資機材を提供し安全な接種体制の構築やワクチン接種率の向上に貢献した。

技術協力は日本の技術や経験を活かし、開発途上国の人材育成や制度づくり、課題解決能力の向上を支援する手法である。主要3形態のうち最も歴史が古く、今日まで日本の二国間援助が重視する人づくりの基幹になっている。JICAは国づくりは人づくりという概念を長年掲げているように、開発途上国のオーナーシップを尊重し自立・自助を目指した仕組みづくりや制度づくりを支援している。さらに技術協力は人材育成という側面のみならず、人的交流を通じた相互理解の促進や人間関係の構築を通じて二国間関係の増進にも貢献している。

これらの援助形態をどのように組み合わせて支援するかは、相手国の要望や課題、現況によって異なってくる。つまり相手国によっては有償資金協力は行わず、技術協力および無償資金協力のみに取り組んでいる。日本の二国間援助ではこれらに加えて、その他に分類される海外協力隊（Japan Overseas Cooperation Volunteers：JOCV）事業やNGO、地方自治体、大学・研究機関と連携して実施する市民参加協力事業も重要性が高まってきている。JOCVは開発途上国の経済・社会の発展・復興への寄与のみならず、日本と相手国をつなぐ草の根の親善・交流の担い手でもある。任地に受け入れられ社会に溶け込んだJOCVは日本と派遣国の友好と信頼関係を体現しているのだ。アジアの経済と社会の発展に対するJOCVの長年の貢献が認められた結果、2016年にはアジアのノーベル賞とも呼ばれるラモン・マグサイサイ賞を日本の団体として初めて受賞した。

第2節　金額でみる二国間援助

　経済成長や開発、貿易など幅広い分野において多岐にわたる活動を行っている国際機関が経済協力開発機構（Organisation for Economic Co-operation and Development：OECD）である。OECDの中に設置されている開発援助委員会（Development Assistance Committee：DAC）ではODAおよび他の公的・民間資金に関するデータの収集・分析や開発協力政策・活動を検証している。OECD加盟国はODA実績を毎年報告する義務があり、OECDホームページ（https://www.oecd.org/）で最新のデータが公開されている。ODAや二国間援助を定量的に分析、検証したい読者は同ホームページを参照すると効率的である[1]。

　表7-1はDACメンバー国のうちODA実績上位国の金額推移5年分をまとめたものである。米国が第1位、ドイツが第2位という状況が続いており、第3位と第4位に日本ないし英国が入りG7諸国が上位を占めている。それに加え近年はOECD非加盟国やDAC非メンバー国によるODAも増加している。非メンバー国ながらDACに実績報告を行っているトルコのODAは2018年、2019年に連続で8000百万ドルを超え、非加盟国ではサウジアラビアとアラブ首長国連邦が2000百万ドル（2019年）に達した。

　OECD非加盟国の存在感の高まりは世界各国の債務状況でも浮き彫りになっている。2022年に世界銀行が公表した国際債務報告（International Debt Report 2022）によれば、中国やインド等からの債務の割合が著しく高まっている。最貧国74カ国（国際開発協会支援適格国）が保有する中国債務の割合は2010年の18％から2021年には49％に増加し、中国が最貧国に対する最大の債権者になった。新型コロナウイルス感染症によって世界の経済成長は大幅に減速し、通貨安に見舞われた国々が外国債務の返済で困難に直面しているのだ。

　重債務に苦しむ開発途上国が債務再編交渉を進めるためには世界最大の二国間債権国である中国の参画が必要不可欠であり、債務返

表7-1　DACメンバー上位5カ国ODA実績（支出総額）の推移

（単位：百万ドル）

	2017年	2018年	2019年	2020年	2021年
米国	35,451	34,521	33,711	36,037	48,252
ドイツ	27,837	28,637	26,901	32,470	36,159
日本	18,461	17,250	18,923	20,304	21,951
フランス	13,654	15,383	14,544	18,617	19,370
英国	18,230	19,656	19,620	19,459	16,490

出所：外務省「ODA実績」（2023年1月31日）一部抜粋

表7-2　DACメンバー国国民1人当たりのODA負担額（2021年）

1位	ノルウェー	860.6ドル
2位	ルクセンブルク	856.1ドル
3位	スウェーデン	567.9ドル
4位	デンマーク	497.6ドル
5位	スイス	447.6ドル
⋮	⋮	⋮
17位	日本	140.4ドル

出所：外務省「ODA実績」（2023年1月31日）一部抜粋

　済が不可能となり財政破綻する国が出ないよう国際社会が協働して対応することは喫緊の課題になっている。しかし中国は二国間公的債務の債務再編措置を取り決めるパリクラブのメンバー国でなく、OECD・DACとは異なる立場で開発協力を実行していることから国際社会と足並みを揃えた対処ができるかが課題である。中国は二国間援助の実績値も近年公表しておらず、OECDとは異なる定義でODAを実施しているため、表7-1に掲載されている主要援助国と中国を客観的に比較・検討することは容易ではない。

　つぎに表7-2で国民1人当たりの負担額という尺度からODAを比較する。支出総額ベースではG7諸国が上位だったが、国民1人当たりでみると北欧諸国が上位に位置し日本は第17位にとどまる。二国間援助や多国間援助などODAの実績値を国別に比較・検討する際、見せ方を変えることで各国の特徴を垣間見ることができるの

だ。北欧諸国は国民総所得（Gross National Income：GNI）に占める ODA 比率も高く、国連がミレニアム開発目標で確認した、ODA を GNI 比で 0.7％とする国際目標を 2021 年は 5 カ国（デンマーク、ドイツ、ルクセンブルク、ノルウェー、スウェーデン）が達成した。日本は 2021 年暫定値で GNI 比 0.34％にとどまっているが、これはけっして単年の状況ではなく GNI 比 0.7％というミレニアム開発目標を日本が達成した年は一度もないのである。

　その一方で英国のように国際目標 0.7％を達成していた国が政策を転換して予算を削減し、目標未達に陥った事例もある。英国は 2013 年から 2020 年まで国際目標を達成していたが、公的債務の高まりを受けて援助予算は削減され 2021 年（暫定値）は GNI 比 0.5％となった。2020 年から 2021 年にかけて GNI 比 0.2％の減少という数字はノルウェーやスウェーデンも同様である。しかしノルウェーやスウェーデンは前述のとおり国際目標 0.7％を上回っていることから、同じ -0.2％でもその重みは異なってくる。約言すれば、二国間援助の規模決定の背景には政府の政策や方針があるのだ。本章では紙幅の制約から主要援助国ごとの傾向と因果関係の分析には入らないが、この点に関心を持った読者は各援助国の動向分析に挑戦してもらいたい。各国で異なる対外政策まで考慮しながら二国間援助を捉えることができれば重層的な議論が可能になる。

　本章は二国間援助が主題のため表 7-2 では国民 1 人当たりの ODA 実績を表で示したが、その他政府資金（Other Official Flows：OOF）や民間資金（Private Flows：PF）、NGO・NPO による貢献の総計を国民 1 人当たりに換算して順位付けすれば順位は異なってくるであろう。経済開発や経済活動という範疇で議論する場合は民間企業が開発途上国の経済成長の重要な担い手になるのだ。二国間援助には分類されないが、投資など企業活動によって経済が活発化すれば雇用も創出され、職種は広がり人々の選択肢の拡充や生活の向上に結びつく。さらに開発途上国への資金流量、外貨獲得源という意味では移民や

難民による本国送金も注目すべき規模の大きさである。世界銀行が2022年に発表した報告書「移住と開発」（Migration and Development Brief 36）によれば、低・中所得国向けの送金は近年過去最高を更新し続けており、2022年は6300億ドル（前年比4.2％増）に達する見込みである。

本節では二国間援助そしてODAを資金量の観点から述べつつ、非ODAである直接民間投資や出稼ぎ労働者による本国送金の重要性についても指摘した。NGOやNPOなど民間非営利団体による贈与も非ODAに分類され、市民社会の活動が活発な国ではこれらの団体の活動も大きな意味を持っている。民間資金は1990年代に入って、本国送金は2000年代に入って急増し、世界全体でみれば非ODAの規模はODAを上回っているのだ。それゆえODAに期待される役割や目指すべき方向性も変化してきていることから、多様化、複雑化する開発課題に対し、最適な主体と手法を組み合わせて取り組むべくSDGs 17番目のゴールである「パートナーシップで目標を達成しよう」を実践していく必要がある。

第3節　二国間援助の実施主体と特徴

1961年にOECD・DACが設置され開発協力・政策をめぐる議論が活性化し、時を同じくして二国間援助機関も相次いで設立された。米国では1961年に米国国際開発庁（United States Agency for International Development：USAID）、日本では1961年に海外経済協力基金（Overseas Economic Cooperation Fund：OECF）、1962年に海外技術協力事業団（Overseas Technical Cooperation Agency：OTCA）が設立された。OTCAは1974年に設立される国際協力事業団、2003年に設立される国際協力機構の前身にあたる。

本章のタイトルは「二国間援助機関」となっているが、二国間援助を専門とする実施機関が各国どこにでも設置されたわけではなく、

政府自らが実施している国も少なくはない。またカナダのようにかつて実施機関を設置していたものの中央省庁に統合した事例もある。政府の外交政策や経済政策と二国間援助の整合性をはかり、従来にも増して連動性を高める狙いであろう。1968年に設立されたカナダ国際開発庁（Canadian International Development Agency：CIDA）は、2013年に外務国際貿易省（現在はグローバル連携省）に一体化された。英国でも国際開発省（Department for International Development：DFID）が2020年に外務国際開発省（Foreign, Commonwealth & Development Office：FCDO）に改組され対外政策の一元化がはかられている。

　二国間援助の実施主体が省庁か専門機関かという差異は、援助国の政策や戦略の違いを体現し、実施機関が備える機能の相違点にもなって表れている。前述のようにJICAは有償資金協力、無償資金協力、技術協力を一元的に実施しているが、USAIDは有償資金協力を実施していないことが一例である。ドイツも有償資金協力を実施しているが一元的な実施体制にはなっておらず、技術協力を専門にする国際協力公社（Gesellschaft für Internationale Zusammenarbeit：GIZ）と有償資金協力および無償資金協力を実施する復興金融公庫（Kreditanstalt für Wiederaufbau：KfW）に分かれている。JICAのような二国間援助の総合的な実施機関を他にあげるならば、1998年のODA改革をふまえ資金協力の実施機関であったフランス開発公庫（Caisses Françaises de Développement：CFD）を改組したフランス開発庁（Agence Française de Développement：AFD）になる。

　表7-3から主要DAC諸国による二国間援助の分野別傾向を読み取ることができる。日本は有償資金協力を重用しているように分野別でみても道路や橋、鉄道、電力など経済インフラ関連の支援の割合が高いことが特徴である。それに対し米英両国は社会インフラおよび緊急援助向けの支援に重点を置いている。日本を除く4カ国は社会インフラ支援の割合が最も高く、持続可能な発展のために経済インフラの整備を重要視する日本の姿勢は対照的といえよう[2]。

表 7-3　DAC メンバー上位 5 カ国の二国間援助の分野別配分（2020 年）

(約束額ベース、単位：%)

分野＼国名	日本	米国	英国	フランス	ドイツ
社会インフラ（教育、保健、上下水道等）	23.3	48.3	32.3	33.5	41.5
経済インフラ（輸送、通信、電力等）	42.1	2.3	16.7	24.0	20.8
農林水産分野（農業、林業、漁業等）	2.5	3.1	1.8	7.0	4.7
工業等その他生産分野（鉱業、環境等）	15.2	3.0	12.3	16.6	12.3
緊急援助（人道支援等）、食糧援助	3.2	29.4	15.9	0.9	7.5
プログラム援助等（債務救済、行政経費等）	13.8	13.9	21.0	18.1	13.2
合計	100.0	100.0	100.0	100.0	100.0

出所：外務省「2021 年版開発協力参考資料集」（2022 年 10 月 14 日）一部抜粋

表 7-4　DAC メンバー ODA 実績上位 5 カ国の援助形態（2020 年）

(単位：%)

	二国間無償	二国間技術協力	二国間有償	国際機関向け贈与	国際機関向け有償
米国	82	2	1	16	0
ドイツ	37	23	20	20	0
日本	19	8	56	12	4
フランス	21	9	40	25	4
英国	55	8	1	31	5

出所：外務省「2021 年版開発協力参考資料集」（2022 年 10 月 14 日）一部抜粋

　つぎに表 7-4 で DAC メンバー ODA 実績上位 5 カ国の援助形態の特徴を確認する。1 位の米国と 5 位の英国は ODA に占める無償資金協力の割合が高く、有償資金協力はほぼ行っていない。2 位のドイツは技術協力の割合が 5 カ国の中で最も高い。DAC メンバー国で最も有償資金協力に力を入れている国は日本で、その他にはフランスや韓国など一部に限られている。フランスは英国と同様に国際機関向け贈与の割合が高いことが特色といえよう。

　OECD 加盟国による二国間援助の特徴の一つとして、歴史的、言語的、文化的な関係を考慮して旧宗主国がかつて統治していた国や

地域を支援していることも指摘しておきたい。援助の規模はけっして大きくはないが、たとえばスペインやポルトガルは同じ言語圏の開発途上国を重点的に支援している。オーストラリアの二国間援助はかつて統治していたパプアニューギニアに対する支援額が最も多く、二国間援助予算の約15％を毎年割り当てている。オーストラリアの重点支援地域は、地理的に近く経済的な関係も強い太平洋島嶼国と東南アジア地域で、2002年にインドネシアから独立した島嶼国である東ティモールに対しても最大規模の援助国である。オーストラリアに近似した二国間援助の傾向がみられるのがニュージーランドである。ニュージーランドも地理的な理由から予算の多くを太平洋島嶼国に重点的に配分し、パプアニューギニアに対する配分が最も多い。

　OECD非加盟国の二国間援助について本節の最後に簡単に述べておく。その代表格である中国は自国の二国間援助を開発途上国が相互の連携を深める南南協力であると述べ、2018年に対外援助を統括する国家国際発展合作署（China International Development Cooperation Agency：CIDCA）を設立した。自国の経済開発や発展の経験を他の開発途上国と共有し、二国間や地域内の関係強化とりわけ経済関係の強化に力を入れている。域内の相互依存関係の深化によって域内協力の重要性は高まり、それは信頼関係の強化にとっても極めて重要な取り組みである。

　経済成長著しい東南アジアを例にあげれば、マレーシアの活発な活動と実績に目が引かれる。マレーシアは南南協力推進のため1980年にマレーシア技術協力プログラム（Malaysian Technical Cooperation Program：MTCP）を発足させ、これまでアジアを中心に広く144カ国へ技術協力を実施してきた。日本が1980年代に支援した職業訓練指導員・上級技能訓練センター（Centre for Instructor and Advanced Skills Training：CIAST）を活用して研修を実施しているほか、1992年からはMTCPとJICAが合同で研修を実施している。またシンガポールは

1993 年に日本と共同で技術協力を行うことに合意し、21 世紀のための日本・シンガポール・パートナーシップ・プログラム（Japan-Singapore Partnership Programme for the 21st Century：JSPP21）のもと ASEAN 諸国を対象にした研修をシンガポールで実施している。その他にもタイでは 2005 年に周辺諸国経済開発協力機構（Neighboring Countries Economic Development Cooperation Agency：NEDA）、インドネシアでは 2019 年にインドネシア国際開発庁（Indonesian Agency for International Development：Indonesia Aid）が設立され、今後ますます域内協力ひいては南南協力の取り組みが広がっていきそうである。

　本節で示したように二国間援助の実施主体はそれぞれ歴史的変遷と特色を備え、組織の強みと弱みにも違いがみられる。それは他章で取り上げる国際機関や地域機関にも当てはまるもので、二国間援助や多国間援助はさまざまな形態で実施され、どの機関・組織のアプローチが対象国にとって最善であるとか、どの機関が最も知見を有しているとか優劣の判断が容易につくものではない。被援助国の歴史や文化そして直面している課題によって取るべきアプローチは異なり、一機関や一援助国が単独で課題を解決できることはなく国際社会が連携して取り組む必要がある。

第 4 節　日本の二国間援助の変遷と特徴

　日本の二国間援助の起点はコロンボ・プランへ参加を決定した 1954 年である。コロンボ・プランはアジアや太平洋地域の国々の経済や社会の発展を支援する国際機関の名称で、日本はその加盟国となることで 1955 年から研修員の受け入れや専門家の派遣といった技術協力を開始した。そして資金協力は 1954 年にビルマ（現ミャンマー）と調印した平和条約、賠償及び経済協力に関する協定に遡る。同条約第 5 条で日本が与えた損害および苦痛を償うための賠償の支払とビルマ経済の回復および発展並びに社会福祉の増進に寄与

するための協力を確認した。つまり戦後処理としての賠償支払と経済協力は共に歩み始めたのである。

詳細は外務省「賠償並びに戦後処理の一環としてなされた経済協力及び支払い等」を参照して欲しいが、フィリピン（1956年発効）、インドネシア（1958年発効）、ベトナム（1960年発効）との間で賠償協定が結ばれた。さらに対日賠償請求権を放棄したタイ（1955年および1962年発効）、ラオス（1959年発効）、カンボジア（1959年発効）、マレーシア（1968年発効）、シンガポール（1968年発効）、韓国（1965年発効）およびミクロネシア連邦（1969年発効）に対して協定に基づいて経済協力等を実施した。賠償と二国間援助が両輪となって二国間関係の改善と国際的地位の向上がはかられ、日本経済の復興と発展を後押しする輸出市場の拡大の機会にもなった。

現在とは通貨価値と為替相場、そして経済規模が大きく異なるため単純な金額差だけで草創期と現在の違いを簡易に示すことは困難だが、1960年代当初の日本のODA実績は当時第1位だった米国のおよそ25分の1だった。1960年代から経済成長率が年平均10％を超えるほど急速な経済成長期に入ったことでODAの量的拡大に対する国際社会の期待に応えられるようになり、その拡大傾向は1990年代まで続いたのである。為替相場の影響もあり、日本のODAは1964年の約1.1億ドルから1976年には約11億ドルへと10倍近い規模になった。ODAの量的拡大にともなって当初はアジア重視だった二国間援助が中東やアフリカそして中南米など他地域へ広がっていたことが表7-5から推察できる。

米国を上回りODA実績第1位に日本が位置したのは1989年および1991-2000年である。冷戦が終結した1990年代、欧米諸国はODA予算を縮小させたが、日本の増加傾向は変わらなかったことが要因だった。2001年以降は再び米国が第1位を維持しているが、日本は2001年に第2位、2006年には英国に抜かれ第3位、そして2007年にはドイツ、フランスにも抜かれ第5位になった。OECD・DACに

よる実績の算出方法は 2017 年まで支出純額ベースだったが、2018 年実績から贈与相当額計上方式に変更になったことで日本は第 5 位から第 4 位へ浮上し、2021 年（暫定値）は米国、ドイツに次ぐ第 3 位だった[3]。

かつて日本は中国や台湾、韓国にも二国間援助を実施していたことも述べておきたい。台湾には 1965 年および 1971 年に円借款（合計 620.82 億円）を供与したほか、1978 年まで技術協力を実施していた。韓国には日韓請求権・経済協力協定（1965 年）により 5 億ドル

表7-5　日本の二国間援助実績の地域別配分の推移（アジアのみ抜粋）

地域／暦年	アジア	
	支出総額（百万ドル）	構成比（％）
1970	419.37	94.4
1980	1,648.27	72.8
1990	5,140.05	61.7
2000	7,630.81	60.1
2010	8,106.17	53.1
2016	7,037.79	52.3
2017	9,009.43	59.7
2018	7,509.02	56.5
2019	8,972.14	61.1
2020	10,206.45	60.4

出所：外務省「2021 年版開発協力白書図表（Excel 版）」（2022 年 6 月 13 日）より一部抜粋

の経済協力（無償 3 億ドル、有償 2 億ドル）を実施し、OECF にとって初の円借款供与（1966 年）は韓国だった。中国に対する日本の二国間援助は 1979 年に開始され、2022 年 3 月に終了した。本書のタイトルである「新しい国際協力」を志向する学生の中で第二次世界大戦後の日本の賠償や戦後処理に関心を持つ方は少ないかもしれない。しかし国際協力や政府開発援助の歴史的文脈を検証し理解することなく、現況は十分に理解できないことも指摘しておきたい。日本の二国間援助の系譜を理解する上で戦後処理と賠償は欠かせない事象である。

表7-6 は直近の二国間援助相手国の上位 10 カ国を示した表になるが、これはあくまでも 2021 年の実績である。過去 70 年間の日本の二国間援助は時代の潮流とともに変化に富み、10 年後、20 年後の二国間援助相手国の上位 10 カ国が表7-6 と全く同じということはないだろう[4]。欧州委員会が 2022 年 11 月に表明した試算によればロ

表7-6　日本の二国間援助（支出総額）の供与相手国上位10カ国（2021年支出総額）

（単位：百万ドル）

1位	インド	3,382.48
2位	バングラデシュ	2,065.66
3位	フィリピン	1,175.06
4位	インドネシア	1,033.10
5位	カンボジア	470.44
6位	イラク	459.38
7位	ベトナム	439.59
8位	ミャンマー	404.63
9位	ウズベキスタン	388.90
10位	エジプト	369.16

出所：外務省「ODA実績」（2023年1月31日）

シア軍によるウクライナ侵攻の被害総額は推定6000億ユーロにものぼることから、復興支援に必要な金額も相当規模になることは想像に難くない。また、東南アジア地域ではインドネシアの1人当たりGNIが4000ドルを超えて上位中所得国入りし、フィリピンも間もなく、ベトナムも近い将来に上位中所得国入りすると想定され、それにともなって二国間援助の諸相に変化が生じてくるのではないだろうか[5]。

　本章で既に述べてきたとおり、他国の二国間援助との違いという観点では、日本は有償資金協力を重視していることが数字から導かれる分かりやすい特色になるが、けっしてそれだけではない。紙幅の制約から一つ特色を最後にあげるとすれば、有償や無償の資金協力を有機的に組み合わせながら人材育成つまり人づくり、国づくりを行っていることになる。たとえば新型コロナウイルス感染症対策においては、JICAは世界保健医療イニシアティブを打ち出し、治療・警戒・予防を3本柱にすえて各国の状況に鑑みながら他の援助機関と連携して相乗効果を発現できるよう協力を実施した。新型コロナウイルス感染症に特効薬はなく、資金協力で一朝一夕に収束するような課題でないことは周知の事実である。平時から保健医療システムの強化をはかり、人々の命と健康を守ることができる社会づくり、国づくりを進めていく必要がある[6]。

　さらには非西洋で発展を遂げた日本ならではの経験を共有し、欧米とは異なる日本の近代化や戦後復興、さらには開発協力の経験について学ぶ機会を提供していることも日本の特色である。留学生の

受け入れだけであれば多くの国が実施しているし、人材育成や技術協力に取り組む援助国や援助機関は他にも存在する。しかしそれを地方創生のような国内の活性化に結びつけている二国間援助機関は管見の限り JICA 以外に見当たらなかった。JICA は海外業務に特化するのではなく、国内15拠点を活用しながら JOCV など市民参加協力事業、中小企業の開発途上国へのビジネス展開支援、外国人材の受け入れを通じて日本国内の人材育成ひいては発展にも資する事業を行っているのだ[7]。国づくりには政治的、経済的な発展が欠かせないのみならず、国の近代化とこれまで培ってきた歴史や文化、伝統の尊重を両立させていくために日本の歩みは一つの参考事例になるであろう。

おわりに

　本章では二国間援助の輪郭を全4節にわたってなぞることで、国際協力を初めて学ぶ方に二国間援助の概要を把握してもらえるよう試みた。なお本章は筆者の所属組織を代表する見解を示すものではなく筆者個人の意見や解釈に基づくものである。概略を述べることに終始したため、二国間援助特有のアプローチや二国間援助に対する批判的考察を深掘りすることはできなかった。二国間援助や開発協力についてさらに深く学びたい読者のために読書案内を後掲するので、本章を足掛かりにさらに研究に取り組んでもらいたい。開発課題の変化つまり多様化や複雑化をふまえ、外務省は開発協力政策の基本方針を示す開発協力大綱を2015年以来8年ぶりに改定するため議論を進めている。日本が掲げる開発協力の理念や重点政策、実施上の原則および体制を確認したい読者は開発協力大綱も参照してもらいたい[8]。

ゼミナール

①第5章「国際機関」、第6章「地域機関」、第8章「NGO・市民
　社会」と本章を参考にしながら、各機関の強みと弱みなど特徴を
　整理し比較してみよう。

②特定の被援助国を選び、各機関がどのような相互補完関係を組み
　ながら、どのような支援に取り組むことが適当か議論してみよう。

③開発途上国で事業を展開する日本企業の活動について考察し、二
　国間援助や多国間援助との相乗効果の上げ方について議論してみ
　よう。

註

1) 外務省は毎年『開発協力白書』を刊行しており、外務省『2021年版開発協
　力参考資料集』第3章「諸外国の経済協力」115-188頁で二国間援助について
　詳しく述べられている。本節の内容や引用しているデータも同参考資料集を
　参照。

2) 外務省は有償資金協力の割合が多い理由について「開発を与えられたもの
　としてではなく、開発途上国自身の事業として取り組む意識を高めることが、
　効果的な開発協力のために重要との考えに基づき、途上国の人々自らによる
　経済成長への努力を支援することを目的としているためです。途上国側から
　みれば、自らが借りたお金で国の社会や経済の発展を目指した事業を行うこ
　とになり、それだけに一生懸命に事業に取り組むことにつながります。円借
　款事業が終了した後も、途上国の人々が自らによって事業を持続・発展的に
　行えるようになることを目指した協力を行っている点は、自助努力を重視す
　る日本ならではの支援といえます」と述べている。外務省『2021年版開発協
　力白書』2022年、20-21頁。

3) 贈与相当額計上方式は有償資金協力の供与額や供与条件等も考慮して有償
　資金協力で供与される総額のうち贈与に相当する額を実績額として計算。詳
　細は外務省「ODA計上における『贈与相当額計上方式』の導入」(https://
　www.mofa.go.jp/mofaj/gaiko/oda/files/100053766.pdf)(2023年1月7日閲覧)を
　参照。

4）日本経済新聞「『ODA マップ』でみる日本と途上国の変化」2015 年 8 月 31 日公開（https://vdata.nikkei.com/prj2/postwar70-oda/）（2023 年 1 月 7 日閲覧）が量的変遷を視覚的に分かりやすくまとめている。

5）世界銀行は国民 1 人当たり GNI が 1036 ドル未満を低所得国、1036 〜 4045 ドルを下位中所得国、4046 ドル〜 1 万 2535 ドルを上位中所得国、1 万 2536 ドル以上を高所得国に分類している。

6）詳細は「JICA 世界保健医療イニシアティブ」（https://www.jica.go.jp/activities/issues/special_edition/health/index.html）（2023 年 1 月 13 日閲覧）を参照。

7）これまで培った知見を日本での円滑な外国人労働者受け入れに活かすため JICA は 2020 年に「責任ある外国人労働者受入れプラットフォーム（JP-MIRAI）」を日本国内の関係機関と共同で立ち上げた。詳細は「責任ある外国人労働者受入れプラットフォーム」（https://jp-mirai.org/jp/）（2023 年 1 月 13 日閲覧）を参照。

8）詳細は外務省「開発協力大綱の改定」（https://www.mofa.go.jp/mofaj/gaiko/oda/about/kaikaku/taikou_kaitei.html）（2023 年 2 月 4 日閲覧）を参照。開発協力大綱の改定に関する有識者懇談会の議事要旨や報告書が公開されている。

読書案内

北岡伸一『世界地図を読み直す――協力と均衡の地政学』新潮選書、2019 年。

下村恭民・高橋基樹・黒田一雄・山田順一・峯陽一・佐藤仁『シリーズ　日本の開発協力史を問いなおす』全 7 巻、東京大学出版会、2020 年。

戸堂康之『開発経済学入門第 2 版』新世社、2021 年。

野林健、納家政嗣編『聞き書緒方貞子回顧録』岩波現代文庫、2020 年。

JICA 研究所「プロジェクトヒストリーシリーズ」2010 年より順次刊行し、現在第 32 巻。詳細は https://www.jica.go.jp/jica-ri/ja/publication/projecthistory/index.html を参照。

第 8 章

NGO・市民社会

草の根からの社会変革

桑名　恵

2022年のノーベル平和賞は、ベラルーシの人権活動家および、ロシアとウクライナの人権団体である市民社会組織（CSO）が選ばれた。過去の例をみても、2017年の国際NGO「核兵器廃絶国際キャンペーン（ICAN）」のように、NGOやCSOの受賞も数多い。

　21世紀に入り、NGO、市民社会という言葉は、多くの人にとって馴染みのある言葉となった。ニュースでは、世界の紛争、災害、貧困など様々な社会課題解決の現場で、NGOやCSOの活動がしばしば報道されている。しかしながら、国際協力分野のNGOやCSOの全体的な動向や実態はつかみにくい。NGOや市民社会はグローバルな社会課題の解決にどのような役割と可能性をもっているのだろうか。自らも一員である市民社会で、私たちはNGOやCSOにどのような関わりができるのだろうか。

はじめに

　グローバリゼーションによる相互依存関係が深化する中、NGO
やグローバル市民社会は不可欠な存在となっている。国家だけでは
対処できない問題が増加し、国境横断的なグローバルネットワーク
の必要性が高まっているからだ。1990年代以降、主権国家のパ
ワーが相対的に衰退し、NGOなどの市民社会の影響が高まる変化
は、「パワーシフト」と呼ばれている[1]。元国連事務総長のコフィ・
アナン氏が21世紀を「NGOの時代」の到来と指摘したように、今
やNGOと関与のない国際機関、政府機関はほとんど存在しない。
　一方で、近年は、デジタル革命の進化や、深刻化する気候変動、
武力紛争やテロの脅威、新型コロナウイルス等感染症のパンデミッ
ク、不平等や格差の拡大など流動的で複雑な課題に直面する中、
NGOや市民社会を取り巻く環境も変化し、新しいアクターの関わ
りや協力の形態の変容がみられる。
　本章では、NGOや市民社会の概念や特徴を整理した後、NGOや
市民社会の果たす意義や特徴、そして近年の世界の動向を踏まえた
今日の市民社会が直面する課題を考察する。そして、持続的なグ
ローバル社会の実現のためにNGOや市民社会が果たしうる可能性
を考えたい。

第1節　NGO、市民社会とは？

　NGOとはNon-Governmental Organizationsの略で、「非政府組織」
や「民間団体」と訳されることが多い。公式文書としては、1946
年に起草された国連憲章の第71条で、国連と協力関係にある「非
政府の主体」、特に民間の非営利団体を「NGO」と表記されたこと
が始まりといわれている。よく似た意味で使われる言葉として、
NPO（Non-Profit Organizations：非営利組織）がある。特に日本では1998

年の特定非営利活動促進法（NPO法）の施行によって認知が広がった。NGO、NPOどちらにも普遍的で国際的に一致された定義は存在しないため、NGOとNPOの違いは明確ではない。「非政府性」を強調する場合にはNGO、「非営利性」を強調する際にはNPOと区別する観点もある。ただ、日本では国際的な問題を取り組む団体はNGO、国内や地域の問題に取り組む団体はNPOと自称する傾向にある。

　NGOやNPOの要件として、非営利セクターの研究で名高いジョンズ・ホプキンズ大学政策研究所の非営利セクター国際比較プロジェクトでは、「非営利」「非政府」「組織性」「自立性」「自発性」があげられている。本章では、これら五つの要件に加え、日本のNPO法で強調されている「公益性」（公共の利益、すなわち不特定多数の利益に奉仕し、寄与すること）および、日本のNGOに対して考慮されることの多い「国際性」を不可欠な要件とし、NGOを「非政府・非営利の立場で、自発的に独立しながら、国際的な課題に対し公益的な活動を行う組織」と捉える。

　近年のさらなる傾向としては、NGOに代わって、「市民社会組織（Civil Society Organizations：CSO）」という言葉が盛んに用いられている。CSOはNGOのみならず、社会運動団体、労働組合、専門家団体、宗教団体、学術団体などを含めて広く捉えることができるからである。市民社会は、古代アテネの哲学者、アリストテレスの著書『政治学』の引用に遡ることができるが、政治思想の文脈で広く用いられることになったのは18世紀以降である。封建君主に対抗する中産階級によって産業革命以降のヨーロッパで「市民革命」が起こり、国家に対抗しうる存在としての市民社会の考え方が台頭する。そして、1990年代の新しい市民社会論に共通するのは、市民社会を、政府、市場とは独立した三つ目の領域とする点である。市場や国家と対立するものではなく、それらを補完しながら、同時にそれらに対して一定の影響力を行使する領域と捉える。本章では、「市民社

会」を、世界の CSO ネットワークである CIVICUS：World Alliance for International Cooperation の定義を参照し、「共有された利益を推進するため、個人的・集団的な行動・組織・制度により創造された、家族・国家・市場の外の領域」とし、その領域にある組織を CSO とする。

「市民社会」の三つの側面として、英国オックスファム、セーブ・ザ・チルドレンなどのNGOで長年にわたりNGOの実践と研究に従事したマイケル・エドワーズは、以下の点を指摘する。一つは、「団体活動」としての市民社会、二つ目は協力、信頼、寛容、および非暴力といった礼儀正しい行動様式や規範を体現する「良い社会」としての市民社会、もう一つは共通の利益を求める「公共圏」としての市民社会である。特に近年のグローバル化で市民社会の国境を越えたネットワーク化が進み、国際的な政策決定に影響をもつ「グローバル市民社会」の重要性が高まっている。複雑化するグローバル社会の見通しを立てるためには、エドワーズの示した三つの側面を融合する視点からの NGO や CSO の展望が、新たな社会課題への対応策を生み出す手がかりになる。

第 2 節　国際協力における NGO/CSO の役割

(1) NGO/CSO の役割、意義

国際協力における NGO や CSO の役割は具体的にどのようなものだろうか。大きく二つに分けられる。第 1 には、コミュニティや現場での実践活動を推進し、社会サービスを提供する役割がある。そして、第 2 の役割としては、社会変革のエージェントとしての機能がある。アドボカシー（調査研究、政策提言、国際会議などへの参加、デモなどの抗議行動、キャンペーンなど）や、市民啓発（開発教育、環境教育、平和教育など）などを通じて、民主ルールとグッドガバナンスの基盤づくりを促進するアクターとして認識されている。選挙は国家単位

のものであり、必ずしもグローバルな視点が争点になりにくく、選挙による代表性でのグローバルな課題への対応には限界が生じている。グローバルな市民社会の活動が、国家間関係の限界を乗り越えるための取り組みとして重要である。

　NGO や CSO が開発や国際協力に取り組む意義や価値については、世界の NGO や CSO が 2010 年に「CSO 開発効果のためのオープンフォーラム」を立ち上げ、グローバルな規範づくりを行ってきた。貧困や不平等から派生するグローバルな課題やその原因に対し、NGO や CSO が持続的かつ積極的な変化をもたらすために重視すべき八つの価値・指針が以下のイスタンブール原則（2011 年）にまとめられた。

　　①人権と社会正義を尊重・推進する
　　②女性・少女の人権を推進し、ジェンダーの平等と公平性を
　　　実現する
　　③人びとのエンパワーメント、民主的オーナーシップと参加
　　　に焦点を当てる
　　④環境の持続可能性を促進する
　　⑤透明性とアカウンタビリティを実践する
　　⑥公平なパートナーシップと連帯を追求する
　　⑦知識を共有・創出し、相互学習を進める
　　⑧前向きで持続可能な変化の実現に努力する

　NGO や CSO は他のアクターと比べて、草の根やコミュニティの人間一人一人、少数派の思いや考えを反映させながら、国境を越えて、多様な形態でそれらを表現し、実行できる特徴をもっている。さらに 2015 年に国連で採択された「SDGs」（Sustainable Development Goals：持続可能な開発目標、第 1 章を参照）の推進に、NGO は SDGs 策定の段階から議論に積極的に関わり、貧困や飢餓、エネルギー、気候

変動、平和的社会などの持続可能な開発の諸目標の達成のために不可欠な役割を担っている。一方で、後述するように NGO や CSO が複雑な諸問題に対して万能薬となりえない課題も多く存在する。

(2) 日本の NGO/CSO

　前項で整理した NGO や CSO がもつ全般的な役割や特徴がある中で、日本の NGO を取り巻く状況はどのようなものだろうか。2021年の調査によると、日本の NPO 法人全体の 5 万 3348 団体のうち、国際協力活動を実施し、前年度の財務諸表が公開されている NGO は 589 法人であった [2]。NGO が占める割合は約 1% であり、国際的な活動を行う団体は少数といえる。

　外務省・国際協力 NGO センター（JANIC）の『NGO データブック 2021』を中心に、以下、日本の NGO の主な特徴をまとめる。まず、日本の NGO が活動する地域は、アジア、中東、アフリカ、中南米、オセアニア、欧州など世界各地に広がり、そのうちアジアが約 5 割を占める。また、約半分（48.1%）の日本の NGO は国内でも事業を実施している [3]。

　活動分野では、最も多いのが「教育・職業訓練」であり、次いで「開発・貧困」「保健・医療」「環境」「農業・漁業」の順となっている。日本の NGO は 1970 年代から増加し、1990 年代に最も多くの団体が設立されたが、近年設立される NGO は減少傾向にある。NPO 法をもとにした法人格（「特定非営利活動法人（NPO 法人）」および「認定 NPO 法人」）をもつ NGO が 63.1% を占め、次に任意団体（法人格なし）が 23.9% と続く。

　NGO の収入規模は、2016 年と 2021 年を比べると 465 億円から 556 億円と増加している。収入源は、「寄付金」「助成・補助金」「自主事業」が多い。新型コロナウイルスのパンデミック前の時点での 1 団体あたりの平均収入額は、2016 年の 1 億 3729 万円から、2021 年には 1 億 9656 万円と大幅に増えているが、中央値は、2300 万円で

あった。上位 10 団体が全団体の総収入の 66.3％ を占めており（上位 7 団体が 10 億円以上の収入）、NGO の規模の二極化の傾向がみられる。

また、日本の NGO の 8 割は他の組織と連携して活動を行っている。最も多い連携先は、「企業」であり、その他の主な連携先は「政府・政府系機関」「自治体」「国連・国際機関」「労働組合・協同組合・宗教団体などの非営利組織」「大学・研究機関」「財団を含む市民社会組織」などがある。連携の内容は、「資金協力」「プロジェクト実施・委託」「広報、人的連携」「提言・世論形成」「調査研究」などがある。

日本の NGO は、時代の変化を受け、変革の必要性にも直面している。特に、新型コロナウイルス感染症は、NGO の経営にも大きな影響を与えている。2021 年 10 月から 2022 年 2 月の調査によると、日本の NGO の 57.4％ は前年度比で総収入が減少した[4]。取り巻く環境の変化に対応した今後の経営戦略として、活動の現地化の促進や、日本と海外の活動の壁を取り除くこと、セクターを超えた連携を推進するコレクティブ・インパクト、幅広い支持の獲得、柔軟な働き方、最新テクノロジーの活用、多文化経営などを含む組織と経営のアップデートなどの変革の必要性が指摘されている。

欧米の NGO と比較すると、概して日本の NGO/NPO は、資金的、組織的基盤が脆弱である。2018-2019 年のデータでは、OECD の開発援助委員会（DAC）諸国の二国間の政府開発援助（ODA）が NGO や CSO を通じて実施される割合は、OECD 諸国平均が 15％ であるのに対し、日本は 2％ 程度にとどまっている[5]。また、NGO/NPO の活動資金の一つである個人寄付額を比較すると、『寄付白書 2021』のデータでは、アメリカは 3141 億ドル（34 兆 5948 億円、GDP 比 1.55％）、イギリスは 101 億ポンド（1 兆 4878 億円、GDP 比 0.47％）であるのに対し、日本は 1 兆 2126 億円（GDP 比 0.23％）であった。日本では寄付者の割合や 1 人当たりの平均額も低い傾向にある。一方で、日本の寄付金額は全般的に増加傾向であり、寄付控除を受ける要件

の緩和や、ふるさと納税、遺贈寄付、休眠預金活用に関わる環境整備、社会的インパクト投資への関心の高まりなど、寄付を取り巻く環境は徐々に好転している。

　上記のような資金的な制約は人材の確保にも影響を及ぼし、他国に比べて雇用面でも大きな違いがみられる。アメリカでは、NGO/NPOなどの非営利セクターは、小売、製造に続く三番目の雇用の受け皿になっている[6]。また、グローバル・ジャーナルによるNGO世界ランキング1位のバングラデシュのNGO、Bangladesh Rural Advancement Committee（BRAC）は、世界14カ国で活動し、10万人以上の職員を抱え、政府に匹敵するほどの組織となっている[7]。こうした状況と比較すると、日本ではNGOやCSOが就職先としては確立しておらず、社会的な影響も限定的とならざるをえない。

(3) NGO/CSO のパートナーシップ

　NGOやCSOは個人や他団体との連携によって、社会を巻き込みその活動効果を高めることに強みがある。政府では統制力が働くヒエラルキー原理、企業アクターでは市場原理が働きやすいのに比べ、市民社会セクターはネットワーク原理により、ネットワーク内、ネットワーク間で水平につながる個人や組織の中で情報を拡散、共有し、新たな知識やイノベーションが誘発される強みがある。そして、そのネットワークが、ローカル、ナショナル、リージョナルな領域で重層化していく可能性をもっている。

　NGO間で最も多いパートナーシップは、先進国NGOと途上国の現地NGOが共通の目標に向けて、相互協力をする形態である。ただし、その関係は「援助する側」と「援助される側」という非対称の関係性がもとになり、弊害が生まれやすい。国際組織、国際NGO等の外部主導の支援から、活動を「現地化」し、関係性を変革する必要性が高まっている（第3節（1）で詳述）。

　また、国際援助機関、主要ドナー国政府は、NGOやCSOがサー

ビスの提供、公共の議論を活性化させ、民主的プロセスを促進できるという意味で NGO や CSO とのパートナーシップを推進している。政府セクターと NGO や CSO のパートナーシップで最も多い形態は資金協力である。第 2 節（2）で述べたように、DAC 諸国では平均で ODA の 15% が、NGO や CSO を通じて実施されている。しかし、政府との関係が密になりすぎると、NGO や CSO が行政機関の下請けとなり、独自性、自律性が損なわれるリスクもある。また、政府が常に NGO に好意的である訳ではなく、NGO や CSO の活動の規制、管理をするために制限をかける場合もある。国の制度や政策が、その時の NGO や市民社会との国家の関係、パートナーシップにも大きく影響する。

　国連との連携については、例えば、経済社会理事会（United Nations Economic and Social Council：ECOSOC）では、一定の資格要件を満たす NGO との協議制度がベースになっている。さらに、1992 年の国連環境開発会議、1995 年の経済社会開発サミットなどでは、ECOSOC 協議制度を超えて多数の NGO が参加した。NGO は市民社会の考えを、国家を通すことなく、国際会議の場で直接国際社会に反映させることができるようになった。しかし、同時多発テロ以降、「対テロ戦争」の名の下に、NGO と反政府組織であるテロ集団とが同一視され、NGO への風当たりが強くなる傾向もみられる。一方、現場での活動をもつ、国連難民高等弁務官事務所（United Nations High Commissioner for Refugees：UNHCR）、世界食糧計画（World Food Programme：WFP）、国連開発計画（United Nations Development Programme：UNDP）、国連児童基金（United Nations International Children's Emergency Fund：UNICEF）などは任務を遂行する上で、NGO とのパートナーシップが不可欠なものになっている。例えば、UNHCR は、世界で 500 以上の NGO と 900 以上のプロジェクトでパートナーを組み、年間予算の 40% が当てられている[8]。

　企業との連携を模索する動きも活発である。かつては、企業が引

き起こす環境汚染や人権侵害、児童労働、強制立ち退きに関して、NGO が企業に責任を求めて対峙する傾向があった。しかし、ODA が減少する中で、NGO が新たな資金源として企業セクターとの連携を求め、企業の方も企業の社会的責任（CSR）のために活動を活性化したいという動機が合致し、企業と NGO のパートナー構築が飛躍的に進んだ。また、2010 年代後半には、SDGs の推進に伴って、環境・社会・企業統治に配慮している企業を重視・選別して行う「ESG 投資」などの概念が普及し、経済的なリターンと社会的なリターンの両立を実現する「ソーシャルインパクト投資」が盛んになっている。さらに、最新テクノロジーの活用を模索する中で、民間企業が NGO と連携しながら社会課題解決に関与する動きが一気に加速している。一方で、豊富な資金力でロビー活動を行い、企業に有利な基準や規制の枠組みを創出できる企業の力は、NGO や CSO が市場原理を優先させすぎる弊害や、自律性を失ってしまうリスクを生む可能性がある。

　近年のさらなる国際社会の動向としては、1 団体と 1 組織のパートナーシップの対応能力を超えた複雑な課題に直面し、政府、企業、市民社会セクターによるマルチセクターの連携の重要性が高まっている。SDGs で 17 番目に掲げられた「グローバル・パートナーシップの活性化」では、地球規模でのマルチセクターによる連携の強化が掲げられている。こうした状況を受けて、政府、企業、NGO/CSO をつなぐプラットフォーム型パートナーシップによる対応も国際協力分野で活発になっている。プラットフォームとは、多様な主体の協働を促進するコミュニケーションの基盤となる道具や仕組みである。個々の主体がもつ力が単純な和を超えて、相乗効果で二次関数的に大きな力となる現象が起こり、創発への潜在的な力をもっている。以下、日本の NGO が中心となって、人道支援分野でマルチセクター連携の実践が重ねられている、ジャパン・プラットフォーム（JPF）の事例をみてみよう。

ジャパン・プラットフォーム（JPF）の事例

　ジャパン・プラットフォーム（JPF）とは、2000年に設立されたNGO、経済界、政府が対等なパートナーシップの下、三者一体となり、それぞれの特性・資源を生かし協力・連携して、難民発生時・自然災害時の緊急援助をより効率的かつ迅速に行うための国際人道支援組織である。政府からの支援金および企業・個人からの寄付をプラットフォームに集約し、緊急援助実施時に、初動活動資金をNGOに迅速に提供することができ、NGOは直ちに現地に出動、援助活動を開始できる（図8-1参照）。経済界では、日本経団連1％クラブ加盟企業を含めた多くの企業がJPFを支援している。

　JPFの意思決定のプロセスは、外務省、経済界、学識経験者、民間財団の代表等が会して協議する体制である。多くのセクターが議論に参加することによって様々な観点からの意見を反映しつつ決定することができる。従来の政府資金は、NGOが外務省と一対一で交渉し、資金拠出の是非は外務省によって決められていたが、様々なアクターが同じ場で議論することにより、力のバランスが生まれ、透明性の高い議論が行われるようになった。また助成のルールも、現場の被災者の状況に応じて協議し、より受益者や現場の状況に合わせて改訂する動きが活発になった。このように、政府以外の様々なアクターが意思決定に関わることにより、公益の決定に、民間組織やNGOの参加を拡大した。JPFは「参加型民主主義」の役割を果たしているとも考えられる。

　2022年2月時点で、発足当初に10団体であった参加NGOは43団体となり、JPFは設立から22年間で、活動は自然災害、紛争による被害への支援事業、平和構築支援を含め、60以上の国・地域で1900事業を展開し、総額760億円以上の支援を実施してきた。ウクライナ危機においても、2023年1月時点で、ウクライナおよびその周辺国で、加盟NGO13団体によって29の事業が実施され、今後計画されている事業を含めると総事業費40億円を超える見込みであ

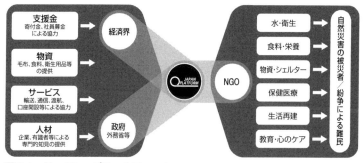

図8-1　ジャパン・プラットフォーム

る。個々のNGOとドナーの個別連携では、この規模の支援を達成することは到底難しい。プラットフォームの場で連携することで、関わる組織、資金、活動規模を格段に増やし日本の人道支援の多様性と存在感を高めている。

第3節　NGO、市民社会による国際協力の課題

(1) 国際NGOの支配と活動の「現地化」

　国際協力の構造の特徴的な点は、資金源の中枢に近い、グローバルノースに属する国際組織が優位な立場に立つということだ。NGOにおいては、国際NGOが現地NGOよりも大きな力をもつ傾向にある。このような構造の中では、植民地主義や西洋至上主義的な価値観が強く反映され、現地関係者より資金提供者に対しての説明責任が重視されたり、現場の声、組織化されていない声や視点が除外されがちな傾向が指摘されている。

　権力の不均衡が顕著となる中で、現地組織、現地アクターが主導する体制へと転換を促す活動の「現地化（ローカライゼーション）」が、2016年の世界人道サミット以降に重要視されている。支援の脱植民地化、そしてグローバルノースからグローバルサウスへパワーシフトが求められているのである。2020年のブラック・ライブズ・

マター（BLM）運動の世界的広がりにより、人種差別、植民地主義への問いかけが高まったことも、「現地化」の議論が活性化した要因である。さらに、新型コロナウイルス感染症のパンデミックにより移動の制約が大きくなったことで、現地アクターのリーダーシップや参加が高まった。国連組織もパートナーとの連携には、現地組織を優先させる方針を強化しつつある。

ただし、多くの関係者が賛同する方針であるものの、現地組織が直接的に得られる資金の割合に大きな増加はなく、依然として現地アクターに権限やリソースを移譲する方向での構造的改革は進んでいない。国際NGOは、現地組織が主体となって問題解決への実践を遂行するための環境づくりや、その取り組みを仲介する役割への転換が求められている。

(2) 市民社会スペースの縮小

「市民社会スペース」とは、市民が自由な活動ができる領域のことである。2021年のCIVICUSの市民社会レポートは、市民社会スペースの縮小が顕著であることを指摘し、グローバル市民社会の緊急事態であるとの警鐘を鳴らしている。「市民社会スペース」が完全に保障されているのは、世界人口の3.1％にとどまり、117カ国で深刻な制限が課されている[9]。NGO/CSOが直面している政府による主な制限として、NGO登録を制限する法規制、煩雑な法的手続きの要求、外国からの資金受け入れの制限、表現の自由や表現の制限、反テロ法制・政策、検閲、脅迫などがあげられる。

このような市民社会スペースの狭まりにはどのような背景があるのか。一つには、政府が国家の安全保障を追求する中で、NGO/CSOが誰を代表しているのか、説明責任を果たしているのかという正当性への疑問があげられる。また、民主化や人権の促進などで、被援助国政府が、外国による介入への反発を強めたという指摘もある。NGOやCSOの活動がテロ組織と関係していないかという監視

が強まっている。

　特に、新型コロナウイルス感染症のパンデミック以降、感染症の流行を抑止するという目的と合わせて、反政府的な市民社会を取り締まる法的規制が増加している。一方で、NGO/CSO による政府への抗議運動が高まり、政府が対応できない分野での積極的な緊急支援活動によって、市民社会スペースが維持されている傾向もみられる [10]。

　国連をはじめ主な国際機関の政策は、市民社会スペース縮小の動きとは反対である。グローバルな課題は SDGs のどの項目をとってみても市民社会の貢献なしには達成されない。一人一人の市民が市民社会スペースへの関心を高め、政府、市場、市民社会がそれぞれのバランスをとりつつ、国境を超えた課題を見据えてセクター間のパートナーシップを可能とする体制が必要であろう。

おわりに

　NGO や CSO は、グローバル化の要請で、国境を越えて柔軟に対応できるセクターとして急激にその存在意義を高め、草の根やコミュニティ、少数派の声を反映させながら、多様な形態で連携し、政策に働きかけ、様々なサービスを提供してきた。一方、国際 NGO と現地 NGO の力の不均衡を是正し、現地組織や現場の声を取り入れるため、活動の「現地化」を促進することで、グローバルノースからグローバルサウスへの力の移行も目指されている。さらに、市民社会のスペースの減少など世界全体で市民社会の揺らぎがみられる今、NGO や CSO と市民のつながりを見直す必要がある。

　ドラッガーは、市民社会セクターの役割として、社会サービスや事業を通じた社会的課題の解決に加えて、「市民性の創造」の役割の重要性を指摘している。

非営利組織のもうひとつの重要な役割は、「市民性創造」である。現代社会と政治は、あまりにも巨大かつ複雑なものとなり、責任ある市民としての社会参加機会は稀になってしまった。（中略）しかし、非営利組織のボランティアとしてならば、一人ひとりの人間が、再び世の中を変えることができる。非営利組織は、市民に積極的・直接的な社会参加の機会を与えることができる「市民性創造機関」である[11]。

　市民として参加しながら社会を変えるというつながりがNGOやCSOを通じて活発化すれば、様々な側面からグローバルな課題が認識され、その課題解決に対し、市民がサービスを提供し、市民がそれを自由に選び、支えるという循環が生まれる。特に、デジタル革命によって、世界全体で携帯電話等が普及し、ソーシャルメディアの影響が増加することで、個人や社会的ネットワークがもつ力は飛躍的に大きくなった。私たち一人一人がグローバル社会に張り巡らされる社会関係の網の目を構成する一員である。グローバル社会では、日本の社会の課題もグローバルな課題につながり、国境を越えた問題も日本の社会につながる。趣味や関心事項など日常生活と関連付け、SNSでフォローする、発信するなどの何かの行動をすることが持続的な社会を作る一つのきっかけとなる。今後の持続的なグローバル社会実現のためには、NGOやCSOが参加者としての市民のつながりをより太くし、グローバル市民社会の構成員一人一人が社会と関わり、様々なセクターがバランスをもって連携し合う「公共圏」をいかに創り出せるかが鍵を握っている。

ゼミナール

①趣味や関心のある領域でNGOやCSOとどのような関わりがありそうか調べてみよう。あなたは、どの団体を応援したいと思っただろうか。それはどのような理由だろうか。その団体であなたは一市民としてどのような関わりができるだろうか。

②グローバル市民社会は、グローバルな課題の対応に、インターネットやSNS、テクノロジーをどのように活用しているのだろうか。さらにどのような活用が可能だろうか。

③日本や世界のいくつかの国をとりあげ、市民社会の成り立ちと、寄付文化、NGOの活動の位置付け、NGO/CSOの活動に関わる法律を調べてみよう。どのような違いがあるだろうか。

註

1) Mathews, Jessica T., 'Power Shift', *Foreign Affairs*, 76, 1997, pp. 50-66.
2) NGO・外務省定期協議会配布資料（2022）「全国NPO法人調査の結果について」https://www.mofa.go.jp/mofaj/gaiko/oda/files/100383838.pdf（2022年12月12日閲覧）。
3) 関西NGO協議会（2021）「『COVID-19感染拡大に対する日本のNGOの対応戦略』のフォローアップ調査結果概要報告」https://kansaingo.net/user/media/kansaingo/page/kncnews/R4Follow-upReport/index.html、（2022年12月12日閲覧）。
4) 同註3。
5) OECD, *Aid for CSOs*, OECD, 2020.
6) Lester M. Salamon and Chelsea L. Newhouse, *The 2020 Nonprofit Employment Report*, Johns Hopkins Center for Civil Society Studies, 2020.
7) thedotgood 'BRAC' https://thedotgood.net/sgo/brac/（2022年12月12日閲覧）。
8) UNHCRホームページ http://www.unhcr.org/non-governmental-organizations.html（2022年12月12日閲覧）。
9) CIVICUS, *People Power Under Attack 2021: Report based on data from the CIVICUS Monitor*, 2021.

10) Lorch, J., Onken, M. & Sombatpoonsiri, J. *Sustaining Civic Space in Times of COVID-19: Global Trends* (GIGA Focus Global 8). 2021.

11) ドラッガー P. F.『未来への決断——大転換期のサバイバル・マニュアル』ダイヤモンド社、1995 年、285 頁。

読書案内

エドワーズ，マイケル（堀内一史訳）『「市民社会」とは何か』麗澤大学出版会、2010 年。

外務省、特定非営利活動法人 国際協力 NGO センター（JANIC）『NGO データブック 2021 〜数字でみる日本の NGO 〜』外務省、2022 年 。

国際協力 NGO センター（JANIC）、「効果的な活動を行うためにわたしたちが守るべき 8 つのこと—— CSO 開発効果にかかるイスタンブール原則を知るための手引き」、2013 年。

難民を助ける会「国際協力における『現地化（ローカリゼーション）』の世界的動向調査・分析および日本の国際協力 NGO における同テーマ推進のための課題と可能性の検討」、外務省、2021 年。

日本ファンドレイジング協会『寄付白書 2021——Giving Japan 2017』日本ファンドレイジング協会、2021 年。

毛利聡子『NGO から見る国際関係——グローバル市民社会への視座』法律文化社、2011 年。

第 9 章

企業
消費者である私たちの責任

阿部　和美

私たちが日常生活で手に取る製品は、その多くが海外で製造されている。ショッピングに出かけると、海外で誕生したアパレルブランドや飲食店が数多く並んでいる。同様に、海外で日本車が走っていたり、日本のブランドが店を構えていたりするのを目にしたことがあるだろう。多くの企業が、自国にとどまらず世界の様々な地域に進出している。さらに近年は、店に行かなくても、インターネットを通じて商品を購入する方法も普及している。私たちは、かつてないほど多くの選択肢に囲まれている。購入という行為を通じて私たちが日々売り上げに貢献している企業は、国際協力においてどのような存在なのだろうか。

はじめに

　2021 年 5 月、ファーストリテイリングが展開するユニクロのシャツが、アメリカの税関で差し止められた。シャツの原料である綿の生産に、中国・新疆ウイグル自治区での人権侵害行為に加担する組織が関与している、という疑いがかけられたからである。この嫌疑は、アメリカでユニクロ不買運動に拡大した。同年 7 月には、フランスの検察が人道に対する罪に加担した疑いで、ファーストリテイリング現地法人の捜査を始めた。同社は嫌疑を否定したものの、国際社会から厳しい目が向けられ、大きな打撃を受けた。

　ファーストリテイリングの例から明らかであるように、もはや企業は国際的な政治動向と無関係ではない。品質と価格だけを気にしていては、消費者に受け入れられないのである。近年、企業も「企業の社会的責任（CSR）」や「持続可能な開発目標（SDGs）」[1] への取り組みを積極的にアピールしている。本章では、民間企業と国際協力という視点から、民間企業とりわけ多国籍企業の影響力と、企業の自律を求める国際的な動きを整理し、企業と他のアクターの連携について考えていく。

第 1 節　多国籍企業の影響力

　ヒト、モノ、カネの国境を越えた活動が世界規模で行われるグローバル化を推し進める主動力の一つが、企業である。国連は、二つ以上の国で資産を支配する企業を多国籍企業と定義している。多国籍企業は、発展途上国に進出し、生産規模を拡張してきた。私たちが日常的に目にする多くの製品が、多国籍企業を通じて生産されている。

　多国籍企業は 1970 年代には既に大きな存在感を示しており、当時の直接投資の額は、社会主義国経済を除いた世界の GNP の約 5

表 9-1　公開企業の総合ランキング（2022 年 5 月発表）

順位	企業名	拠点	売上高 （100 万ドル）
1	バークシャー・ハサウェイ	アメリカ	276,090
2	中国工商銀行	中国	208,130
3	サウジアラムコ	サウジアラビア	400,380
4	JP モルガン・チェース	アメリカ	124,540
5	中国建設銀行	アメリカ	202,070
6	アマゾン・ドット・コム	アメリカ	469,820
7	アップル	アメリカ	378,700
8	中国農業銀行	中国	181,420
9	バンク・オブ・アメリカ	アメリカ	96,830
10	トヨタ	日本	281,750

出所：Forbes（https://www.forbes.com/lists/global2000/?sh=1bb66cd55ac0）を元に筆者作成

分の 1 に相当していた[2]。表 9-1 は、2022 年に Forbes 誌が発表した、売上高・利益・資産・市場価値に基づく世界の企業ランキング上位の売上高を示している。アマゾン・ドット・コムの売上高は 4698 億ドルを超えているが、これはオーストリアの 2021 年の GDP である 4770 億ドルとほぼ同規模である[3]。トヨタの売上高は 2817 億ドルで、ニュージーランドやポルトガル（2499 億ドル）を上回っている。単純に売上高と GDP を同等に扱うことはできないが、この表から、一国に匹敵する規模の企業が少なくない実態が見て取れる。国際労働機関（ILO）によると、現在大手の多国籍企業上位 200 社の売上総額は、世界の GDP の約 30％に相当している[4]。

　さらに、企業が海外に投資する額は、政府が行う政府開発援助（ODA）を上回る。図 9-1 は、ODA とそれ以外の資金の流れを示している。2003 年から 2016 年まで、ODA の額はほぼ変わらないか微増している程度である。他方で、民間企業の直接投資を含む ODA 以外の資金流入額（Non-ODA）は、大幅な増加を続けている。この図から明らかであるように、発展途上国にとって、多国籍企業の受け

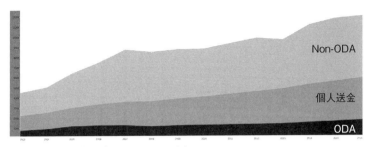

図 9-1 資金の流れ（2003 〜 2016 年）

出所：OECD（https://www.oecd.org/dac/financing-sustainable-development/development-finance-standards/beyond-oda.htm）

入れや投資は成長への大きなチャンスになっている。

　多国籍企業は、発展途上国に進出することにより、原材料や人件費などの生産費用を抑えることができる。天然資源が豊富な地域に進出すれば、資源を確保しやすくなるという利点もある。また、進出先である経済成長が著しい国の新たな顧客を獲得するという目的もある。例えば、東南アジアの ASEAN 加盟国 10 カ国の人口は、世界全体の 8.6％に当たる [5]。今後数十年は人口増加が続くと推測されており、まだ発展途上にある東南アジアは企業にとって大きな可能性を秘めた市場である。

　多国籍企業を受け入れる発展途上国は、大規模な雇用創出と技術移転という利点を得られる。税制上の優遇措置を認める経済特区や工業用地を設けて、多国籍企業の誘致を積極的に行う発展途上国も多い。ただし、進出した企業が深刻な問題を引き起こす事例も少なくない。例えば、環境保護に配慮しない操業により大気汚染や水質汚染が発生する事例や、適切な労働環境を整備せずに強制労働や児童労働が行われて労働者の人権がないがしろにされる事例がある。さらには、現地政府が多国籍企業と癒着しているために問題が見過ごされたり、法の支配が確立していないために多国籍企業の行為が野放しにされたりする危険性がある。

このように、本来企業は政府から離れた市場でビジネス活動を行い、国家間関係に関与するアクターではないにもかかわらず、現在は発展途上国に直接的な影響を及ぼす重要なアクターとして存在感を増している。

第2節　多国籍企業の自律を求める動き

　多国籍企業の影響力は早くから注目され、企業に責任ある行動を求める文書がまとめられてきた。代表的なものに、1976年に策定された「OECD多国籍企業ガイドライン」、1977年に採択された「ILO多国籍企業宣言」、そして1998年に採択された「労働における基本的原則及び権利に関するILO宣言」がある。それぞれ、改訂やフォローアップを重ねている。

（1）グローバル・コンパクト

　1999年、当時の国連事務総長コフィ・アナンは、「世界共通の理念と市場の力を結びつける道を探りましょう。民間企業のもつ創造力を結集し、弱い立場にある人々の願いや未来世代の必要に応えていこうではありませんか」と呼びかけ、企業にグローバルな課題解決への参画を求めた[6]。巨大化する企業の能力と影響力を鑑みて、主権国家だけではなく、企業も共に社会問題や環境問題の解決に向けて努力することを求めたのである。

　呼びかけに基づいて2000年に発足した国連グローバル・コンパクトは、表9-2に示した10の原則である。これらは、大きく四つの要素、①人権の保護、②不当な労働の排除、③環境への対応、④腐敗の防止から構成されている。10原則を守らなくても罰則がある訳ではないが、賛同する企業・団体はこれらの実現に向けて努力することが求められる。2022年11月現在、グローバル・コンパクトには全世界で2万769団体が賛同している[7]。なお、日本には「グ

表 9-2　グローバル・コンパクト 10 原則

原則 1	国際的に宣言されている人権の保護を支持、尊重する。
原則 2	人権侵害に加担しない。
原則 3	結社の自由と団体交渉の権利を実効あるものとする。
原則 4	あらゆる形態の強制労働を排除する。
原則 5	児童労働を実効的に廃止する。
原則 6	雇用と職業における差別の撤廃を撤廃する。
原則 7	環境問題に対する予防的なアプローチを支持する。
原則 8	環境に関する一層の責任を負うためのイニシアティブをとる。
原則 9	環境に優しい技術の開発及び普及を促進する。
原則 10	強要と贈収賄を含むあらゆる形態の腐敗の防止に取り組む。

出所:『グローバル・コンパクト・ネットワーク・ジャパン』(https://www.ungcjn.org/gcnj/principles.html) を元に筆者作成

ローバル・コンパクト・ネットワーク・ジャパン」が国連と企業の橋渡し役として活動していて、同じく 2022 年 11 月現在、518 の企業・団体が会員である[8]。

(2) ISO26000

　企業の社会的責任がより一層重要視されるなかで、2010 年に ISO26000「社会的責任に関する手引き」が発効された。ISO とは国際的に標準化した規格であり、例えば非常口のマーク (ISO7010) がある。ISO26000 は、企業が社会や環境に対して責任ある行動を推進するための国際的な統一基準である。ISO26000 の特徴は、3 点である。一つ目は、企業だけでなく、すべての組織を対象とした社会的責任の規格とした点である。二つ目は、第三者の認証を必要としない、いわば手引き書として開発された点である。そして三つ目は、ISO の開発プロセスに、初めて多様な背景を持つマルチステークホルダープロセスが採用された点である。具体的には、産業界、政府、労働者、消費者、NGO[9]、有識者等の 6 グループから代表者が参加した。さらに、その他の様々な場面で、先進国と途上国、ジェンダーなどのバランスに配慮して代表者が選出された。これは、ISO

開発における革新的な取り組みであった。

（3）ビジネスと人権

2008年には、国連ジョン・ラギー特別代表が国連人権理事会に「ビジネスと人権に関するフレームワーク」を提出し、2011年の国連人権理事会では「ビジネスと人権に関する指導原則」が全会一致で採択された。グローバル・コンパクトと同様に罰則はないものの、企業が人権に関する諸権利を尊重する責任を、国連加盟国が認めた画期的な文書である。原則は、人権を保護する国家の義務、人権を尊重する企業の責任、救済へのアクセスの三つを柱としている[10]。なお、2014年の国連人権理事会では、法的拘束力のある文書を策定することが決議された。今後、企業の人権尊重により一層厳しい目が向けられるであろう。

第3節　企業とのパートナーシップ

国際社会では、グローバルな課題解決のために国際機関、政府、NGO、様々な団体とのパートナーシップが強化されている。一国に匹敵する能力を持つ企業は、重要なアクターとして国際社会の取り組みへの参画が求められている。2015年に採択されたSDGsの前文では、People（人々）、Planet（地球）、Prosperity（繁栄）、Peace（平和）、Partnership（パートナーシップ）の五つのPが掲げられた。企業を含む多様なアクターの協力が、すべての目標を達成する重要な要素であるという決意が示されている。2018年と2021年の国連総会では、国連グローバル・コンパクトを通して企業がSDGsを推進することが決議された[11]。

（1）ODAにおける官民連携

日本のODAでも、企業とのパートナーシップが重視されている。

図 9-2　JICA による企業支援

出所：『JICA 年次報告書 2020』p.51

　従来は、政府間で合意した ODA に、企業が技術協力や資金協力を通して参加するという形態が主であった。既に述べてきたように、企業の影響力は年々大きくなり、官（政府）と民（企業）の新しいあり方が模索されるようになった。2015 年に改定された『開発協力大綱』では、ODA における民間資金の重要性と、企業との連携の必要性が示されている。

　国際協力機構（JICA）[12] が実施する企業の支援は、大きく三つに分類できる [13]。図 9-2 に示すように、一つ目が、海外投融資である。有償資金協力の一つであり、インフラ整備、貧困削減、気候変動対策などの分野で開発事業を行う企業に融資・出資を行う。二つ目は、協力準備調査である。企業による発展途上国での事業提案に基づきJICA が調査を実施し、海外投融資を用いた事業計画策定を支援する。

　三つ目が、中小企業・SDGs ビジネス支援事業である。中小または中堅企業を対象とした「中小企業支援型」と、大企業を対象とした「SDGs ビジネス支援型」に分けられる。中小企業の基礎情報の収集を支援する「基礎調査」、企業の技術・製品・ノウハウを活用したビジネスモデルの策定を支援する「案件化調査」、ビジネスの

表9-3　JICA 企業支援採択案件数（2019 年）

支援内容	海外投資型	協力準備調査	基礎調査	案件化調査		普及・実証・ビジネス化事業	
				中小企業	大企業	中小企業	大企業
件数	11	7	27	79	16	37	14

出所：『JICA 年次報告書 2020』を元に筆者作成

表9-4　SDGs 実施指針「民間企業」抜粋

> SDGs の達成のためには、公的セクターのみならず、民間セクターが公的課題の解決に貢献することが決定的に重要であり、民間企業（個人事業者も含む）が有する資金や技術を社会課題の解決に効果的に役立てていくことは SDGs の達成に向けた鍵でもある。……（中略）……民間企業との更なる連携の強化を図り、さらに、民間企業がイノベーションを生み出すための支援や環境整備に取り組む。中でも、ビジネスと人権の観点に基づく取組や ESG 投資、社会貢献債等の民間セクターにおける持続可能性に配慮した取組は、環境、社会、ガバナンス、人権といった分野での公的課題の解決に民間セクターが積極的に関与する上で重要であるのみならず、こうした分野での取組を重視しつつあるグローバルな投資家の評価基準に対し、日本企業が遅れをとらずに国際的な市場における地位を維持するためにも極めて重要である。このための環境づくりに向けた政府の施策を進めるとともに、民間企業の取組を後押しする。

出所：外務省『SDGs 実施指針』2017 年、p.7

事業化に向けた事業策定を支援する「普及・実証・ビジネス化事業」、以上 3 段階の支援から構成される。表 9-3 は、JICA の企業支援の 2019 年度採択案件数を示している。従来 ODA に参画する機会が多かった大企業だけでなく、中小企業も積極的に海外支援に取り組む姿勢が見て取れる。

　2016 年 12 月には、日本政府が「SDGs 実施指針」を発表した。表9-4 は、民間企業についての文面を抜粋したものである。日本政府として、民間企業の重要性そしてその取り組みを後押しすると明記している。

　しかし、日本政府が力を入れようとする民間企業との連携には、「質の高い成長」が重視される反面、「ビジネスと人権」の視点が欠落しているという批判もある[14]。官民連携により経済的な利益を得られても、企業がステークホルダーの人権を最大限尊重するという前提が崩れれば、官民連携も連携によって行われる事業も本末転倒

である。冒頭に述べたファーストリテイリングの例のように、人権侵害に直接関与しなくても、世界では人々が敏感に反応する。

2021年2月に軍事クーデターが発生したミャンマーは、官民を挙げてミャンマー進出を推進してきた日本政府と企業にとって大きな試練になっている。欧米諸国が経済制裁を科す一方で、日本政府も、ミャンマーに拠点がある多くの日本企業も、軍事クーデターに対して毅然とした態度をとっていない[15]。日本が「ビジネスと人権」にどう向き合うのか、ミャンマーの事例を通して世界から重要な問いを突きつけられている。

（2）NGOとのパートナーシップ

かつて企業とNGOは、敵対する関係に陥ることが少なくなかった。企業の生産活動の過程で見られる環境破壊や労働問題をNGOが監視し、告発するという構図がよく見られたからである。企業が存続するためにCSRへの取り組みが不可避である現在、企業とNGOにもパートナーシップが見られている。企業とNGOには、大きく2種類の連携がある[16]。

一つは、支援型連携と呼ばれる。企業が特定のNGOに資金を提供してその活動を支援する連携で、売り上げの一部を寄付に回すというように、よく見られる支援である。もう一つは、協働型連携と呼ばれる。企業が得意とする分野のノウハウと、NGOの機動力や専門性と組み合わせて、協働してプロジェクトを実施する。支援型連携よりも企業とNGOの関係が密接な支援であり、目指す方向性や目的、支援規模など、足並みを揃える必要がある。

（3）BOPビジネス

NGOとの連携をせずに、企業自身がビジネスを通して社会問題を解決する例も増えている。企業の能力を活用して貧困層を直接的に支援するビジネスを、BOPビジネスと呼ぶ。2007年に世界資源

研究所（WRI）と国際金融公社（IFC）によって発表された報告書『The Next 4 Billion』の中で、年間所得が購買力平価で3000ドル以下の低所得層がBOP（Base of the Economic Pyramid）と定義されている[17]。

世界人口の約70％以上を占めている彼らを対象としたビジネスを通して、BOP層の生活水準を向上させるというのがBOPビジネスである。発展途上国の人口は、2050年までに世界人口の約85％を占めると予測されていて、発展途上国の経済成長にともない彼らの所得も増加すると予測されるため、BOP層は新たな市場「ネクスト・ボリュームゾーン」として着目されている。

日本では、2010年、JICAが日本企業によるBOPビジネス（貧困層が抱える課題の解決に貢献するビジネス）を支援することを目的に、「協力準備調査（BOPビジネス連携促進）」を開始した。これは、現在「普及・実証・ビジネス化事業（SDGsビジネス支援型）」に引き継がれている。

BOPビジネスの代表的な成功例とされる、ユニリーバの取り組みを紹介しよう。ユニリーバは、インドの農村部で石けん販売を展開した。インドの多くの農村部と同様に、この地域では不衛生な環境のために多くの子どもたちが命を落としていた。そこで、ユニリーバは、石けんで手を洗うという基本的な生活習慣を身につけることで衛生環境が向上し、かつ石けん商品が継続的に消費されるというビジネスを目指した。

ユニリーバは、現地の女性たちを中心に衛生セミナーを実施して手洗いの重要性を学ぶ機会を提供し、さらに女性たちを現地販売員として雇用した。そして、収入の少ない人々でも購入できるように、1回使い切りの小分けパックを開発した。この取り組みにより、ユニリーバは大規模な新規顧客を獲得しただけでなく、地域社会の衛生問題を解決し、女性の自立や社会進出をも促進したのである。

日本では、住友化学の蚊帳開発が知られている。世界では、マラリアによる死者は60万人を超えている[18]。そのうち、実に96％が

アフリカでの死者である。地域によっては、蚊は依然として命を奪う脅威である。住友化学が開発した蚊帳は、蚊帳に練り込んだ防虫剤が徐々に表面に染み出すため、防虫効果が長時間持続する。2001年、世界保健機関（WHO）に初めて「長期残効型防虫蚊帳」として認められた製品は、現在80カ国以上で使用され、地域のマラリア感染率の減少に大きく貢献している[19]。

（4）フェアトレード

　企業との新しい関係が構築されているのは、政府やNGOだけではない。消費者と企業の関係も、大きく変化している。

　日本でも少しずつ浸透しているフェアトレードは、その名の通り公正な取引を目的としている。第二次世界大戦後、アメリカのNGOがプエルトリコの女性たちが作った手工芸品を販売したことが、はじまりと言われている。その後、NGOが販売を請け負い、発展途上国の人々が手工芸品販売などを通じて現金収入を得て自立できるよう支援する農村開発の一環として、フェアトレードは行われてきた。他方で、コーヒーやカカオのように世界的市場で取引される商品は、より安価な製品を先進国の消費者に販売しようとする企業優位の貿易構図が成立しており、零細農家の生産者たちは貧困から抜け出すことができなかった。そのような生産者に適正な対価を支払う、公正な貿易構造を作り上げようと普及した面もある。

　フェアトレードとは、より良い価格、働きがいを得られる労働環境、地域の持続可能性、発展途上国の生産者と労働者にとって公正な労働に深く関係する[20]。生産者または労働者が適正な生活水準を維持できる賃金を支払い、環境に配慮したビジネスを行うことで、安全な労働環境が整備され、より良い品質の製品が生み出される。これは、労働者にも、消費者にも、企業にも好ましい循環である。

　ただし、拡大を続けるフェアトレードには、国際的に統一された規定や法律は存在しない。以下は、世界フェアトレード連盟（WFTO）

のフェアトレード10の基準である[21]。

1. 生産者に仕事の機会を提供する
2. 事業の透明性を保ち、説明責任を果たす
3. 生産者の能力向上に取り組む
4. フェアトレードの普及・推進をする
5. 生産者に公正な対価を支払う
6. 性別に関わりなく平等な機会を提供する
7. 安全で健康的な労働条件を守る
8. 児童労働の撤廃に努める
9. 自然環境に配慮する
10. 信頼と相互尊重に基づいて貿易を行う

　日本で見られるフェアトレードの認証ラベルは、多くがWFTO と国際フェアトレードの2種類である。国際的な法律がないため、認証ラベルがなくても、現地の生産者と信頼関係を築いて取引された高い品質の商品もあるし、名ばかりのフェアトレード商品も流通している可能性がある。消費者一人一人が、生産過程まで関心を持って自分の目で商品を選ぶ必要がある。

おわりに

　本章では、国境を越えて活動する企業が増加し、その影響力がますます拡大するなか、ステークホルダーに利益を分配するだけでなく、社会的責任を果たすことが企業の重要な役割の一つとなった経緯を確認した。そして現在、企業には労働者の人権を守り環境に負の影響を及ぼさない、という従来の責任に加えて、グローバルな課題を解決するために不可欠なアクターとして、より積極的な取り組みが求められている。政府やNGO とのパートナーシップ、BOP ビ

ジネスは、企業に求められる新たな責任、つまりグローバルな課題解決に取り組む一例である。

　企業がSDGsへの取り組みやパートナーシップを広報する現状は、企業自身が社会的責任の重要性を認識している表れである。しかし、その企業の取り組みやパートナーシップが、本当の意味でグローバルな課題解決に貢献しているのか、という点が重要である。

　企業の社会的責任を求める国際的な文書は複数あるものの、現状では国際的な監視機関は存在せず、罰則も設けられていない。そのため、社会的責任への取り組みは企業の自律に依るところが大きい。では、誰が企業を監視するのか。企業の自律を促すことができるのは、一人一人の消費者である。様々な選択肢の中から、どの企業の商品を購入するのか、という決断を通して、消費者は企業を評価できる。世界の状況に目を向けて、企業が広報する取り組みに関心を持ち、購入という行為に責任を持つことが必要である。

ゼミナール

①あなたの身の回りの製品は、適切な価格で販売されていますか？
　例を挙げて、必要コストを調べて検討しましょう。

②「良い企業」とはどんな企業ですか？　様々な立場から条件を挙げてみましょう。

③社会的責任を果たす企業を増やすには、どんな人材が必要ですか？　また、どんな支援が有効ですか？

註

1) SDGsについては、第1章を参照。

2) United Nations, *Multinational Corporations in World Development (ST/EAC/190)*, 1973, pp.13 –14.

3）World Bank, *World Development Indicators database*, 2022（https://databankfiles. worldbank.org/data/download/GDP.pdf）.

4）国際労働機関『持続可能な企業プログラム——より多くのより良い仕事への多国籍企業の関与』2014 年 1 月 （https://www.ilo.org/wcmsp5/groups/public/---asia/---ro-bangkok/---ilo-tokyo/documendo/publication/wcms_689334.pdf）。

5）外務省アジア大洋州局地域政策参事官室『目で見る ASEAN——ASEAN 経済統計基礎資料』2022 年 9 月 （https://www.mofa.go.jp/mofaj/files/000127169.pdf）。

6）「国連グローバル・コンパクトについて」『グローバル・コンパクト・ネットワーク・ジャパン』（https://www.ungcjn.org/gcnj/about.html）。

7）*UN Global Compact*（https://www.unglobalcompact.org/）.

8）『グローバル・コンパクト・ネットワーク・ジャパン』（https://www.ungcjn.org/index.html）。

9）NGO については第 8 章を参照。

10）菅原絵美「『ビジネスと人権』——国連による規範形成に焦点をあてて」『国際法学会』2019 年 3 月 （https://jsil.jp/archives/expert/2019-5）。

11）「国連グローバル・コンパクトと SDGs」『グローバル・コンパクト・ネットワーク・ジャパン』（https://www.ungcjn.org/gcnj/sdgs.html）。

12）JICA については第 7 章を参照。

13）JICA『JICA 年次報告書 2020』pp.50–51。

14）髙木晶弘「第 11 章民間セクター」高柳彰夫、大橋正明編『SDGs を学ぶ——国際開発・国際協力入門』法律文化社、2018 年、pp.219–227。

15）原田勝広「原田勝広の視点焦点——ミャンマー、日本企業どうする？」『オルタナ』2021 年 3 月 25 日 （https://www.alterna.co.jp/36129/?read_more=expand）。

16）外務省「NGO と企業の連携促進ハンドブック——新しいパートナーシップによる対話と協働に向けて」2009 年、p.4。

17）World Resources Institute, International Finance Corporation, *The Next 4 Billion: Market size and business strategy at the base of the pyramid*, 2007.

18）"Malaria," *World Health Organization*, July 2022（https://www.who.int/news-room/fact-sheets/detail/malaria）.

19）「事業と社会貢献を両立し一世紀　住友化学」『JICA』（https://www.jica.go.jp/publication/mundi/1709/201709_04.html）。

20）Fairtrade Foundation（https://www.fairtrade.org.uk/）.

21）「フェアトレードの 10 の指針」『ピープルツリー』（https://www.peopletree.co.jp/fairtrade/standard.html）。

読書案内

奥田孝晴・椎野信雄編『私たちの国際学の「学び」——大切なのは「正しい答え」ではない』新評論、2015 年。

長田華子『990 円のジーンズがつくられるのはなぜ？——ファストファッションの工場で起こっていること』合同出版、2016 年。

「ビジネスと人権〜責任あるバリューチェーンに向けて〜」『経済産業省』（https://www.meti.go.jp/policy/economy/business-jinken/index.html）。

イシュー編〈国際協力が対象とする諸問題〉

第 10 章

貧困

国際協力の最重要課題

中野　洋一

現代の世界では、貧富の格差と貧困問題が深刻である。特に、途上国においては６億人以上の人々が極度の貧困状態と飢餓のなかに置かれており、日々の「生き残り」に苦闘している。2018 年において１日 1.9 ドル未満で生活する６億人以上の人々は「絶対的貧困」と呼ばれているが、さらに１日 3.2 ドル未満で生活する人々も 17 億人以上も存在している。そこでは１日約１万 4000 人もの子どもたちが貧困や栄養失調などで死亡している。その一方で、世界には保有金融資産が 1000 億ドル以上の億万長者（ビリオネア）が 2022 年には 2668 人存在しており、そのビリオネアの総金融資産額は 12 兆 7000 億ドルである。また、グローバル企業、富裕層、独裁者などが頻繁に利用するタックスヘイブン（租税回避地）には、32 兆ドルともいわれる莫大な資金が隠されているという指摘もある。さらに、2021 年の世界の軍事費は過去最高となり、２兆 1130 億ドルにも達した。今日の途上国の貧困問題の根本的な解決は絶望的にも見えるが、それを解決する方法や財源はないのであろうか。どのようにすれば、途上国の貧困問題を解決できるのであろうか。

はじめに

1980年代において先進国の「新自由主義」経済学（「小さな政府」の経済学）を基礎とするイギリス・アメリカ・日本の三つの政権が「小さな政府」の経済政策を次々と実行した。そこで「新自由主義」経済学はそれまでのケインズ経済学（「大きな政府」の経済学）と入れ替わり、現代資本主義の主流の経済学となった。そして、世界経済においては資本、貿易、金融の自由化が推進され、1991年にはソ連社会主義が崩壊し、1995年にはGATT（関税と貿易に関する一般協定）から発展したWTO（世界貿易機関）が設立され、今日のグローバリゼーションの時代を迎えた。また、世界経済においては大規模なマネーゲームが展開され、「カジノ資本主義」へと変質した。「新自由主義」の流れはIMF（国際通貨基金）・世界銀行・WTOの国際機関を通じて途上国にも大きな影響を及ぼした。このような世界経済の大きな流れのなかで、グローバリゼーションが進展するが、同時に世界の「格差社会」が形成され、世界の貧富の格差の拡大が重要な問題として注目されるようになる。特に、途上国の貧困問題は最も重要な国際問題の一つである。

第1節　途上国の貧困状況

途上国の貧困問題は世界の重要課題の一つであるが、貧困の定義は、世界銀行の基準（2015年10月改定）によれば、2011年の購買力平価（PPP）に基づき1日1.9ドル未満で生活するする人々のことである。それは「絶対的貧困」と呼ばれ、「極度の貧困状態」にある人々である。最初の貧困ラインは1990年には1日1.0ドル未満とされていたが、その後2005年には1日1.25ドル未満となり、2015年に1日1.9ドル未満と改定された（さらに、2022年9月には、1日2.15ドル未満と更新された）。この世界銀行の貧困ラインの基準は途上国の

表 10-1　世界の地域別の貧困（2018 年）

（単位：100 万人）

地　　域	1.9 ドル未満の人口	3.2 ドル未満の人口	5.5 ドル未満の人口
東アジア・太平洋	25	154	552
ヨーロッパ・中央アジア	5	20	58
ラテンアメリカ・カリブ海	25	63	151
中東・北アフリカ	27	76	170
南アジア	（未公表）	（未公表）	（未公表）
サハラ以南アフリカ	420	705	920
世界のその他地域	7	9	14
世界全体	656	1,760	3,259

注）南アジアについては地域の調査対象範囲が 50％未満のため公表はない。
出所：世界銀行、2022 年 4 月 8 日発表資料より作成。

貧困を示すのに使われている。一方、先進国における貧困ラインの基準は、所得統計においてその国民の所得の中央値の半分未満とされており、それは「相対的貧困」と呼ばれている。

　表 10-1 は、世界銀行の 2022 年 4 月 8 日発表資料から作成した世界の地域別の貧困状況（2018 年）である。

　2018 年において「絶対的貧困」あるいは「極度の貧困状況」にある 1 日 1.9 ドル未満の貧困層の人々は、世界全体で 6 億 5600 万人となっており、世界人口の 8.6％を占める。地域別に見ると、サハラ以南アフリカが 4 億 2000 万人、その地域住民の 38.9％を占め、最も貧困層の絶対数が多く、その割合も大きい。中東・北アフリカが 2700 万人、7.1％、ラテンアメリカ・カリブ海が 2500 万人、4.0％、東アジア・太平洋が 2500 万人、1.2％である。ただし、この表 10-1 では、南アジアについては調査対象範囲が 50％未満であるために、具体的数字が示されていない。しかし、南アジアの貧困者の数字は全体の数字から推測すると 1 億 5000 万人近く含まれていると見られる。

　なお、参考と比較のために、世界銀行が 2015 年に公表した資料

によれば、2013年において1日1.9ドル未満の貧困層の人々は、世界全体で7億6851万人となっており、世界人口の10.7％を占めていた。それゆえ、2013年の数字と比較すれば、2018年時点においては、途上国の貧困状況はやや改善されたことがわかる。地域別に見ると、サハラ以南アフリカが3億9026万人、その地域住民の40.98％であり、やはり最も貧困層の絶対数が多く、その割合も大きかった。表10-1に示されていなかった南アジアは2億4909万人、14.66％であり、サハラ以南アフリカに次いで貧困層の絶対数が多く、その割合も大きかった。このことから推測すると、表10-1では南アジアの数字が示されていないが、世界のなかで貧困状況が特にきびしい地域はサハラ以南アフリカと南アジアであると考えられる。二つの地域は世界の二大貧困地域である。

　また、表10-1においては、1日3.2ドル未満の人々と1日5.5ドル未満の人々の数字も示されている。1日3.2ドル未満で生活する人々は、17億6000万人、世界人口の23.2％を占めている。この範疇の人々は「極度の貧困状況」とはいえないが、実質的には世界の貧困層を形成している。すなわち、世界の約4人に1人が貧困のなかで生活している実態が見えてくる。さらに、1日5.5ドル未満の人々は、32億5900万人であり、全体の42.9％を占めている。現代世界においては4割を超える人々が豊かな生活とは程遠く日々の生活に苦闘していることがわかる。

　なお、参考のために紹介すると、貧困ライン基準を更新した世界銀行の2022年9月14日発表データによれば、1日2.15ドル未満（2017年の購買力平価（PPP）に基づく）の人口は、世界全体で6億7400万人、全体の8.9％であった。その内訳は、東アジア・太平洋が3200万人、ヨーロッパ・中央アジアが1200万人、ラテンアメリカ・カリブ海が2700万人、中東・北アフリカが2900万人、南アジアが1億8200万人、サハラ以南アフリカが3億8500万人、世界のその他地域が700万人であった。

表 10-2　途上国の貧困の現状

地　　域	人口 （100 万人）	出生時 平均余命 （年）	5 歳未満児童 死亡者数 （1000 人）	妊産婦 死亡者数 （1000 人）
	2020 年	2020 年	2019 年	2019 年
東アジア・太平洋	2,389	76	435	21.0
東ヨーロッパ・中央アジア	427	74	70	1.2
西ヨーロッパ	498	82	19	0.3
ラテンアメリカ・カリブ海	654	76	169	7.7
中東・北アフリカ	463	74	219	5.8
北アメリカ	369	79	27	0.8
南アジア	1,856	70	1,406	57.0
サハラ以南アフリカ	1,138	62	2,844	200.0
後発開発途上国	1,057	66	1,968	130.0
世界	7,795	73	5,189	295.0

出所：国連児童基金（UNICEF）『世界子供白書 2021』より作成。

　表 10-2 は、国連児童基金（UNICEF）の『世界子供白書 2021』から別の指標を使った途上国の貧困状況を示したものである。

　貧困は、子ども、女性、老人など社会的弱者に具体的に現れる。そこで、出生時平均余命、5 歳未満児童死亡者数、妊産婦死亡者数を見てみよう。

　2020 年の世界人口は 77 億 9500 万人である。世界全体の出生時平均余命は同年の数字で 73 歳である。先進国の西ヨーロッパが 82 歳、北アメリカ（アメリカ合衆国、カナダ）が 79 歳であるのに対して、後発開発途上国（LDC、2022 年現在 46 カ国）は 66 歳である。特に、貧困状況がきびしいサハラ以南アフリカは 62 歳と最低の数字を示している。南アジアも 70 歳であり、世界全体の数字を下回っている。これらの数字から、先進国と途上国における国民の医療・衛生状態、食糧事情、健康維持のための社会的インフラ状況や社会保障制度などの格差がそのまま数字に反映されていることがわかる。

　次に、2019 年の 5 歳未満児童死亡者数を見ると、世界全体では

518万9000人となっているが、先進国の西ヨーロッパとアメリカは
それぞれ1万9000人、2万7000人であり、二つの合計は4万6000
人に過ぎない。それに日本、オーストラリア、ニュージーランドな
ど他の先進国を加えても、先進国の5歳未満児童死亡者数の合計は
10万人程度、全体の約2%程度と推測される。そうすると、世界全
体で年間約519万人の5歳未満児童死亡者数の大部分（約98%）が途
上国であることがわかる。すなわち、途上国ではきびしい貧困状況
のなかで1日約1万4000人の子どもの命が失われていることになる。
特に、後発開発途上国だけで、196万8000人、全体の約38%となっ
ている。世界銀行の貧困定義による1日1.9ドル未満で生活する
人々、あるいは1日3.2ドル未満で生活する人々の大切な家族であ
る子どもを失うことの苦悩の実態がこの数字から少し見えてくる。
経済学の統計数字の背後にある実際に生きている人間の日々の生活
の姿を見ることが重要である。

　もう少し地域別に見ると、サハラ以南アフリカが284万4000人、
約56%、南アジアが140万6000人、約28%であり、その二つの地
域の合計で425万、約84%を占めている。サハラ以南アフリカと南
アジアが特にきびしい状況であることがわかる。

　途上国での子どもたちの1日の死亡数約1万4000人は実に大きい。
2001年のニューヨークテロ事件の犠牲者は約3000人とされている
が、それと比較すると実に4.6倍の数字となる。また、日本での
1995年の阪神・淡路大震災での犠牲者の約6000人と比較しても、
2.3倍である。2011年の福島原発事故が起きた東日本大震災の犠牲
者（死亡・行方不明）の約1万8000人と比較しても、約8割となる。
毎日、東日本大震災と同規模の死亡者が出ているにもかかわらず、
この事実は日々の世界のニュースではほとんど扱われることはない。

　次に、2019年の妊産婦死亡者数を見ると、これも5歳未満児童死
亡者数の状況と同様である。世界全体の妊産婦死亡者数は、年間
29万5000人であるが、先進国の西ヨーロッパが300人、北アメリ

カ（アメリカ合衆国、カナダ）が800人で、二つの合計が1100人、わずか約0.4％に過ぎない。これに日本、オーストラリア、ニュージーランドなどの先進国の数字を含め考慮すると、妊産婦の年間死亡者のほとんど大部分（約99％）が途上国である。後発開発途上国だけでも、年間13万人、全体の約44％を占める。地域別で見ると、サハラ以南アフリカが20万人、約68％、南アジアが5万7000人、約19％で、二つの合計が25万7000人、全体の9割近くを占める。やはり、特にサハラ以南アフリカと南アジアに対する貧困削減の一層の世界的な取り組みが求められている。

　また、国連開発計画（UNDP）が毎年発表する『人間開発報告』においても、途上国の貧困問題が中心的課題として取り上げられている。たとえば、UNDPは各国の保健、教育、生活水準を含めた「人間開発指数」（HDI）を1990年から使用してきた。さらに、UNDPはこれとは別に「グローバル多元的貧困指数」（Global Multidimensional Poverty Index：MPI）という指標を2010年から導入した。これは、保健、教育、生活水準の三つの分野、10の指標を使ってより精密に貧困の状況を説明しようとするものである。保健の分野では、栄養と子どもの死、教育の分野では就学年数と子どもの就学、生活水準の分野では炊事用燃料、衛生、安全な飲料水、電気、住宅、資産から、より詳しく貧困の実態を分析しようとするものである。2020年の報告書では、1日1.9ドル未満で生活する人々の約2倍の13億人が多元的貧困状況にあると指摘されている。そのうち半数の6億4400万人が子どもたちであるとしている。多元的貧困層の67％は中所得国（2016年時点で1人当たり国民所得（GNI）が1006ドルから1万2235ドルまで）に存在し、貧困は低所得国（同1005ドル以下）だけの問題ではないとも指摘している。

　次に、2020年から始まる新型コロナウイルスの世界的パンデミックと2022年に勃発したロシアのウクライナ侵略によるウクライナ戦争の世界的な影響がある。前者は特に途上国の貧困に大きな

影響を与えた。

　世界銀行の 2020 年 10 月 7 日発表によれば、2020 年から始まる新型コロナウイルス感染症により 2021 年までに極度の貧困層が最大 1 億 5000 万人増加すると深刻な懸念を表明した。さらに、世界銀行の 2022 年 4 月 13 日発表によれば、世界の最貧層は 2020 年から 2022 年の 2 年間は非常に困難に直面しており、新型コロナウイルスパンデミックとウクライナ戦争の影響によって貧困削減の前例のない逆転を引き起こし、パンデミック前の予測と比較して、2022 年には状況はさらに悪化し、7500 万人から 9500 万人が極度の貧困状態に新たに陥ると推定していると指摘した。

　また、UNDP の 2022 年 9 月 8 日発表文書によれば、新型コロナウイルスの世界的パンデミックとウクライナ戦争の影響で、世界の 9 割の国で人間開発が後退したと警告した。UNDP はこれまで 32 年にわたり「人間開発指数」（HDI）を公表してきたが、この指数が 2020 年と 2021 年の 2 年連続で世界平均が低下したことを明らかにした。その結果、人間開発は 2016 年の水準までに落ち込み、SDGs の達成に向けてこれまで成し遂げられた成果も多くが後退した。報告書によれば、この後退はほぼ全世界的に生じており、2020 年か 2021 年のどちらかで HDI が低下した国は 90％以上に達し、2 年連続で HDI が低下した国も 40％を超えている。特に、サハラ以南アフリカ、南アジア、ラテンアメリカ・カリブ海の各地域は大きな打撃を受けている。なかでも、出生時平均余命が後退している。たとえば、アメリカではその数字が 2019 年以降、2 年以上短くなっている（実際、アメリカでは 2022 年 11 月現在、新型コロナウイルス感染症による累積死亡者数は 107 万人を超えている）。その他の国では短縮幅はさらに大きい。

　2022 年から開始されたウクライナ戦争は、世界の重要な食糧であるウクライナとロシアの小麦生産と輸出に大きな影響を与えている。特に、ウクライナとロシアの小麦生産に依存する中東・北アフ

リカ、サハラ以南アフリカの人々の食糧問題は深刻である。ウクライナ戦争の勃発は、食糧である小麦だけでなく、世界のエネルギー供給にも深刻な影響を与えている。ロシアは世界のなかでもサウジアラビア、アメリカと並ぶ三大原油輸出国、また主要な天然ガス輸出国である。その結果、世界的な食糧価格の高騰と同時にエネルギー価格の高騰も生じて、世界はまたインフレーションの時代を迎えつつある。それに世界的な景気後退が加わり 1970 年代の二つの石油危機後の二つの世界不況、すなわち物価上昇（インフレ）、景気後退、失業率上昇という三重苦のスタグフレーションの懸念も生じている。特に、2022 年 9 月 UNDP 報告書で指摘された途上国の貧困状況の悪化が注目される。

　国際社会あるいは国連においては途上国の貧困問題は重要な問題であるとして、途上国の「貧困削減」を世界的課題として位置づけ取り組んできた経緯がある。2000 年 9 月にニューヨークで国連ミレニアム・サミットが開催され、その会議には 147 の国家元首を含む 189 の国連加盟国代表が参加し、21 世紀の国際社会の目標として、より安全で豊かな世界づくりへの協力を約束する「ミレニアム開発目標」（MDGs）を採択した。MDGs は国際社会の支援を必要とする課題に対して 2015 年までに達成するという期限付きの八つの目標、21 のターゲット、60 の指標を示した。それは、目標 1. 極度の貧困と飢餓の撲滅、目標 2. 普遍的な初等教育の達成、目標 3. ジェンダー平等の推進と女性の地位向上、目標 4. 乳幼児死亡率の削減、目標 5. 妊産婦の健康状態の改善、目標 6.HIV/エイズ、マラリア、その他の疾病のまん延防止、目標 7. 環境の持続可能性を確保、目標 8. 開発のためのグローバルなパートナーシップの推進であった。その後、国連においては、2015 年 8 月 2 日に MDGs に代わる今後の 21 世紀の国際社会の目標として「持続可能な開発目標」（SDGs）の最終文書に合意し、同年 9 月 25 日に国連サミットにおいてそれを採択した。SDGs は 2016 年から次の 15 年間（2030 年まで）の達成すべきグローバ

ルな大きな目標である。その SDGs においても第1項目の目標は極度の貧困と飢餓の撲滅である。

第2節　拡大する世界的貧富の格差

今日のグローバリゼーションの進展によって、もう一つ大きな問題が世界経済に発生している。それは世界的な貧富の格差の拡大である。

たとえば、UNDP（国連開発計画）の『人間開発報告1999年』の報告書においては、世界の「富める国」と「貧しい国」の格差、「富める人々」と「貧しい人々」の所得格差が歴史的に拡大したことを指摘している。表10-3に示したように、世界の最上位20％（最富裕層）の人々と最下位20％（最貧困層）の人々の所得格差の推移は、1960年には30対1であったが、1970年には32対1、1980年には45対1、1989年には59対1となり、そして1997年には74対1までさらに拡大した。

その結果、1999年の報告書によれば、1990年代末までに世界人口の5分の1に当たる最も高所得の国々の人々が世界GDPの86％を占める一方、最下層の5分の1は1％を占めるに過ぎなくなってしまった。同様に、前者が輸出市場の82％を占める一方、後者はこちらもわずか1％を占めるに過ぎなくなり、前者が海外直接投資

表10-3　世界の所得格差（1960-1997年）

	世界総所得に占める割合		両者の格差
	最富裕層20％	最貧困層20％	
1960年	70.2％	2.3％	30対1
1970年	73.9％	2.3％	32対1
1980年	76.3％	1.7％	45対1
1989年	82.7％	1.4％	59対1
1997年	86.0％	1.2％	74対1

出所：UNDP, Human Development Report 1992, 1999 より作成。

の68％を受ける一方、後者は同じく1％を占めるに過ぎなくなった。

　さて、アメリカの経済雑誌『フォーブス』は保有金融資産10億ドル以上の世界の億万長者（ビリオネア）のリストを毎年発表している。2022年4月の発表によれば、2022年の株式市場の低迷などにより、ビリオネアは前年から87人減ったが、2668人となった。その2668人のビリオネアの保有金融資産の合計は、前年より4000億ドル減り、12兆7000億ドル（約1562兆円、1ドル＝123円）であった。国別では、第1位がアメリカで735人、第2位が中国（香港とマカオを含む）で607人であった。2668人のビリオネアの平均保有金融資産は約58億ドル（約7134億円）である（参考のために、2022年のアメリカの名目GDP（国内総生産）は25兆3468億ドル、中国は19兆9116億ドル、日本は4兆9121億ドルであった）。

　このように、今日の世界では、1日1.9ドル未満で生活する極度の貧困層が6億5600万人、1日3.2ドル未満の17億6000万人、1日5.5ドル未満の32億5900万人が存在する一方で、保有総金融資産12兆7000億ドルのビリオネア2668人が存在する。

　また、このような世界の極端な貧富の格差について、国際NGOオックスファムの2022年1月17日発表によれば、新型コロナウイルスのパンデミックで世界の大富豪はいちだんと裕福になったが、その反対に貧困状態で暮らす人は増加したと指摘した。新型コロナウイルスのパンデミックの影響で世界の最貧困層の収入が減ったことで、毎日2万1000人の死者が出るようになったが、他方では世界トップ10の富豪の総資産は2020年3月時点と比べて2倍以上に膨らんだとしている。その世界トップ10の富豪は、以下のとおりある。イーロン・マスク（アメリカのテスラ最高経営責任者＝CEO）、ジェフ・ベゾス（アメリカのアマゾン創業者）、ベルナール・アルノー（フランスのLVMHモエ・ヘネシー・ルイ・ヴィトン会長）と家族、ビル・ゲイツ（アメリカのマイクロソフト創業者）、ラリー・エリソン（アメリカのオラクル創業者）、ラリー・ペイジ（アメリカのグーグル創業者）、サーゲ

イ・ブリン（同）、マーク・ザッカーバーグ（アメリカのメタ CEO）、スティーヴ・バルマー（アメリカのマイクロソフト元 CEO）、ウォーレン・バフェット（アメリカの投資家）である。報告書によると、これら10人の資産の合計は、2020年3月の7000億ドル（約80兆円）から、2021年11月には1兆5000億ドル（約172兆円）に膨らんだと指摘した。

　これらビリオネアの金融資産の大きな部分を占めるのが株と債券であるが、実際、アメリカの株価のダウ平均は世界の新型コロナウイルスパンデミックのなかで2020年4月の2万3000ドルあたりから2021年12月の3万6000ドルあたりまで急激に上昇した。それによってこの期間に多くのビリオネアの金融資産が激増したのである。

　次に、世界の貧富の格差研究で世界的に注目され有名になったフランスの経済学者トマ・ピケティの『21世紀の資本』での分析を紹介すると、ピケティもまた「フォーブス」の億万長者リストを基礎に世界の貧富の格差を考察している。彼のその研究によれば、1987年から2013年にかけて、リストの保有資産10億ドル以上の億万長者の数は140人から1400人に、その保有資産は3000億ドルから5兆4000億ドルに増加した。1987年当時は、地球上には成人1億人当たり億万長者がわずか5人であったが、2013年にはそれが30人になった。世界の成人人口のうち最も裕福な上位2000万分の1を見ると、1980年代後半では30億人中およそ150人、2010年代前半では45億人中225人であった。この集団の平均資産は、1987年時点で15億ドル超であったが、2013年にはおよそ150億ドルに増加し、資産の平均成長率はインフレを調整して6.4％となる。さらに、世界人口のうち最も裕福な上位1億分の1を見ると、1980年代後半では30億人中約30人、2010年代前半では45億人中45人であり、その平均資産は30億ドル超から、ほぼ350億ドルに増加し、資産の平均成長率はインフレを調整して6.8％であった。一方、その同じ期間の世界GDP成長率は3.3％、成人1人当たりの世界平均資産の成

長率は 2.1％、成人 1 人当たりの世界平均所得の成長率はわずかに 1.4％であった。ピケティの分析の結論は、1980 年代後半以降、第 1 に、世界の富（資産）は平均して所得より大きく増加しており、第 2 に、最大の富（億万長者の保有資産）は平均資産よりよりはるかに急速に増加した。すなわち、ピケティが『21 世紀の資本』で問題提起した結論、「資本収益率（r）＞所得成長率（g）」が証明される [1]。

このように、ピケティの分析が示すところによれば、1980 年代後半以降、世界の一握りの億万長者の保有資産は、世界の平均所得の成長率よりも大きく、世界の GDP 成長率よりも大きく、世界の平均資産の成長率よりも大きく増加した。こうして、一部の富める人々はますます裕福になり、貧しい人々は貧困のなかに留まり、世界の貧富の格差が拡大し、今日の「格差社会」が形成された。

また、世界の億万長者の資産形成とアップル、グーグル、アマゾン、スターバックスなどの有名なグローバル企業の巨額の利潤獲得において重要な役割を果たしているのがタックスヘイブン（租税回避地）あるいはオフショア（タックスヘイブンの別名で、「沖合」の金融センターと呼ばれている）である。タックスヘイブンとは、意図的に税金を優遇し、無税あるいは極めて低い税率にして外国からの膨大な資金を集めている国・地域のことである。そこには多数のペーパーカンパニーがあり、富裕層やグローバル企業の税金逃れ、富裕層や犯罪組織や独裁者の資産隠しなどに利用されて重要な国際問題となっている。

実際、2016 年 4 月には有名なタックスヘイブンの一つであるパナマでのペーパーカンパニーを利用した資産隠しの実態の一部が初めて「パナマ文書」として国際調査報道ジャーナリスト連合（ICIJ）によって公開され、大きな国際ニュースとなった。この公開文書で明らかになった世界の公職者は 140 人、うち現職・旧職の国家指導者は 14 人であった。当時現職であったアイスランドのグンロイグソン首相とパキスタンのナワズ・シャリフ首相はこれによって辞任

に追い込まれた。このほか、ウクライナのポロシェンコ大統領、サウジアラビアのサルマン国王、中国共産党の幹部たちの親族などの名前があがり、ロシアのプーチン大統領の古くからの友人（音楽家）も少なくとも20億ドルもの金融取引を行っていたことが明らかにされた。その後も、2017年11月には「パラダイス文書」、2021年10月には「パンドラ文書」が公開され、そこでは政治家、独裁者、大富豪、各国の王族、世界的に有名なアーティストやスポーツ選手などの名前が次々と明らかにされている。

　たとえば、報道されている人物を紹介すると、「パラダイス文書」では、イギリスのエリザベス女王、コロンビアのフアン・マヌエル・サントス大統領、トランプ政権のウィルバー・ロス米商務長官、ロシアのウラジーミル・プーチン大統領の側近と親族（石油取引関連）、カナダのジャスティン・トルドー首相の側近、アメリカの投資家ジョージ・ソロス、マイクロソフトの共同創業者ポール・アレン、歌手のマドンナ、ロックバンドU2のボノ、F1レーサーのルイス・ハミルトンなどであり、王室、政府要人とその関係者、ビリオネア、有名なアーティストやスポーツ選手など47カ国の127人の名前がある。「パンドラ文書」では、ヨルダンの国王アブドゥラ2世・ビン・アル＝フセイン、ウクライナのウォロディミル・ゼレンスキー大統領、ケニアのウフル・ケニヤッタ大統領、エクアドルのギレルモ・ラッソ大統領、チェコのアンドレイ・バビシュ首相、チリのセバスティアン・ピニェラ大統領、イギリスのトニー・ブレア元首相などの35人の現首脳・元首脳、91の国・地域における330人以上の政治家や官僚、さらに有名なミュージシャンのリンゴ・スター（元ビートルズ）、エルトン・ジョンなどである。

　現代の世界貿易取引の半分以上が少なくとも書類上はタックスヘイブンを経由しており、世界の銀行資産の半分以上、多国籍企業の海外直接投資の3分の1がタックスヘイブンあるいはオフショアを経由して送金されている。国際的な銀行業務や債券発行業務の約

85％はいわゆる「ユーロ市場」（国家の枠外のオフショア・ゾーン）で占められている。IMF（国際通貨基金）の発表によれば、2010年の島嶼部のオフショアの金融センターだけでバランスシート（貸借対照表）の合計額は18兆ドルに上ると推定されている。この数字は世界GDPの約3分の1に相当する額であるが、それは過小評価であるとの批判もある[2]。

イギリスのNGOタックス・ジャスティス・ネットワークの調査によれば、2010年現在、タックスヘイブンに隠されている世界の富は、80以上の国・地域に、少なくとも21兆ドルから32兆ドルに上る。同年の世界GDPは約65兆ドル、アメリカが約15兆ドル、中国が約6兆ドル、日本が約5兆5000億ドルであり、その額はアメリカのGDPより大きく、日本のGDPの4倍から6倍に相当する。そのうち、7兆3000億ドルから9兆3000億ドルは139の中所得国（途上国・新興国）から流失したものである。仮に中所得国からの流出がなければ、多くの途上国・新興国は債務国ではなく、10兆1000億ドルから13兆1000億ドルの純債権国となった可能性もある[3]。

また、「パナマ文書」「パラダイス文書」「パンドラ文書」を公開した国際調査報道ジャーナリスト連合（ICIJ）によれば、タックスヘイブンでの資産隠しの推定額は5.6兆ドルから32兆ドルと見積もられており、IMFの最近の発表によれば、これにより世界全体で最大6000億ドル分の税収が失われているとしている。また、OECD（経済協力開発機構）の試算によれば、国際的な税制の抜け穴を利用した多国籍企業やグローバル企業の「節税策」（税金逃れ）だけで年間1000億ドルから2400億ドルもの税金が世界で失われているとしている。

このように、途上国・新興国からのタックスヘイブンへの資金の流失は実は深刻な問題であり、途上国の貧困の背後に存在する問題である。

こうして、今日のグローバリゼーションの時代においては世界に

はごく一握りの「勝ち組」の人々には莫大な富の蓄積がなされ、一方の圧倒的多数の「負け組」の人々は貧困に陥り、世界の人々の貧富の格差が拡大している。言い換えれば、現代世界全体が「格差社会」となっている現実が存在する。

第3節　貧困問題解決のための財源

　国際社会あるいは国連は途上国の貧困問題の解決のためにこれまでも大きな取り組みと努力をしてきたが、その具体的取り組みとして国連では 2000 年には MDGs、さらに 2015 年には SDGs を採択した。2030 年までに世界の貧困と飢餓の撲滅を実現するためには、その財源を明確にする必要がある。

　一見絶望的に見える世界の貧困と飢餓の撲滅の目標は、経済的数字から見ると、その解決は大きな困難ではない。世界の制度的変革を進めながら貧困問題を解決する必要がある。そこで重要なことは、世界的な富の再分配制度を検討することである。ここでは、貧困問題解決のための財源の確保についていくつか提起する。

　第 1 に、世界の軍事費を大幅に削減し、世界の軍縮に取り組み、削減した軍事費を計画実行のための財源にすることである。

　スウェーデンのストックホルム国際平和研究所（SIPRI）は 2022 年 4 月 25 日、2021 年の世界の軍事費について発表した。その発表によれば、新型コロナウイルスパンデミックの 2 年目にもかかわらず、世界の軍事費は 2021 年も増加を続け、過去最高額の 2 兆 1130 億ドル（約 270 兆円、1 ドル＝ 128 円）となり、初めて 2 兆ドルを突破し、7 年連続の増加となった。上位 10 カ国は、第 1 位のアメリカが 8010 億ドル、第 2 位が中国の 2930 億ドル、第 3 位がインドの 766 億ドル、第 4 位がイギリスの 684 億ドル、第 5 位がロシアの 659 億ドル、第 6 位がフランスの 566 億ドル、第 7 位がドイツの 560 億ドル、第 8 位がサウジアラビアの 556 億ドル、第 9 位が日本の 541 億ドル、第 10

位が韓国の 502 億ドルである。アメリカ（38.5％）と中国（14.1％）の2 カ国の合計は、1 兆 940 億ドルで全体の 52.6％を占める。

　これまで貧困削減に取り組んできた国連の最大の弱点は、国連常任理事国 5 カ国（アメリカ、中国、ロシア、フランス、イギリス）が世界の「軍事大国」であることだ。世界的な新型コロナウイルスパンデミックのなかでも軍縮と軍事費の削減に本格的に取り組むことはなかった。実際、今回の SDGs、前回の MDGs にも、軍縮と軍事費の削減の項目はまったく入っていない。本来ならば、軍縮と軍事費の削減は重要項目である。また、2022 年のウクライナ戦争は逆に世界の軍拡の促進要因となり、世界平和、国際的民主主義、貧困と飢餓の根絶に大きな悪影響を与えている。

　第 2 に、計画実現の財源の確保に必要なことは、タックスヘイブンに隠され蓄積された富裕層とグローバル企業の巨額の資金に規制と税金を課することである。前にも示したが、2010 年現在、タックスヘイブンに隠されている世界の富は、80 以上の国・地域に、少なくとも 21 兆ドルから 32 兆ドルに上るという推計がある。そのうち、7 兆 3000 億ドルから 9 兆 3000 億ドルは 139 の中所得国（途上国・新興国）から流失したものである。

　第 3 に、世界の金融市場と外国為替市場で取引されている資金に課税する制度（金融取引税と外国為替取引税）を導入することである。すなわち、経済学者のジェームズ・トービンがかつて提起した投機的な短期取引に対して課税するという制度を導入し、その計画実行のための財源を確保する必要がある。

　たとえば、今日の世界の金融市場では 1 日当たり約 1 兆 5000 億ドル、外国為替市場では 1 日当たり約 4 兆ドルの取引が展開されているので、税率を 0.1％、取引の営業日を年間 250 日（土日とその他休日を除く）として計算すると、金融市場からは年間 3750 億ドル、外国為替市場からは年間 1 兆ドル、合計年間 1 兆 3750 億ドルの財源が確保できる。同様に、税率を 0.05％として計算すると、金融市場から

年間 1875 億ドル、外国為替市場から年間 5000 億ドル、合計年間
6875 億ドルの財源の確保ができる。

おわりに

　世界の貧困問題、とりわけ途上国の貧困問題解決は現代世界の重
要課題の一つであることを強調しておきたい。途上国においては今
日でも 1 日約 1 万 4000 人もの子どもたちの命が貧困のなかで失われ
ている現実があり、それから目を背けることはできない。平和研究
者のヨハン・ガルトゥングは、貧困は世界の構造的暴力であると指
摘したが、その世界的構造は国際組織や人々の努力にもかかわらず
21 世紀の今日においても維持され、貧困問題は未解決である。貧
困と飢餓の撲滅は MDGs と SDGs においても第 1 項目として位置づ
けられているが、途上国の貧困問題解決のためには、世界の軍縮と
軍事費の削減、富の再配分制度の導入が不可欠であり、その国際的
政策の合意と実現が求められている。

ゼミナール

①途上国の人々の貧困状況は具体的にはどのようなものであろうか。
　どのような指数によってその貧困状況をより深く理解できるであ
　ろうか議論してみよう。

②グローバリゼーションが進展するなかで世界の貧富の拡大はなぜ
　生じたのか議論してみよう。

③途上国の貧困削減が実際にはなかなか実現できない理由は何か。
　それを困難にしている要因について議論してみよう。

註

1）トマ・ピケティ（山形浩博・守岡桜・森本正史訳）『21世紀の資本』みすず書房、2014年、448-453頁。
2）ニコラス・シャクソン（藤井清美訳）『タックスヘイブンの闇——世界の富は盗まれている！』朝日新聞出版、2012年、17頁。
3）合田寛『タックスヘイブンに迫る——税逃れと闇のビジネス』新日本出版社、2014年、42-43頁。

読書案内

国連開発計画（UNDP）『人間開発報告』各年版。
国連児童基金（UNICEF）『世界子供白書』各年版。
中野洋一『軍拡と貧困のグローバル資本主義』法律文化社、2010年。

第 11 章

環境

国境のない世界的な課題と国際協力

升本　潔

地球環境は地球上に住むすべての人々（及び生物）の共有の財産であ
りかつ生存の基盤であるが、近年、私たち人間の活動による環境破壊が
大きな問題となっている。この大切な地球環境を今後生まれてくる将来
世代の人々にどのように引き継いでいくかは、私たち現世代に課せられ
た重要な課題である。環境分野の国際協力は、途上国における環境破壊
を防ぐだけではなく、地球環境を保全し私たちの世界の持続的な発展を
実現するために重要な位置づけにある。地球環境を守るためには、先進
国に住む私たちが率先して取り組むこと、そして効果的かつ持続可能な
環境保全の取り組みを世界全体に広げていくことが重要である。

はじめに

　「環境」という言葉は、地球環境、自然環境、社会環境、生活環境、ビジネス環境あるいはオフィス環境などさまざまな意味合いで広く使われている。では、環境問題とはどのような問題を指すのだろうか。広義にとらえれば多様な環境に対するさまざまな問題を包含することになるが、一般的には、気候変動問題や生物多様性の減少、海洋汚染といった地球環境問題や地域の森林破壊などの自然環境問題、水俣病や四日市ぜんそくに代表される産業公害、不適切な廃棄物処理や自動車からの騒音や大気汚染、生活排水による水質汚濁などの都市環境問題などを指すことが多い。途上国の開発の視点でいえば、これらに加えて、安全な水や衛生施設などの衛生問題、スラムなど居住環境の問題も環境問題として扱われることがある。産業公害などかつて先進国の問題とみられていた環境問題は、近年ではむしろ途上国で先鋭化し、地球環境問題の出現と相まって、途上国の持続可能な開発を妨げる大きな脅威となっている。

　本章では、環境問題の概要及び経済発展との関係性について触れた後、代表的な地球環境問題である気候変動問題を取り上げ、その現況や国際的な取り組み、対応方策について解説する。その上で、環境を守るための国際協力のあり方について考えていく。なお、環境問題は多様であり、すべてについて網羅的にみていくことはあまり現実的ではないため、本章では典型的な環境問題である公害問題と気候変動問題を中心に取り上げる。

第1節　環境問題の概要——公害と地球環境問題

（1）公害とは何か

　工場などから排出される汚染物質による水や大気の汚染など、産業活動に伴う環境汚染は公害問題として人の健康や生活に対してさ

まざまな被害をもたらす。たとえば明治時代の足尾銅山（栃木県）の鉱毒事件などは、事業活動に伴う環境汚染が地域住民の健康や農林水産業などの生活基盤に重大な被害を与えた例としてよく知られている。

　日本の公害問題は第二次世界大戦後の高度成長期に深刻化する。火力発電所や工場から大量の硫黄酸化物などの汚染物質が排出され、また重金属などで汚染された排水が適切な処理がなされないまま河川や海に排出されていた。その結果として、メチル水銀に起因する熊本水俣湾及び新潟県阿賀野川における水俣病、カドミウムによる富山県神通川におけるイタイイタイ病、そして四日市ぜんそくをはじめとする大気汚染問題などにより多くの被害者をだすこととなった。

　このような激甚な公害問題は、日本などの先進国では排出規制や排水規制の導入などにより次第に改善されてきているものの、生活環境の悪化につながる騒音や振動、悪臭、さらには湖沼などの富栄養化による水質汚濁などのいわゆる都市生活型公害はなかなか改善が進まない状況にある。また、大量生産・大量消費・大量廃棄の時代の中でプラスチックごみや電子廃棄物（E-Waste）など廃棄物問題も環境問題の一つとして注目されるようになってきている。

　一方で、多くの途上国では今まさに経済が急速に拡大している段階であり、環境政策や制度、あるいは適切なインフラの整備が間に合わない状況の中で、かつて先進国が苦しんだ公害問題が現在も十分に対応されていない国も多い。そのため、こうした従来型の公害問題と共に、都市の環境問題や地球環境問題が同時に生じている状況にある。

（2）地球環境問題とは何か

　地球環境問題の定義は必ずしも定まっていないが、一般的には原因や被害が地球全体あるいは多くの国に及ぶ環境問題を指すことが

多い。代表的な例としては、二酸化炭素などの温室効果ガスが原因とされる地球温暖化あるいは気候変動の問題、フロンなどによるオゾン層の破壊、大気汚染物質を主要因とする酸性雨の問題、プラスチックや有害物質による海洋汚染もこのカテゴリーとなる。また、森林破壊や生物多様性の減少、有害廃棄物の越境移動など地球の各地に広く共通的にみられる環境問題や国際貿易などの国境を越えた人間活動に起因する問題も地球環境問題として扱われる。

　これらの問題は影響が及ぶ物理的範囲が広大であるだけではなく、社会や経済にも大きな影響をもたらし、かつその影響はしばしば不可逆的で長期間に及ぶ。一方で、原因と影響の因果関係が必ずしも明確になっていない、実施可能な対策が限られている、本質的な解決のためには社会や経済全体の変革が必要となる、国家間もしくは主要な関係者の利害や見解が対立するなど対応が容易ではない場合も多い。

　こうした地球環境問題の直接的な原因はそれぞれの問題に特有であるが、その背景には、世界人口の増加、大量生産・大量消費・大量廃棄型の経済発展、そして新たな技術の開発・普及などにより、人間の活動が地球環境の対応能力を超えてしまったことが共通する要因としてある。したがって、地球環境問題の解決のためには個別の国の取り組みでは限界があり、国際的な連携や支援の枠組みが不可欠である。

（3）環境問題と経済発展の関係性

　過去には先進国の問題とされていた環境問題は、現在では途上国においてより深刻な問題となっており、これらの問題に対処することは個々の国のみならず世界全体の持続可能な発展のために避けては通れない課題となっている。途上国における環境問題は、多くの国に共通する問題として地球環境問題の一つとして扱われることもある。

途上国においては、工業化や急激な都市化、人口集中が進み、公害問題や都市の環境問題などが拡大している国が多く、特に貧困層などの社会的弱者が悪影響を受けやすいといわれている。一方で、こうした課題に取り組むための人材や組織、資金、技術などの対応能力が不十分であり、適切な対策が遅れているのが現状である。

　先進国よりも途上国で環境問題が生じやすい、あるいは経済発展が進むと環境汚染が深刻化するのではないかといった環境と開発の関係性についてこれまで多くの研究が行われているが、その中でもっともよく知られている議論の一つが「環境クズネッツ曲線仮説」である。この仮説では、環境汚染のレベルを縦軸にとり所得水準を横軸とした場合、環境汚染と所得水準の間には逆U字型の関係性があるというものである。つまり、経済発展初期段階の所得が低い時は環境汚染の水準も低いが、所得水準が上昇するにつれ汚染レベルも上昇し環境は悪化していく。しかし、ある一定の所得水準（転換点）に達するとこの関係は逆転し、所得が上昇すると環境は改善していくという考え方である[1]。

　この仮説が成立する背景としては、経済発展に伴う産業構造の変化、よりクリーンな技術の開発及び導入、環境保全に対する国民の意識の高まり、環境に関する制度・政策的対応能力の向上などが考えられる。ただし、これまでの研究では環境クズネッツ曲線が成立するとされているのは、代表的な大気汚染物質である二酸化硫黄など一部に限られている。たとえば地球温暖化の原因物質とされる二酸化炭素では、経済が成長しても必ずしも二酸化炭素排出量は減っておらず、少なくとも現時点では環境クズネッツ曲線は成立していないという見方が多い。この仮説は経済成長の過程で環境汚染が生じることはやむを得ないとする経済優先の考え方を許容するものとして否定的にとらえられることも多いが、国際協力の観点からは、所得向上と環境改善は両立しうること、先進国の技術や経験を活用することによって逆U字の山を低くしうることなど前向きにとらえ

ることも可能である。

第2節　気候変動問題を考える

（1）気候変動・地球温暖化とは何か

　気候変動は人類の生存基盤に関わるもっとも重要な地球環境問題の一つといわれており、その影響は長期かつ広範囲に及び、将来の持続可能な開発に対する大きな脅威となっている。ここでいう気候変動とは、人間活動が原因となる比較的短期的な気候の変動を指している。同様の問題を指す言葉として、地球温暖化という用語が使われることもある。地球温暖化は、人間の活動により大気中の温室効果ガス濃度が増加することによって地球の気温が上昇し、それに伴い気候変動が生じるという現象である。厳密にいうと両者の意味合いは少し異なるが、通常は特に区別する必要はない。

　地球温暖化の直接的な原因は、大気中の温室効果ガスの増加とされている。温室効果ガスは、太陽光により温められた地球表面から地球の外に向かう熱を大気に蓄積し、再び地球の表面に戻す性質（温室効果）を持っている。18世紀半ばの産業革命の開始以降、人間活動による化石燃料の使用増大や森林の減少などにより、大気中の温室効果ガスの濃度が急激に増加して大気の温室効果が強まり、地球温暖化が進んだと考えられている。人間活動によって増加した主な温室効果ガスには、二酸化炭素、メタン、一酸化二窒素、フロンガスがある。これらのうち、特に二酸化炭素の及ぼす影響がもっとも大きいと考えられている。

　気候変動に関する最新の研究成果を評価する国際的な組織であるIPCC（国連気候変動に関する政府間パネル）が2021年8月に発行した第6次評価報告書（第1作業部会報告書）によると、世界の平均気温は工業化前と比べて、2011〜2020年ですでに1.09℃程度上昇している。今後、温室効果ガス濃度がさらに上昇し続けると気温はさらに上昇

し、もっとも温室効果化ガス排出量が多いシナリオでは今世紀末までに 3.3〜5.7℃の上昇の可能性があると予測されている[2]。ここで重要なことは、地球の温暖化はすでに一定程度進んでいること、そして将来の気温の上昇はこれから私たちがどのような対応をするかによって変化するということである。

(2) 気候変動の影響：特に開発途上国にとって影響は深刻

　地球が温暖化するということは単に気温が上昇するだけではなく、降水パターンの変化や海面水位の上昇など、さまざまな影響を引き起こすといわれている。気候変動の仕組みは複雑で温暖化がどの程度個別の事象に影響を及ぼしているのか未だ不確実な点も多いが、今後、温暖化が進めば、洪水や干ばつなど気象災害のリスクの増加、都市インフラや農業生産に対する悪影響、熱波による健康被害や感染症の拡大、陸上及び海洋の生態系への悪影響など、世界全体に対して深刻な影響を及ぼすことが懸念されている。

　IPCC 第 6 次報告書によれば、海面水位は現時点で産業革命前からすでに20cm 程度上昇しており、これが今世紀末には1m 近くまで上昇する可能性があるとされている。さらに海面上昇は 2100 年以降も続いていくと予測されている。こうした海面水位の上昇により、海抜の低い地域が水没してしまうだけではなく、沿岸部では高潮・高波、洪水などの影響を受けやすくなるほか、海水の河川への逆流や地下水の塩水化による飲料水不足など、さまざまなリスクが予想されている。

　気候変動による影響は国や地域ごとに異なってくるが、その対応のために必要な技術や資金、制度が十分整っていない途上国に、より大きな影響がでると予想されている。そして途上国の中でも、特に貧困層など社会的弱者がより脆弱な立場にある。たとえば、農業が中心の経済では干ばつなどの気候災害による悪影響を受けやすく、特に天水に依存するような地域ではより脆弱となる。さらに農業生

産が悪影響を受ければ食料価格が上昇し、貧困層にとって大きな打撃となる。また、洪水など気象災害を受けやすい地域には多くの貧困層が住んでいるほか、水不足や感染症の拡大は、公衆衛生や安全な水へのアクセスが不十分な人々にとってより深刻な問題となる。

(3) 気候変動に対する国際的な取り組み
気候変動枠組条約（UNFCCC）と京都議定書

気候変動に対する代表的な国際的な枠組みとして、「国連気候変動枠組条約（UNFCCC）」があげられる。本条約は1992年に国連総会で採択され1994年に発効したもので、大気中の温室効果ガス（二酸化炭素、メタンなど）の濃度を安定化させることを究極の目的とし、「共通だが差異のある責任」（先進国がまずはより大きな責任を負う）の原則などを定めている。この条約の下で、具体的な取り組みなどについて話し合う加盟国の会議（国連気候変動枠組条約締約国会議：通称COP）がほぼ毎年実施されている。

1997年に京都で開催された第3回締約国会議（COP3）において、先進国（ロシア、東欧などの市場経済移行国を含む）の温室効果ガス排出量について法的拘束力のある数値目標を定めた「京都議定書」が採択された。京都議定書では、二酸化炭素など6種類の温室効果ガスの排出量について、先進国全体として1990年水準に比べて2008～2012年の間に少なくとも5%削減するという目標を設定し、ヨーロッパ連合（EU）-8%、米国-7%、日本-6%、カナダ-6%、ロシア0%などの国別の目標が定められた。日本を含むすべての対象国が国別の目標を達成した[3]が、米国は京都議定書を批准せずに離脱、カナダは2011年12月に脱退している。

この間、世界全体としての温室効果ガス排出量は新興国などからの排出もあり増加し続けたが、少なくとも史上初めて先進国に温室効果ガスの削減義務を課したという点で京都議定書は歴史的な合意であったといえる。なお、2013年以降の国際的枠組みとして京都

議定書の延長（2013〜2020 年：第二約束期間）が定められたが、日本は、京都議定書には米国や中国などの主要排出国が参加しておらず世界の排出量の一部しかカバーされていないために公平性や実効性に欠けるとして延長に反対[4]し、ロシアやカナダとともに第二約束期間には参加していない。

　温暖化対策は環境対策というよりも産業革命以降の経済発展の基盤となってきた石油や石炭などの化石燃料の消費を制限するものであり、社会・経済の発展あるいは各国の産業競争力に悪影響を与える可能性がある。さらに、主に先進国がこれまで化石燃料を大量に消費してきたことによって気候変動が起きている中で、異常気象などの悪影響は化石燃料をあまり使ってこなかった途上国においてより深刻だという状況がある。このような背景から、途上国は先進国に対してより厳しい取り組みを求めつつ、自国の温暖化対策について先進国からの支援を要求することになる。こうした議論を受け、UNFCCC の下では「緑の気候基金（GCF）」という途上国の緩和と適応の実施を支援するための基金が設置された[5]。

　2020 年以降の国際枠組みの合意に向けての議論は、主要国が鋭く対立する難しい状況の下、一時は新たな枠組みの合意自体が危ぶまれることもあった。しかし 2015 年パリで実施された第 21 回締約国会議（COP21）において、2020 年以降の新たな枠組みとなるパリ協定が採択された。この協定はすべての国が参加する画期的な枠組みとなった。

新たな枠組みとしてのパリ協定の誕生

　パリ協定は京都議定書と異なり、途上国を含むすべての参加国に排出削減努力を求めていることが最大の特徴である。また、パリ協定では各国に数値目標を義務付けるのではなく、各国がそれぞれ自分の国の状況を踏まえて自主的に目標を設定することができるようにしたことが二つ目の大きな特徴である。これらの目標には達成義

務を設けず努力目標としているが、進捗状況に関する情報を定期的に提供し、専門家によるレビューを受けることが定められている。これにより、京都議定書で最大の問題となっていた主要排出国をすべて包含する枠組みを実現することが可能となった。一方で、各国が自主的に目標を設定するため、自国の経済や社会にとって受け入れ可能なレベルの目標設定となり、世界全体として気候変動を抑制するために十分な削減ができるのかという懸念もある[6]。今後、各国がどれだけ削減目標を高くしていくことができるかが重要となる。

パリ協定のもう一つの重要なポイントは、温室効果ガスの排出削減の長期目標を設定したことである。パリ協定では、温室効果ガス排出削減の長期目標として、気温上昇を2℃より十分下方に抑える（2℃目標）とともに1.5℃に抑える努力を継続すること、そのために今世紀後半に人為的な温室効果ガス排出量を実質ゼロ（排出量と吸収量を均衡させること）とすることが盛り込まれている[7]。

2050年カーボン・ニュートラルへ

2015年のパリ協定の合意後、2018年にはIPCCが1.5℃の気温上昇による影響や気温上昇を1.5℃に抑えるための道筋などについて取りまとめた「1.5℃特別報告書」が公表された。この報告書では、1.5℃の気温上昇の場合と2℃上昇の場合の影響を比較し、温暖化の影響は1.5℃の上昇でも大きいが2℃になるとさらに大きくなる可能性が高いとしている。そして、温暖化を1.5℃で止めるには、2050年前後には世界全体の二酸化炭素排出量を正味でゼロにする必要があると訴えている[8]。

こうした新たな研究結果などから、気温上昇を1.5℃に抑えること、そのためには2050年前後に世界全体の二酸化炭素排出量を正味ゼロにすること、つまり「2050年カーボン・ニュートラル」が世界の共通の目標として意識されるようになった。そして、英国やEUを皮切りに、日本や米国を含む主要先進国は2050年までにカー

ボン・ニュートラルを目指すと表明した。2022年4月時点で、日本、米国、EU、英国など世界の154カ国・1地域が2050年等の年限を区切ったカーボン・ニュートラルの実現を目指すとしている[9]。なお、カーボン・ニュートラルと同様の言葉として、カーボン・ネットゼロや脱炭素という用語が使われることもある。

　いずれにしても、その実現は容易ではない。化石燃料利用の大幅な削減や省エネルギーの徹底化、革新的な技術の開発・普及など、世界全体の経済や社会のあり方を大きく変革していくような対応が必要となってくる。一方、過去の二酸化炭素排出が限定的であるにもかかわらず気候変動の被害を受けやすい途上国は、排出削減が自国の経済成長の妨げになるとの懸念も強い。2022年11月にエジプトで開催されたCOP27では、削減目標の議論だけではなく気候変動による「損失と損害」に対する対策や救済が大きな論点となった[10]。

（4）気候変動への対応策
緩和策と適応策
　気候変動問題に対する対応方法は大きく二つに分けることができる。原因となる温室効果ガスの大気中の濃度の低減を目指す「緩和策（Mitigation）」と気候の変化やその影響から社会を守る「適応策（Adaptation）」である。さらに緩和策には、温室効果ガスの排出を削減する方法と大気中の温室効果ガスを除去するという二つの方法がある。

　温室効果ガスの削減については、特に二酸化炭素の排出削減が急務である。二酸化炭素の主な発生源は、石油、石炭、天然ガスなどの化石燃料の燃焼である。したがって、太陽光や風力など二酸化炭素を排出しない再生可能エネルギーへの転換や省エネルギーの推進などが代表的な緩和策となる。このほか、火力発電所などからの二酸化炭素排出削減の技術として「二酸化炭素回収・貯留（CCS）」と

いう技術が注目を集めている。これは排気ガスから二酸化炭素を分離して地中深くに貯留することにより大気への放出を防ぐものであり、現在実用化に向けた取り組みが進められている。

　大気中の二酸化炭素を減らすための代表的な方法として、植林などによる森林の拡大があげられる。樹木は大気中の二酸化炭素を吸収して成長するため、森林を拡大していけば、その分大気中の二酸化炭素を減らすことができる。また、森林伐採は二酸化炭素の吸収力が減少するだけでなく二酸化炭素の放出にもつながることから、森林保全も気候変動対策として重要な位置づけにある。

　一方、気候変動はすでに生じており、私たちは変化する気候に対応しながら生活していくことが必要となる。こうした対応方策は適応策と呼ばれる。地球温暖化によって、気温の上昇、降水量・降水パターンの変化、極端な気象現象の増加、海面上昇などが引き起こされ、農業やインフラへの悪影響、気象災害のリスク増大、健康被害、生態系への悪影響などが生じる可能性がある。適応策としては、それらの影響を予測、評価し、それぞれの影響への対策を実施していくことになる。適応策は非常に多様であるが、具体例としては、河川の洪水対策、沿岸部の護岸整備、新たな水資源の開発、気候の変化に対応した作物の開発・導入、灌漑施設の整備、熱中症予防、感染症対策などがあげられる [11]。

経済的手法の活用：カーボン・プライシング

　一般的な大気汚染や水質汚濁への対策としては、汚染物質の濃度や量について排出基準を定めて排出者に守らせるという「直接規制」という方法がよく用いられる。一方、二酸化炭素などの温室効果ガスの排出削減には、より効率的な方法として「経済的手法」が用いられることが多くなっている。経済的手法とは、市場メカニズムを前提とし、環境保全への取り組みに経済的インセンティブを与えて環境対策を進めようとする手法である。温室効果ガスの排出削

減のための経済的手法としては、炭素税と排出量取引が代表的である。さらに、カーボン・クレジット取引も経済的手法の一つとして扱われることが多い。これらの手法を導入することにより、二酸化炭素の排出に価格が付与されることになる。こうした取り組みはカーボン・プライシング（炭素の価格付け）とも呼ばれている。

　炭素税とは二酸化炭素排出量に応じて燃料に課税する方法であり、二酸化炭素排出量の少ないエネルギー源に転換するインセンティブを生みだす。つまり二酸化炭素排出量の多い石炭などは課税が重く、二酸化炭素が排出されない再生可能エネルギーは課税されないことになる。炭素税は先進国を中心に世界各国で導入が進んでいる。一方、排出量取引とは排出主体ごとに排出量の上限を定め、上限を超える排出主体と下回る排出主体との間で排出枠（各主体が排出できる量。排出権と呼ぶこともある）の売買を行えるようにする制度であり、より安い費用で排出削減を行うことが可能となる。排出量取引でもっともよく知られているのは、EUが2005年に開始した欧州連合域内排出量取引制度（EU-ETS）である。EU域内の主要な発電所や工場のほか、航空業界も対象となっている。カーボン・クレジット取引とは、企業などが森林の保護や植林、再生可能エネルギー導入や省エネルギーの推進などの事業を行うことで生じる温室効果ガスの削減効果をクレジット（排出権）として取引できるようにする仕組みである[12]。

　これらの制度は国内あるいは域内の排出主体を対象とした取り組みであるが、国家を主体とした同様の制度が京都議定書で導入されている。削減目標を有する先進国間の排出枠の国際的な取引制度、先進国が途上国で排出削減につながる事業を実施することで得られた削減量を自国の削減目標に含めることができるクリーン開発メカニズム（CDM）、そして先進国が共同で実施した排出削減事業による排出削減量を投資国の削減目標に含めることができる共同実施（JI）という三つの制度である。これらの制度は京都メカニズムとも

いわれ、京都議定書の削減目標達成に活用することが認められていた。なお、パリ協定においても、日本が実施している二国間クレジット制度（JCM）など国際的なクレジット取引の利用について検討が行われている[13]。

第3節　環境を守るための国際協力

　世界が直面しているさまざまな環境問題に対応して持続可能な開発を実現するためには、国際的な連携と協力が不可欠である。特に、気候変動など国境を超えた問題である地球環境問題の解決には、個々の国の対応では限界があり、国際的な連携に基づく取り組みが重要となる。さらに、多くの途上国では深刻化する地域レベルの環境問題と地球規模の環境問題に同時に対応しなければならないが、そのために必要となる十分な資金、技術、制度、人材が整っていないことが多い。したがって、こうした途上国の環境問題の対応には、国際的な協力が必要である。

　途上国が直面している環境問題は一様ではないが、国際協力の観点からみると、大部分の環境問題は、途上国において影響がより深刻化しやすい、対策は直接的な経済メリットを生みにくい（つまり対策のための予算確保が必要）、経済開発や貧困対策などに比べ優先度が低い、対応するための組織・制度が必ずしも整っていない、先進国の技術や経験の活用が有効であることが多い、被害が生じる前の予防的な対策が必要であるなど、ある程度共通する特徴を持っている。環境問題に対する国際協力の計画・実施に当たってはこうした特徴を踏まえた対応が求められる[14]。

　国際協力機構（JICA）の環境管理分野のグローバル・アジェンダ（課題別事業戦略）では、その目的として、環境管理を担当する行政組織の能力強化を中心とした協力を実施し、廃棄物管理と水質汚濁・大気汚染防止等の環境対策の推進により、健全な環境質を実現

し、途上国の人々の健康と生活環境の保全を実現できる持続可能な社会の構築に貢献することをあげている。さらに、協力にかかる基本的考え方として以下の四つを提示している [15]。

1) 環境汚染の未然防止及び汚染発生時の状況の科学的把握と情報公開
2) 発展段階に合わせた環境行政の能力強化
3) 公衆衛生サービスの財務基盤の確保
4) 社会全体の環境管理能力の向上

　環境分野の国際協力を進める上で大切なことは、上記の基本的考え方にもあるように、対象となる問題の状況の科学的な確認、科学的知見に基づく情報の共有・公開を図りつつ、早期の対応を行うことができる環境管理体制づくりである。また、環境問題は対象国・地域の経済発展段階に応じて変化するため、対応能力も段階的に強化していく必要がある。さらに、廃棄物や汚水の処理などは十分な料金徴収や財務基盤の確保がなされないことも多い。実効性のある環境対策を持続的に実施していくためには、適切な財源の確保や汚染者となりうる企業や市民の環境意識の向上、そして環境にやさしい方向への行動変容など、社会全体の環境意識の向上や多様なステークホルダー（関係者）の連携が必要となる。
　一方、JICAの気候変動分野のグローバル・アジェンダでは、途上国政府の気候変動対策の対応能力向上と、各開発課題と気候変動対策の推進を両立させたコベネフィット型の対策の推進能力を向上させ、気候変動枠組条約における国際目標の達成と持続可能で強靭な社会の構築の実現に貢献することを目的として掲げている。本分野における基本的な考え方として、世界全体の課題である気候変動に対して共に考え、協力し共創を促進すること、パリ協定に対応するため国全体の気候変動対策を担う中央政府の能力強化、開発と気

候対策の便益を両立するコベネフィット型の対策の推進、民間の資金・技術の活用などが示されている[16]。

　コベネフィット型の対策とは、気候変動対策が他の開発課題の改善や解決にも貢献するという対策である。多くの途上国では、気候変動問題に対する重要性は理解しても、経済開発や貧困対策など目の前の課題に取り組まざるを得ない状況にあり、将来的な課題や地球全体の問題に対して優先して取り組むことが難しい。こうした途上国で気候変動対策を進めるためには、開発問題への対応と気候変動対策を両立できるような方策が重要となる。たとえば、地域のエネルギー資源を利用した再生可能エネルギーのプロジェクトは地域の電化に貢献するとともに二酸化炭素の削減にもつながる。また、省エネルギーの推進は、エネルギー利用低減によるコスト削減を図りながら二酸化炭素の排出削減を実現できる[17]。

　途上国における気候変動への適応に対する協力も同様である。将来の気候変動のリスク対応だけのために限りあるリソースを利用することは難しくても、防災能力強化や水資源開発など、現在の問題に対応しながら将来のリスクの備えになるような協力であれば実現しやすい。また経済インフラ整備や農業開発支援等、一般的な開発事業を支援する場合でも、将来の気候変動の影響に対応できるような計画策定や事業実施が必要となる[18]。

おわりに

　環境問題は開発に関わるテーマとしては比較的新しいが、地球環境問題の顕在化と相まって近年大きな注目を集めている課題である。環境問題と一口にいっても、産業公害や地球環境問題、森林破壊や水と衛生の問題などその実態は多様である。そして対応策や国際協力のあり方もそれぞれに異なる。地域が限定され原因が明らかな従来型の環境問題に対しては、経験に基づく先進国などからの国際協

力が有効であるが、気候変動などの地球環境問題は、先進国においてもその対応は容易ではない。これらの国境を超えた問題に対しては、国ごとの努力に加えて国際的な連携が不可欠である。さらに、対応能力に限界のある途上国に対しては先進国や国際機関による国際協力が重要となる。

世界の持続可能な開発の実現には、環境と経済の両立を図りつつ、さまざまな地球環境問題に対応していく必要がある。SDGs においても、気候変動問題や陸域及び海域の生態系や環境保全、水や廃棄物、エネルギーの問題など、環境問題が中心課題の一つとなっている。これらの問題は経済や社会のあり方に深く関わっており、また各国の利害や関係する主体の見解が異なることも多い。こうした問題に適切に対処し世界全体の持続可能な開発を実現するためには、国ベースの連携に加え、政府や地方自治体、民間企業、研究機関、NGO、国際機関など、関係するすべての主体が協力して取り組むことが必要である。

ゼミナール

①途上国で環境問題が深刻化しやすい理由を考えてみよう。

②気候変動問題はなぜ解決が難しいのか、具体的な対策をもとにして考えてみよう。

③どのような国際協力が途上国の環境問題の解決のために有効なのか、いろいろな環境問題について考えてみよう。

註

1）環境クズネッツ曲線仮説については、栗木浩一・馬奈木俊介『環境経済学をつかむ【第4版】』有斐閣、2020年、松本礼史「アジアの経済発展と環境問題」松岡俊二（編著）『アジアの環境ガバナンス』勁草書房、2013年などが

詳しい。

2）IPCC『第6次評価報告書第1作業部会報告書 政策決定者向け要約 暫定訳（文部科学省及び気象庁）』、2021年。

3）国立環境研究所「附属書I国の京都議定書（第一約束期間）の達成状況」『地球環境研究センターニュース』2014年7月号［Vol.25 No.4］通巻第284号 201407_284004 参照。

4）外務省HP「京都議定書に対する日本の立場」https://www.mofa.go.jp/mofaj/gaiko/kankyo/kiko/kp_pos_1012.html（2022年11月4日閲覧）参照。

5）外務省HP「緑の気候基金」https://www.mofa.go.jp/mofaj/ic/ch/page1w_000123.html（2022年11月4日閲覧）参照。

6）UNFCCCが2022年10月下旬に公表した報告書では、各国の削減目標を合わせても今世紀末に2.5℃程度の気温上昇が生じるとしている。UNFCCC "Climate Plans Remain Insufficient: More Ambitious Action Needed Now" https://unfccc.int/news/climate-plans-remain-insufficient-more-ambitious-action-needed-now（2022年11月4日閲覧）。

7）環境省『平成28年版環境白書・循環型社会白書・生物多様性白書』2016年など。

8）IPCC『1.5℃の地球温暖化：気候変動の脅威への世界的な対応の強化、持続可能な開発及び貧困撲滅への努力の文脈における、工業化以前の水準から1.5℃の地球温暖化による影響及び関連する地球全体での温室効果ガス (GHG) 排出経路に関するIPCC特別報告書 政策決定者向け（SPM）要約（環境省仮訳）』、2018年。

9）経済産業省資源エネルギー庁『令和3年度エネルギーに関する年次報告（エネルギー白書2022）』、24頁。中国は2060年、インドは2070年など、2050年以降の目標を設定している国もある。

10）日本政府代表団「国連気候変動枠組条約第27回締約国会議（COP27）結果概要」、UNFCCC "Sharm el-Sheikh Implementation Plan" など参照。

11）肱岡靖明『気候変動への「適応」を考える』丸善出版、2021年が詳しい。

12）経済的手法については、栗木・馬奈木、前掲書、一方井誠治『コア・テキスト環境経済学』新世社、2018年など環境経済学の本が詳しい。

13）炭素市場エクスプレス（環境省）『パリ協定第6条の解説』http://carbon-markets.env.go.jp/mkt-mech/climate/paris.htm（2022年11月4日閲覧）。

14）国際協力機構（JICA）『課題別指針 環境管理（大気・水）』、2009年など。

15）国際協力機構（JICA）『JICAグローバル・アジェンダ（課題別事業戦略）18. 環境管理 ～ JICAクリーン・シティ・イニシアティブ～』https://www.jica.

go.jp/activities/issues/env_manage/index.html (2023 年 2 月 1 日閲覧)。

16) 国際協力機構（JICA）『JICA グローバル・アジェンダ（課題別事業戦略）16. 気候変動』https://www.jica.go.jp/activities/issues/climate/index.html (2023 年 2 月 1 日閲覧)。

17) 具体例は、国際協力機構（JICA）HP「気候変動」や JICA『コベネフィット型気候変動対策と JICA の協力』、2008 年などを参照のこと。

18) 具体例は、国際協力機構（JICA）HP（前掲）や JICA『気候変動への適応策に関する JICA の協力のあり方』、2007 年などを参照のこと。

読書案内

一方井誠治『コア・テキスト環境経済学』新世社、2018 年。

環境省『環境白書・循環型社会白書・生物多様性白書』（最新版）。

北川秀樹・増田啓子『新版 初めての環境学』法律文化社、2018 年。

栗木浩一・馬奈木俊介『環境経済学をつかむ【第 4 版】』有斐閣、2020 年。

肱岡靖明『気候変動への「適応」を考える』丸善出版、2021 年。

健康

感染症に国境はない──新興感染症の脅威への対応

間辺　利江

　COVID-19は世界中の国や地域に蔓延するも、途上国ではワクチンや抗ウイルス薬等医療資源の不足から、感染は容易に爆発し重症者の致死率も高い。「すべての人が必要な医療を受けられる社会」を目指した地球規模の対策が世界的感染収束には必須である。本視点から国際的感染症への対応を考える。

はじめに

　新興感染症とは「かつて知られていなかった、新しく認識された感染症で、局地的あるいは国際的に、公衆衛生上問題となる感染症」と定義されている（世界保健機関／WHO）。古くは14世紀のヨーロッパでのペストの大流行から、20世紀以降もスペイン風邪（1918年）、アジア風邪、香港風邪、2009年新型インフルエンザパンデミック、そして2019年12月以降世界に蔓延し、3年を経過した現在も収束の目途がたたない新型コロナウイルス感染症（COVID-19）パンデミックと、人類の歴史は新興感染症パンデミックと共にあると言っても過言ではない（図12-1）。更に、パンデミック（世界的流行）とまではいかずとも、20世紀以降、SARS（重症急性呼吸器症候群）、高病原性鳥インフルエンザH5N1ウイルス感染、MERS（中東呼吸器症候群）などの新興感染症アウトブレイク（局地的流行）は世界の各地で発生しており、新興感染症はこれまでも、そしてこれからも世界中の人々の脅威であり続けると言える。一方で、幸い我が国ではSARS、MERS、鳥インフルエンザH5N1ウイルス感染などのヒトへ

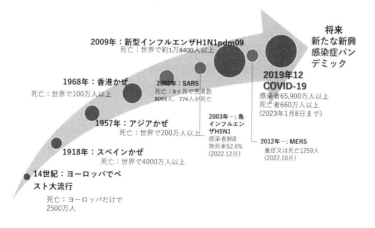

図12-1　人類の歴史と新興感染症パンデミック

の感染事例はこれまで報告されていないこともあり、特に COVID-19 発生前には日本国内の新興感染症に対する危機感は、社会的にも一般住民にとってもあまり高くなかったと言える。しかし、SARS は 2002 ～ 2003 年のアウトブレイク時には、観光目的で近畿地方を訪れていた台湾人医師が帰国後に感染が確認され、大阪や京都の保健所の相談窓口の回線が塞がるほど市民のパニックがあり、アラビア半島諸国を中心に発生していた MERS では、他国での感染例を発端とした韓国でのエピデミックの発生があった。感染した家禽類との直接接触が感染リスクである致死率 52％以上の鳥インフルエンザ H5N1 は、最近、米国や英国等の先進国での国内事例の報告や、本年日本では国内の養鶏場の家禽類や野鳥に高病原性鳥インフルエンザ H5N1 ウイルスの確認が多発している等、日本ではこれらの新興感染症の発生リスク国となる。しかし、このような世界的な新興感染症の流行情報は、国内では一般住民へ周知されておらず、話題となっても一過性である。更に、国内事例がなかった、という事は、これまでこれらの新興感染症の診療経験のある医師が少ないことや、患者発生時の診療体制を考える機会が少なかったことを意味している。国境のない新興感染症の脅威に対する世界的な新興感染症対策の構築は、国際社会にとっての喫緊の課題である。

第 1 節　COVID-19 の発生と世界的流行の拡散

(1) COVID-19 の起源

　新型コロナウイルス感染症（COVID-19）は、中国湖北省の省都武漢市において 2019 年 12 月 31 日から 2020 年 1 月 3 日までの間に、病原体不明の肺炎例 44 例が確認された、との WHO（世界保健機関）の発表に端を発する [1) 2)]。2020 年 1 月 7 日に原因となる病原体は新型のコロナウイルス（SARS-CoV-2）であることが同定され、同月 11 日には、本アウトブレイク（局地的流行）は、武漢市内の生きた動物や

魚介類も販売している華南海鮮卸売市場（Huanan Seafood Wholesale Market）での暴露との関連があると発表され、後に本市場は1月1日に既に閉鎖したことがわかった。

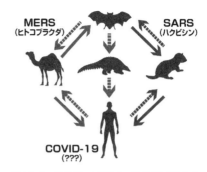

図12-2　SARS、MERS、COVID-19の中間宿主

　コロナウイルスには新型コロナウイルスのほかにもいくつか種類があるが、そのほとんどが自然宿主（最初にウイルスが感染する生物）はコウモリである。コウモリのコロナウイルスは、別の種類の他の生物に感染することで遺伝的な変異を繰り返し、人へ感染するウイルスになる。2002年に世界27カ国に蔓延し、9カ月で死亡者774人を出したSARS（重症急性呼吸器症候群）や、2012年9月以降アラビア半島諸国を中心に発生、現在1259名の重症又は死亡（2022年10月17日現在）を出しているMERS（中東呼吸器症候群）はどちらもコロナウイルスが原因の新興感染症であり、どちらもコウモリのコロナウイルスが共通祖先である。コウモリからSARSではハクビシンが、MERSではヒトコブラクダが中間宿主となり、その後人に感染したと考えられている（図12-2）。新型コロナウイルスについての中間宿主については、いくつかの説があるが、香港大学などの研究グループは、SARS-CoV-2の中間宿主はセンザンコウ（Malayan pangolins）の可能性が高いと報告している[3]。センザンコウは絶滅危惧種に指定されている哺乳類で南アジアから中国、台湾、アフリカなどに分布しているが、中国では歴史的にマレーセンザンコウの肉は食用に、ウロコは漢方薬の原材料として使われていたと言われている。どのようにCOVID-19が発生したのかを検証することは、将来の新興感染症パンデミックへの対応を準備する上で、重要な事項である一方、

COVID-19 発生から 3 年以上が経過した現在もまだその結論は出ていない。一つの仮説として、前述の華南海鮮卸売市場でセンザンコウが販売されており、それが感染源となったという説がある。実際に、センザンコウの販売があったのかどうかは明らかにされていないが、感染の発生当時の華南海鮮卸売市場には多数の生きた野生動物や哺乳動物が販売されていた。米国の研究チームが Science 誌から発表した論文によると、同市場の動物用ケージや運搬用カート、冷凍庫等の付着物と市場で暴露したと思われる COVID-19 患者から得られたウイルスの遺伝情報解析から、生きたまま市場で売られていた動物から 2 系統のウイルスが変異を経て人に感染した可能性が高く、そのうちの 1 系統が世界に拡大したとしており、COVID-19 パンデミックの初期は華南海鮮卸売市場が Epicenter（感染源）であり、SARS-CoV-2 は生きた野生動物の商取引に関連する活動から発生したと結論付けている [4]。ただし、動物の種類の特定はない。

　新たな人獣共通感染症（人とそれ以外の脊椎動物の両方に感染または寄生する感染症のこと）や、人獣共通感染症による新たな新興感染症パンデミックの出現リスクを下げるためには、センザンコウを含めた野生動物の商取引を規制する、そのような場所には一般人は近づかない等の警告を発する、などの対策も検討すべきである。

(2) COVID-19 の世界的流行拡散

　COVID-19 流行初期、中国本土以外では、武漢市からの輸入例が、2020 年 1 月 13 日にタイから、同月 15 日には日本から、20 日には韓国から報告されている。この間中国国内からは 278 例の確定例が報告され、内 258 例は湖北省、広東省 14 例（内、12 例は武漢市への旅行歴）、北京 5 例（武漢市への旅行歴）、上海 1 例（武漢市への旅行歴）、つまりこの段階では、ほとんどの感染例が武漢市での暴露で、その人達が国内の他地域や他国への感染拡大に寄与したと言うことが出来る。その後、武漢市をロックダウンした 1 月 23 日までに、中国以外では

6カ国（タイ、日本、韓国、ベトナム、シンガポール、米国）から11名の感染者の報告があり、内、10名は武漢市への旅行歴（武漢市からの輸入例）、残りの1名は武漢市への旅行歴のある家族からの感染例であった。中国国内では台湾、香港、マカオを含む16の自治区から830例（内、25例は死亡）が報告された[5]。2020年の春節は1月25日で、折しも春節休みが始まった時期と重なり、中国政府はこの休み中にのべ約30億人が移動する、と推計していた。中国と同じく旧正月を祝う習慣があるベトナムでは、旧正月を祝う為にベトナムに来た中国人2名のCOVID-19の最初の症例を確認（1月23日）すると直ぐ中国との国境を封鎖し、中国からの入国者は14日間の隔離措置をとる、という対策を講じた[6]。本対策が成功したか、初めの2例が確認されてからの1週間、次の感染者の報告はない（図12-3）。ベトナムでは2020年7月末に国内初のアウトブレイクが発生するまで、市中感染者は殆ど観察されず、死亡者なく[6]、COVID-19パンデミック対策の優等生と言われた。日本では、1月15日の初症例（武漢市から訪日の中国人）の後、症例数がじわじわと上昇して来るも、既に中国本土の殆どの省や自治区で感染者が報告されていた2020年2月1日に武漢市のある湖北省からの入国者の入国規制を始め、同月12日に浙江省と湖南省からの入国者の規制、そして中国全土からの入国者を規制したのは3月5日である。ベトナムと比べると、水際対策の遅れがあったことは否めない。

　一方、アジア以外の国では、1月23日に米国、同月25日にフランスから感染例の報告があったが、1月末まではヨーロッパの国々からの報告は少なかった。

　話はCOVID-19から離れるが、ベトナムにおける高病原性鳥インフルエンザH5N1感染は、季節変動があり、旧正月（テト）の辺り（1月又は2月）は感染者数が上昇する[7]。ベトナムの慣習で、旧正月の祝いの膳に鶏を使う為、この時期、鶏の商取引、物流、消費の量が急増し[8]、そのことが感染リスクを上昇させるからである。感染

a. COVID-19 感染発生当初の中国及び中国以外の国の感染者数の推移

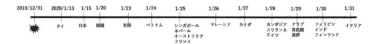

b. COVID-19 感染発生当初の世界の国々感染者数の経時的推移

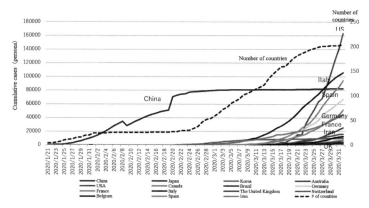

図 12-3　COVID-19 発生初期の世界的感染の拡大

制御には、感染流行地域の慣習とそれに伴う人々の行動の尊重と理解が重要である。

第2節　低・中所得国における新興感染症対策への課題

（1）COVID-19 ワクチンの開発とその接種に関する課題

　高病原性鳥インフルエンザ H5N1 ウイルスのヒトへの感染は、1997 年に香港で初めて 18 人の感染（内、死亡 6 人）が報告された。その後一旦収束したかのように見えたが、2003 年に中国やベトナムで大規模な家禽類のアウトブレイクが発生し、これに続いて、アジア諸国を中心にヒトへの感染が拡大した。現在までに世界 21 カ国から 868 例が報告されており、内、死亡 457 例と致死率が高い（52.6%）新興感染症である（2022 年 12 月現在・WHO）。COVID-19 パン

デミック発生前は、鳥インフルエンザウイルスの変異ウイルスが、次のインフルエンザパンデミックの原因ウイルスとして最も近い、と考えられていた。

鳥インフルエンザ H5N1 ウイルスに対するワクチンは、プレパンデミックワクチンとして開発されているが、2007 年当時、鳥インフルエンザワクチン開発をめぐり、インドネシアが、WHO にウイルス検体の提供を拒否したことが話題になった。以前より、先進諸国の製薬企業が新薬の開発時に医薬品の有効性や安全性を評価する為の臨床治験を途上国で行い、いざ新薬が発売されると高価な薬の入手は途上国では出来ず、その恩恵は治験を行った国の人々には届かないことが問題視されていた。2007 年当時インドネシアでは鳥インフルエンザ H5N1 感染者の報告があった 14 カ国 351 例の内、累積感染者数 117 例と最も多い感染者数を報告していた。インドネシアでは検体供給をし、それにより先進国でワクチンを開発されると、高価なワクチンを先進国から購入させられ、世界で最も危険にさらされている自国民へワクチン供給が出来ない事への違和感を主張した。インドネシアの検体供給停止は、我々先進国の研究者のインドネシアでの研究活動や、国内感染者の正確な疫学情報についてのWHO への報告等にも影響し、世界が協働して新興感染症の脅威に立ち向かう事の困難さを痛感させられる事例となった。

COVID-19 を含めた新興感染症の対応には、地球規模での封じ込めが必須である。その為には、先進国だけでなく途上国において、少しでも早くワクチン接種ができる仕組みを整えることが何よりも重要である。2023 年 1 月現在、2 回接種が基本となっている COVID-19 ワクチンについて、世界人口の約 70％が少なくとも 1 回は接種している。しかし、低所得国の人々の少なくとも 1 回の接種は約 26％のみである [9]。

更に、先進国ではブースター接種（免疫強化の為の追加接種（3 回目））が 2021 年 6 月末から進んだ。世界のブースター接種数をイン

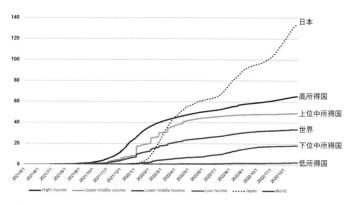

図 12-4　COVID-19 ワクチンのインカムレベル別ブースター接種数
（100 人当たり）

カムレベル別に見てみると、低所得国では、ほとんど進んでいない
（図 12-4）[9]。一方日本では、COVID-19 オミクロン株に対応した 5 回
目接種が進んでおり、世界的にもかなり高い。

　WHO では、ワクチンの分配を加速させるよう国際社会に呼びか
けているものの、先進国に比べて COVID-19 ワクチン接種が大きく
遅れているアフリカなどの低・中所得国では、ワクチンの供給量の
問題以外にも、国によっては接種実施の為の体制整備に時間がか
かっている、更には国民のワクチンへの不信感があるなどの課題も
指摘されている。国際的感染症の収束と公平性の格差の克服には、
低・中所得国へのワクチン供給、保健医療関係者への支援、人々に
対する教育など、国際社会に課せられた課題は多い。

(2) COVID-19 変異株に関する課題

　ウイルスが増殖する際、ウイルスの遺伝情報が書き換わることが
あり、これをウイルスの変異と言う。一般的に、ウイルスは流行し
ていく過程ですこしずつ変異を起こし、この変異したウイルスを変
異株と呼んでいる。変異が起こるとウイルスの性質が変化すること

が、ウイルスの感染性や病毒性（病原体が引き起こす感染症の重症度の強さ）、ワクチンの有効性等に影響を与える。COVID-19 の変異株について、WHO では「懸念される変異株（variants of concern：VOC）」と「注目すべき変異株（variants of interest：VOI）」「監視下の変異株（variants under monitoring：VUM）」にカテゴリー分類して監視している。各変異株のカテゴリーは、一度位置づけられても、途中で変更される場合もある。つまり、同じ SARS-CoV-2 を原因ウイルスとする COVID-19 は、変異株の出現と共に、感染性や病原性が変化している、という事である。これまで VOC に分類された変異株には、アルファ株、ベータ株、ガンマ株、デルタ株、オミクロン株などがある。アルファ株は、2020 年 12 月上旬に報告されたが、その後行われたウイルスの解析から 2020 年 9 月 20 日には本変異株の感染者がいることがわかった。日本国内では 20211 年 5 月下旬の段階で、全体の 90％以上が従来ウイルスからこの変異ウイルスに置き換わった。ベータ株は 2020 年 5 月に南アフリカから報告され、日本には、2021 年 7 月末には本変異株が検出されている。ガンマ株は 2020 年 11 月にブラジルから報告され、日本では 2021 年 1 月にブラジルから日本に到着した人に最初に検出された。アルファ株、ベータ株、ガンマ株は、国際的に占める割合が違うものの、報告があった国や地域の数の経時的推移から、感染拡散速度はあまり変わらなかったことが観察出来る（図 12-5）。デルタ株は 2020 年 10 月にインドから報告され、日本では 2021 年 4 月ころに爆発的に感染が拡大したが、東京都など首都圏では 2021 年 7 月下旬の段階でおよそ 75％がデルタ株になっていると報告されている。オミクロン株は、2021 年 11 月に南アフリカをはじめとする複数国から報告された。報告があった国や地域の数の経時的推移（図 12-5）によると、デルタ株とオミクロン株は、これまでの VOC の変異株より拡散速度が急速であり、特にオミクロン株は、2022 年 12 月 9 日から 2023 年 1 月 9 日の約 1 カ月で世界全体の 99.9％を占めた。オミクロン株は感染力の点では

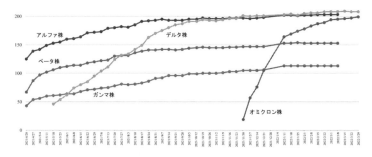

図 12-5　変異株が報告された国や地域の数の経時的推移

デルタ株より強いが、「重症例が少ない」「入院率が低い」との報告
がある一方で、デルタ株は、アルファ株に比べて感染力が 60% 強
く [10]、疾患の重症度の増加とウイルス量の増加にも関係するとの報
告がある [11] [12]。デルタ株は、最初の確認はインドであるが、急速
な感染拡大と重症患者の増加は、特にワクチン接種率の低い低・中
所得国では深刻である。

(3) ベトナムにおける COVID-19 診療の課題

　ベトナムでは 2021 年夏前には、一般住民には未だワクチン接種
が進んでおらず、インドでの COVID-19 デルタ株の大流行に続いて、
7 月には急激に重症の COVID-19 患者が増加し、ホーチミン市では
医療崩壊を起こして、重症患者でも自宅療養を強いられる結果と
なった。筆者の国際共同研究先である国立バクマイ病院（ハノイ市）
では、政府の要請を受けて、ハノイ市に緊急に短期 ICU センターを
設置し、重症 COVID-19 患者の診療にあたった。そこで、本施設に
8 月 1 カ月の間に入院した 504 名の COVID-19 の重症患者を対象に
臨床データを収集し、COVID-19 デルタ株の患者の臨床像と重症化
（死亡）リスク因子を明らかにする臨床研究を実施した [13]。本稿では

本研究成果から、途上国における COVID-19 診療の課題を検討する。

【研究デザイン及び方法】

　日越国際共同研究チームで、ベトナムで COVID-19 デルタ株の蔓延による COVID-19 アウトブレイクが発生していた時期に、バクマイ病院がホーチミン市に設置した ICU センターを研究サイトとして、後ろ向き観察研究（カルテ調査）を実施した。対象はバクマイ病院ホーチミン市 ICU センターに、SARS-CoV-2 ウイルス感染（COVID-19）の確定診断を受けて、2021 年 8 月の 1 ヶ月間に入院した人工呼吸器管理を必要とした重症患者 504 名。患者の基本属性、臨床的特徴、レントゲンや CT などの画像データ、臨床経過などのデータを収集し、生存者と死亡者を統計的に二群間比較すると共に、多変量解析にて死亡リスク要因を検討した。本研究は、バクマイ病院倫理委員会の承認を得て行った。

【結果】

　対象となった 504 例の内、死亡は 263 名（52.2％）であり、患者の基本属性を表 12-1 に示す。

　死亡と生存者間で、性別に有意差はなかったが、死亡者の方が、年齢（中央値）が有意に高く、死亡者では 60 〜 79 歳が（51％）、生存者では 40 〜 59 歳（46.1％）のグループの患者割合が最も高かった。対象患者の約 53％が一度もワクチンを接種したことがなく、1 回のみの接種は 43％、2 回目まで接種していた人は、全体の 4.1％のみであった。生存者の 46.1％は基礎疾患がなく、生存者の 32.7％は二つ以上の基礎疾患を有していた。死亡者グループで最も割合が多かった基礎疾患は高血圧（57.4％）で、次が糖尿病（31.9％）であった。両疾患とも生存者との比較では、統計的な有意差があった。これらの生活習慣病を有する人が重症化リスクとなることについては、欧米などの高所得国からの COVID-19 患者の臨床像と一致するが[15]、死

表 12-1　ベトナムにおけるデルタ株蔓延期の重症 COVID 患者の基本属性

	死亡者 （n = 263）	生存者 （n = 241）	p 値
性別—男性，n（%）	113（43.0）	99（41.0）	0.668
年齢—中央値（IQR）	64（57 - 73）	55（45 - 64）	< 0.001
<20	0（0.0）	8（3.3）	< 0.001
20 – 39	14（5.3）	36（14.9）	
40 – 59	78（29.7）	111（46.1）	
60 – 79	134（51.0）	71（29.5）	
≥ 80	37（14.1）	15（6.2）	
喫煙，n（%）	31（11.8）	24（10.0）	0.511
飲酒，n（%）	12（4.6）	14（5.8）	0.527
BMI—中央値（四分位範囲）	24.8（22.1 - 26.9）	23.9（21.5 - 26.3）	0.034
ワクチン接種状況			< 0.001
接種無し	161（61.2）	105（43.6）	
1 回目接種	98（37.3）	119（49.4）	
2 回目接種	4（1.5）	17（7.1）	
基礎疾患			
有する基礎疾患の数			< 0.001
0	67（25.5）	111（46.1）	
1	71（27.0）	59（24.5）	
2	86（32.7）	48（19.9）	
≥ 3	39（14.8）	23（9.5）	
脳血管障害	20（7.6）	5（2.1）	0.004
糖尿病	84（31.9）	42（17.4）	< 0.001
高血圧	151（57.4）	103（42.7）	< 0.001
心血管障害	58（22.1）	41（17.0）	0.155
COPD（慢性閉塞性肺疾患）	18（6.8）	12（5.0）	0.377
癌	4（1.5）	0（0.0）	0.055
HIV	1（0.4）	0（0.0）	1.000
結核	5（1.9）	3（1.2）	0.726
感染の伝搬経路			0.003
家族から	69（26.2）	69（28.6）	
家族以外から	28（10.6）	37（15.4）	
職場の同僚から	4（1.5）	16（6.6）	
分からない	162（61.6）	119（49.4）	

n = 人数

表 12-2　COVID-19 の死亡と生存グループの入院後の合併症・臨床経過・治療方法についての比較

	死亡者 (n = 263)	生存者 (n = 241)	p 値
合併症— n（%）			
心不全	6（2.3）	5（2.1）	0.874
腎不全	13（4.9）	2（0.8）	0.007
ARDS（重症呼吸窮迫症候群）	261（99.2）	108（44.8）	< 0.001
臨床経過—中央値（四分位範囲），日			
発症から入院までの日数（n=466）	8（5-12）	7（4-10.5）	0.004
診断から入院までの日数	7（4-11）	7（3-10）	0.085
入院期間	7（4-11）	12（9-17）	< 0.001
発症から退院までの日数（n=466）	16（12-22）	21（15-27）	< 0.001
薬物治療			
抗菌薬	259（98.5）	178（73.9）	< 0.001
レムデシビル	136（51.7）	194（80.5）	< 0.001
抗真菌薬	20（7.6）	4（1.7）	0.002
デキサメタゾン	213（81.0）	208（86.3）	0.108
デキサメタゾンによる治療期間，中央値（四分位範囲），日	4（2-7）	8（5-10）	< 0.001

表 12-3　ロジスティック回帰分析による COVID-19 患者の死亡リスク因子

	係数	標準誤差	p 値	オッズ比	95% 信頼区間
糖尿病	0.776	0.272	0.004	2.173	1.274-3.705
呼吸数	-1.102	0.251	<0.001	0.332	0.203-0.543
酸素飽和度	-1.710	0.249	<0.001	0.181	0.111-0.295
ワクチン接種状況—接種無し	0.509	0.211	0.016	1.663	1.101-2.513
発症から入院までの日数	-0.041	0.021	0.050	0.960	0.921-1.000
年齢 60-70 歳	1.080	0.248	0.000	2.944	1.810-4.787
年齢 71 歳以上	1.334	0.399	0.001	3.795	1.736-8.299

出所：註 13 より一部改変

亡と生存グループの比較において有意差はなかったものの、結核が基礎疾患として示されているのは、本研究が結核の高負担国で実施しているからこその特徴的基礎疾患である。WHOが定める結核及びHIV結核の高負担国は中・低所得国が集中している。COVID-19に対する国際支援には、当該国の他疾患の状況も考慮した取り組みが必要である。

　死亡者グループでは、発症から入院までの期間は8日と生存例より有意に長く、99.2%がARDS（急性呼吸器窮迫症候群）を合併し、死に至っている。本研究では全ての患者に酸素吸入を実施しているが、当時、COVID-19の重症患者への投与が認可されていた抗ウイルス薬（レムデシビル）による治療は、死亡例の51.7%にしかされていなかった。細菌や真菌による感染も観察出来、入院前又は入院後の衛生状態についての不安が危惧される。COVID-19デルタ株による感染患者の死亡のリスク因子は、基礎疾患に糖尿病があること、入院時の呼吸数が少ないこと、酸素飽和度が低いこと、ワクチン接種がないこと、発症から入院までの期間が長いこと、高齢で、71歳以上であると死亡リスクは3.8倍であった。

【考察】

　ベトナムにおけるCOVID-19デルタ株の重症患者は、医療崩壊による入院への機会の遅れによりARDSを発症し、死に至っていた。ワクチン接種が進んでいなかった為に重症化する人が多く、入院の機会があっても、高価な抗ウイルス薬による治療が十分に提供されず、安価な酸素療法を提供されているのみのケースが多かった。更に、細菌や真菌の二次感染を併発している患者も多かった。これは、約100年前のスペイン風邪の時代にも、パンデミックの原因ウイルスによる感染とは別の二次感染による死亡が多数観察されていた状況と類似する。多くの重症例が一度に一つの場所に集中して発生し、治療環境の確保が難しく、緊急で設置されたICUセンターの施設の

感染コントロールが十分であったかどうかについては不安が残ると共に、医療資源が十分ではない低・中所得国での感染アウトブレイク管理の難しさを感じる。水際対策の強化で先ずは感染を国内に入れない、という政策は重要であると共に、ワクチン接種の推進の為の国際社会の協力も必須である。感染者を出さない、重症者を出さない、ことが先ずは基本対策と思われる。

第3節　GDPとCOVID-19

ここまで、低・中所得国での新興感染症アウトブレイクが起きた場合の管理の難しさについて言及して来た。本節では、実際、各国の感染者数はGDPとの関連があるかどうかを検証した。

検証方法は、各国の1年間の感染者数の偏差値を計算し、GDPとのスペアマンの相関係数を算出、各国を所得レベル別に色分けしたプロットで示した図で可視化し、評価した。結果、GDPと感染者数偏差値の相関係数は、COVID-19発生1年目（2020年、r=0.814; 95%CI 0.758–0.858）、2年目（2021年、r=0.859; 95%CI 0.815–0.893）、3年目（2022年、r=0.835; 95%CI 0.784–0.874）（表12-4）と、共に強い正の相関関係が観察された。更に、感染者数偏差値が80以上、GDPが1兆5000億USドル以上の両者を満たす国は、COVID-19発生後1年目は、米国、インド、ブラジルの3カ国であったのに対し、2年目で前の3カ国に英国が加わり、3年目では米国、日本、ドイツ、フランス、韓国、イタリアの6カ国となり、パンデミックが続く程、高所得国の方が

表12-4　GDPとCOVID-19感染者数偏差値との相関関係

	2020年	2021年	2022年
相関係数（r）	0.814	0.859	0.835
p 値	< 0.001	< 0.001	< 0.001
95% 信頼区間	0.758 – 0.858	0.815 – 0.893	0.784 – 0.874

相関係数＝直線的な関係性の強さ。+1 に近ければ近いほど、強い正の相関がある

より COVID-19 の感染者数が多くなっていく傾向があることを評価出来た。

おわりに

　COVID-19 の発生は、世界中の人々の生活を一変させた。特に低・中所得国では、ワクチンの配分、治療に必要な医療資源、医療提供体制、住民への教育、既存の感染症対策等に課題がある。自国だけではこれらの課題を克服するのが困難である為に、低・中所得国での感染対策は、国内に感染を入り込ませない事が重要であった。既に国際的に蔓延してしまった国境のない感染症に対して、国際的な対策や早期収束を求める為には、これらの課題の解決、強化、補充を可能とする国際社会の協力や支援が求められる。

ゼミナール

① COVID-19 を含めた新興感染症の国や地域の感染者や重症者（死亡者）数は、医学的要因以外にも社会科学的要因、経済的要因等様々な要因の影響を受ける。どんな要因が、感染者や重症者数どのように影響するのか考えてみよう。

②低・中所得国における新興感染症対策において、どのような課題があるか考えてみよう。

③低・中所得国における新興感染症対策の課題の克服の為に、誰によるどのような支援や国際協力が必要かつ可能であるのか考えてみよう。

註

1）World Health Organization. Disease Outbreak News COVID-19 – China. https://

www.who.int/emergencies/disease-outbreak-news/item/2020-DON229.

2) Huang C, Wang Y, Li X, Ren L, Zhao J, Hu Y, Zhang L, Fan G, Xu J, Gu X, Cheng Z, Yu T, Xia J, Wei Y, Wu W, Xie X, Yin W, Li H, Liu M, Xiao Y, Gao H, Guo L, Xie J, Wang G, Jiang R, Gao Z, Jin Q, Wang J, Cao B. Clinical features of patients infected with 2019 novel coronavirus in Wuhan, China. *Lancet*. 2020 Feb 15;395（10223）:497-506. doi: 10.1016/S0140-6736（20）30183-5. Epub 2020 Jan 24. Erratum in: Lancet. 2020 Jan 30;. PMID: 31986264; PMCID: PMC7159299.

3) Lam TT, Jia N, Zhang YW, Shum MH, Jiang JF, Zhu HC, Tong YG, Shi YX, Ni XB, Liao YS, Li WJ, Jiang BG, Wei W, Yuan TT, Zheng K, Cui XM, Li J, Pei GQ, Qiang X, Cheung WY, Li LF, Sun FF, Qin S, Huang JC, Leung GM, Holmes EC, Hu YL, Guan Y, Cao WC. Identifying SARS-CoV-2-related coronaviruses in Malayan pangolins. *Nature*. 2020 Jul;583（7815）:282-285. doi: 10.1038/s41586-020-2169-0.

4) Worobey M, Levy JI, Malpica Serrano L, Crits-Christoph A, Pekar JE, Goldstein SA, Rasmussen AL, Kraemer MUG, Newman C, Koopmans MPG, Suchard MA, Wertheim JO, Lemey P, Robertson DL, Garry RF, Holmes EC, Rambaut A, Andersen KG. The Huanan Seafood Wholesale Market in Wuhan was the early epicenter of the COVID-19 pandemic. *Science*. 2022 Aug 26;377（6609）:951-959. doi: 10.1126/science.abp8715. Epub 2022 Jul 26. PMID: 35881010; PMCID: PMC9348750.

5) World Health Organization. Coronavirus disease（COVID-19）Situation reports. https://www.who.int/emergencies/diseases/novel-coronavirus-2019/situation-reports

6) Manabe T, Phan D, Nohara Y, Kambayashi D, Nguyen TH, Van Do T, Kudo K. Spatiotemporal distribution of COVID-19 during the first 7 months of the epidemic in Vietnam. *BMC Infect Dis*. 2021 Oct 30; 21（1）: 1124. doi: 10.1186/s12879-021-06822-0. PMID: 34717588; PMCID: PMC8556820.

7) Manabe T, Yamaoka K, Tango T, Binh NG, Co DX, Tuan ND, Izumi S, Takasaki J, Chau NQ, Kudo K. Chronological, geographical, and seasonal trends of human cases of avian influenza A（H5N1）in Vietnam, 2003-2014: a spatial analysis. *BMC Infect Dis*. 2016 Feb 4; 16:64. doi: 10.1186/s12879-016-1391-8. PMID: 26847341; PMCID: PMC4743110.

8) Soares Magalhães RJ, Ortiz-Pelaez A, Thi KL, Dinh QH, Otte J, Pfeiffer DU. Associations between attributes of live poultry trade and HPAI H5N1 outbreaks: a descriptive and network analysis study in northern Vietnam. *BMC Vet Res*. 2010 Feb 22; 6:10. doi: 10.1186/1746-6148-6-10. PMID: 20175881; PMCID: PMC2837645.

9) Coronavirus（COVID-19）Vaccinations. Our World in Data. https://ourworldindata.org/covid-vaccinations

10）Del Rio C, Malani PN, Omer SB. Confronting the Delta Variant of SARS-CoV-2, Summer 2021. *JAMA*. 2021 Sep 21;326（11）: 1001-1002. doi: 10.1001/jama.2021. 14811. PMID: 34406361.

11）Coleman KK, Tay DJW, Sen Tan K, et al. Viral Load of SARS-CoV-2 in Respiratory Aerosols Emitted by COVID-19 Patients while Breathing, Talking, and Singing. *Clin Infect Dis*. 2021 Aug 6: ciab691. doi: 10.1093/cid/ciab691. Epub ahead of print. PMID: 34358292; PMCID: PMC8436389.

12）Butt AA, Dargham SR, Chemaitelly H, et al. Severity of Illness in Persons Infected With the SARS-CoV-2 Delta Variant vs Beta Variant in Qatar. *JAMA Intern Med*. 2022 Feb 1; 182（2）: 197-205. doi: 10.1001/jamainternmed.2021.7949. PMID: 34935861; PMCID: PMC8696690.

13）Do TV, Manabe T, Vu GV, Fujikura Y, Phan D, Pham TT, Do CD, Doan TT, Nguyen TN, Dong TV, Manabe H, Hoang AV, Vu NV, Tring GK, Do NS, Nong VM, Nguyen TQ, Luong CQ, Kambayashi D, Kamiya T, Ohara H, Nguyen CV, Dang TQ, Kudo K, Dao CX. Clinical characteristics and mortality risk among critically ill patients with COVID-19 owing to the B.1.617.2（Delta）variant in Vietnam: a retrospective observational study. *PLOS ONE* 2022: PONE-D-22-22703.

14）Wu C, Chen X, Cai Y, et al. Risk Factors Associated With Acute Respiratory Distress Syndrome and Death in Patients With Coronavirus Disease 2019 Pneumonia in Wuhan, China. *JAMA Intern Med*. 2020;180（7）: 934-943. doi: 10.1001/jamaintern med.2020.0994.

読書案内

速水融『日本を襲ったスペイン・インフルエンザ——人類とウイルスの第一次世界戦争』藤原書店、2006 年。

アルフレッド・W・クロスビー（西村秀一翻訳）『史上最悪のインフルエンザ——忘れられたパンデミック』みすず書房、2009 年。

第13章

ジェンダー

ジェンダー視点の国際協力とは

福井　美穂

2022年3月8日「国際女性の日」にアントニオ・グテーレス国連事務総長は「女性の権利の時計は巻き戻ってしまっている」と指摘した。世界は新型コロナウイルス感染症のパンデミックをはじめとする様々な危機に直面し、今後は女児と女性の前進を中心に据えた女性のリーダーシップ「持続可能なフェミニスト的復興」が必要であると訴えた。こうした中、国際協力の中でのジェンダー視点はどう活用されているか。本章では、導入としてジェンダー概念を整理し、ジェンダーに基づく暴力、リプロダクティブヘルス・ライツの定義を提供する。そして、人道危機そして開発課題への支援の中でジェンダー視点の活用はどのような状況にあるのかを知るために、人間開発とジェンダー平等、持続可能な開発目標（SDGs）とジェンダー課題、平和と人権に関わるジェンダー課題としてのジェンダーに基づく暴力被害、性的搾取・虐待被害の現状をあきらかにする。女性の役割の変遷をめぐり、開発におけるジェンダー、ジェンダー主流化、女性ピースビルダーによるリーダーシップを推奨する「女性平和安全保障」と、変化する国際協力におけるジェンダー視点を通してその未来を考えたい。

はじめに

　ジェンダー（gender）という言葉が日本でも頻繁に使用されるようになってきた。世界ではジェンダーに関わる問題が課題として認識され、各国がジェンダー平等を達成しようと取り組みを続けている。性差別や偏見をなくし、ジェンダー平等を達成するためには、性別による固定的役割分担等は社会的につくられたものであることを認識していく必要があり、これをジェンダーの視点を取り入れるという。緊急人道支援や開発協力といった国際協力分野も例外ではなく、ジェンダー視点の導入は支援の効率化そして質を確保するために不可避のアプローチである。こうした認識は国際協力アクター、国連及び国際組織、NGO そしてドナーたる政府においても広く共有されてきている。

　このようなジェンダー視点の導入が国際協力に与える影響を包括的に理解するために、本章では、まずジェンダーに関わる概念を整理し、国際協力分野に関わるジェンダー概念の変遷を追跡する。その上で、国際協力分野におけるジェンダー課題の理解とその対応策について、人間開発、平和と人権分野を中心に論じ、現状と課題、そしてその展望を考察する。

第1節　ジェンダー概念の整理

　ジェンダーに関わる課題を扱う際に、それが「女性のみの問題」ではないかという指摘がある。女性と男性の間の格差、ジェンダー不平等が存在する場合、保護やエンパワメントの対象となるのは、多くの社会で弱い立場にある女性であることも一因であると考えられる。一方で、ジェンダー平等をいかに実現するかについては男性及び女性を巻き込んだ社会構造の変化が不可欠であり、性別のみにとらわれない社会の多様性の確保という意味でも社会全体の課題で

ある。ここでは、こうした議論を積み重ねる上で重要なジェンダー概念の登場と定義を整理し、その上で国際協力分野のジェンダー課題であるジェンダーに基づく暴力、リプロダクティブヘルス・ライツに関する理解を進める。

　ジェンダー概念が登場する以前には「女性の権利」が類似の目的意識を持って使用されてきた。歴史的には国連憲章（1945 年）に謳われる男女の同権（equal rights of men and women）、世界人権宣言（1948 年）にある「性による差別のない（without any distinction as to sex）」社会の構築を目指した整備が進むと、女性差別撤廃宣言（1967 年）が採択され、次いで女性差別撤廃条約（Convention on Elimination of Discrimination against Women：CEDAW）が 1979 年第 34 回国連総会で採択される。こうした背景に支えられながら、ジェンダー概念の使用は 1960 年代末から 1970 年代初頭に始まったといわれる。

（1）ジェンダー概念

　多くの場合、生物学的性差そして性別を示すセックスと区別して使用される社会的・文化的性別を示すジェンダーという概念は、時代や文化によって様々に異なり、なおかつ見直しや変化が可能であるといわれている。一方で、生物学的性差と社会的・文化的性別との差異については、生物学的性差と思われていたものが社会的性別の影響があるなどの境界があいまいなケースもあり、その区別は困難であるとの指摘から、近年は「性差・性別についての観念・知識」としてより広義でとらえられるようになってきている [1]。

　このように一般的な理解の共有はあるものの、ジェンダー概念は目的によって複数の意味合いと使用法を持っている [2]。男女別の統計などを指す際には性別とほぼ同義で使用され、ジェンダー統計と称して使用する場合もある。ほかにも前述の生物学的な特性とは別の社会的そして文化的特性を指す場合や、広義の性別や性差についてその社会で共有されている知識を指す場合、社会構造の中の男女間

の権力関係を意味する場合、そして個人の持つ性自認や性的指向を意味する場合もある。そのため、こうしたジェンダー概念の持つ多様性は、国際協力におけるジェンダー視点の導入にも影響し、多角的なアプローチとして出現してくることを認識しておく必要がある。

(2) ジェンダーに基づく暴力

それでは次に国際協力に関わるジェンダーに関連する概念としてジェンダーに基づく暴力（Gender-Based Violence：GBV）を扱う。女性の権利運動の盛り上がりやジェンダー概念の理解が進む中、1990年代の人道危機下の旧ユーゴスラヴィアとルワンダで起こった紛争下で戦争の手段として行われた組織的な性暴力を含む紛争に関係する性暴力（Conflict-Related Sexual Violence：CRSV）の発覚を契機に、ジェンダーに基づく暴力が国際課題として認識される。女性差別撤廃条約一般勧告19号（1992年）は、ジェンダーに基づく暴力を以下のように定義している。「女性であることを理由として女性に対して向けられる暴力、あるいは、女性に対して過度に影響」[3]、それも負の影響を及ぼす暴力であることを明示している。その後、1993年女性に対する暴力の撤廃に関する宣言（Declaration on the Elimination of Violence Against Women：DEVAW）が国連総会で採択された。

女性に対する暴力が問題視される一方で、ジェンダーに基づく暴力は、女性に限らずジェンダーまたは性別に基づいて人に向けられた差別及び人権侵害を指す概念であるため、男性も男児もその被害対象となりうる。近年は紛争下における男性及び男児の性暴力被害報告もあり[4]、男性被害者サバイバーの存在が再認識されている。またレズビアン、ゲイ、バイセクシャル、トランスジェンダー、インターセックスといった人々を指すLGBTIとも総称される「性的少数者」についても同様である。UNHCRは2008年11月に性的指向と性自認に関連する主張を行う難民保護に関するガイドライン（Guidance Note on Refugee Claims Relating to Sexual Orientation and Gender Identity）

を策定している。

国連難民高等弁務官事務所（UNHCR）『難民や国内避難民を対象にしたジェンダーに基づく暴力予防と対応ガイドライン』[5] によればジェンダーに基づく暴力は以下の五つに分類される。それらは、①性暴力：レイプや性的搾取・虐待（sexual exploitation and abuse：SEA）等、②身体的暴力：殴る蹴る等、③心理的暴力：言葉やいじめ、④身体に有害とされる伝統的慣習（harmful traditional practice）：女性性器切除（female genital mutilation/cutting：FGM/C）等、⑤社会的・経済的な暴力：社会的疎外や貧困である。女性性器切除は、医療または治療を目的としない女性及び女児の性器の切除を指し、施術による身体的な利益はなく、施術過程における過度の出血、その後の囊胞、感染、出産時の合併症や新生児の死亡原因ともなる。アフリカ、中近東やアジアの30カ国における2億人の女性及び女児が施術を受けている。また、中でも人道支援の現場で特に保護支援が必要とされる性暴力については、人道支援アクターは性的なジェンダーに基づく暴力（Sexual Gender-Based Violence：SGBV）と呼び対応を行っている。同ガイドラインでは性暴力は、①レイプ及び婚姻下のレイプ、②児童性的虐待・冒瀆・近親による性行為、③強制的な非性器性行為及びレイプ、④レイプや強制的な非性器性行為未遂、⑤性的虐待、⑥性的搾取、⑦強制売春、⑧セクシュアルハラスメント、⑨戦争の手段としての性暴力及び拷問の九つに分類される。

また同じ性暴力でも、特に紛争後の国際支援の現場で国連組織及び国際NGOを含む国際支援要員が加害者となり、権力差や信頼を利用し、人道支援の対象となる脆弱性の高い人々を対象にして行う性的搾取・虐待という概念がある。特に性的搾取は法的処分対象であるかどうかは国によって異なるが、国際支援組織が果たすべき説明責任、アカウンタビリティの問題として滞在地の法的処分の有無にかかわらず国際的な支援組織内部の行政処分が求められ、注目されている。

(3) リプロダクティブヘルス・ライツ

次に国際協力に関わるジェンダー課題のリプロダクティブヘルス・ライツ（Reproductive Health and Rights）、性と生殖に関する健康及び権利を扱う[6]。リプロダクティブヘルス・ライツは、1994 年のカイロ国際人口・開発会議で以下のように定義された。全ての個人そしてカップルに保障されるべき、生殖に関わるシステムと機能、関係する活動の全ての過程において、疾病や障がいがないことにとどまらず、身体的、精神的、社会的に良好な状態への権利である。具体的には HIV を含む性感染症の予防を含む安全な性生活、強制的な不妊化の拒否を含む生殖に関わる自己決定権、妊娠及び出産期を通して保健サービスを受け、安全な妊娠や出産そして出産調整を含む家族計画に関して知識と選択権を持つことを意味する[7]。

第 4 回北京世界女性会議行動綱領（1995 年）は、リプロダクティブ・ライツを女性の権利として明記しているが[8]、リプロダクティブヘルス・ライツの侵害とは何を意味するのか。国連人権高等弁務官事務所（OHCHR）によれば、生きる権利（生存権）、健康への権利、プライバシーを持つ権利、教育を受ける権利の侵害、そして差別を指す。より具体的には、女性が必要な支援へアクセスすることを妨害し、質の低い支援のみを提供し、当事者の合意なしに生殖や性的健康に関するサービスへのアクセスを第三者が支配すること、強制的な不妊手術、性的経験に関する強制検査、強制中絶、女性性器切除、児童婚と児童妊娠、男児希望を理由に間隔の短い妊娠を繰り返すことによる健康被害、そして不妊を理由とする家庭からの女性の追放などである。リプロダクティブヘルス・ライツ実現のための手法として、世界保健機関（WHO）は、妊産婦死亡率の低減、質の高い性及び生殖に関わる保健サービス提供、避妊及び性感染症対策、子宮頸がん予防、女性及び女児に対する暴力、青少年の性と生殖に関する保健ニーズへの対応を提唱している。

第 2 節 　ジェンダー視点から見た国際協力課題の現状

　本節では、ジェンダー視点から見た国際協力課題の現状を人間開発と平和・人権に関わる分野を見ながら明らかにしていく。

(1) 人間開発とジェンダー平等

　国際開発協力におけるジェンダー平等は、経済協力開発機構（OECD）開発援助委員会（DAC）によれば「女性の参画を促進し、かつ全ての関係者が、現在の組織的、制度的枠組みそのものを批判的に分析・評価し、再構築していく過程」[9] である。国際開発協力の焦点が経済開発から人間開発に移ると、ジェンダー平等の達成は国際開発協力の重要なアジェンダの一つとなった[10]。こうした各国におけるジェンダー平等状況の理解の一助となるのが、国連開発計画（UNDP）が発行する『人間開発報告書』にあるジェンダー不平等指数（Gender Inequality Index：GII）であり、これをベースに世界のジェンダー平等の達成状況を追跡することができる。その達成度はリプロダクティブ・ヘルス、エンパワメント、労働市場の参加という 3 分野（表 13-1）の指標を使用して数値化される。

　3 分野において、女性と男性が完全に平等な場合には GII 値は 0 となり、男性または女性の一方のみが不利な状況に置かれている場合には値は 1 として報告されるため、値が高いほどジェンダー平等が

表 13-1　ジェンダー不平等指数に使用される指標

リプロダクティブヘルス分野	①妊産婦死亡率（妊婦 10 万人中の妊娠に関する死亡数） ②若年（15 歳〜19 歳）女性および女児 1000 人のうち出産を経験している人数
エンパワメント分野	③立法府における女性議員の割合 ④中等・高等教育を受けた人の割合（男女別）
労働市場参加分野	⑤女性の就労率（労働力率男女別）

出所：筆者作成

達成されていない状態であるといえる。ジェンダー不平等がない国は存在せず達成度には地域差がある。2021 年欧州と中央アジアは 0.227、サハラ以南のアフリカは 0.569、南アジア 0.508、アラブ諸国 0.536 である。国別に見ると最も格差の少ない 3 カ国、デンマーク（0.013）、ノルウェー（0.016）、スイス（0.018）と比較すると、格差の多い 3 カ国、イエメン（0.820）、パプアニューギニア（0.725）、ナイジェリア（0.680）との差は大きいことがわかる [11]。

（2）持続可能な開発目標 SDGs とジェンダー課題

次に持続可能な開発目標（Sustainable Development Goals：SDGs）とその達成度合いを通して開発協力分野のジェンダー課題の理解を深めたい。SDGs は 2015 年 9 月国連持続可能な開発サミットで採択され、2016 年 1 月 1 日に正式に発効した。2016 年から 2030 年の間に達成すべき 17 の目標と 169 のターゲットを掲げている。あらゆる形態の貧困に終止符を打ち、不平等と闘い、気候変動に対処し、誰も置き去りにしないという試みであり、開発途上国に限らず全ての国を対象とし、環境を通じて地球を守ることを呼びかけ、経済成長、社会的包摂、環境保護を掲げている。ジェンダーに関連した目標としては、「ジェンダー平等を達成し、全ての女性と女児のエンパワメントを図る」（目標 5）が掲げられ、女性に対する差別、暴力、有害な慣行に終止符を打ち、介護や家事などの無償労働を認識・評価し、意思決定における参加とリーダーシップの機会を確保し、リプロダクティブヘルス・ライツへの普遍的アクセスを保障することを目指している。また、女性の経済的資源へのアクセスを確保するための改革に取り組み、情報通信技術の活用を強化し、ジェンダー平等と女性のエンパワメントを促進するための法制度整備を掲げている。

UN DESA 及び UN Women による『SDG におけるジェンダー推進スナップショット』報告書（2022 年 9 月）では、各目標におけるジェンダー課題が以下の通り明らかになっている。

図 13-1　SDGs

　3億8000万人の女性と女児が1日1.90ドル以下の生活を送る極度の貧困にある（目標1）。3人に1人の女性が中程度または重度の食料安全保障危機に直面している（目標2）。12億人の女性と女児は安全な中絶手段へのアクセスがなく、1億200万人は中絶禁止地域に住んでいる（目標3）。54％の女児が人道危機の影響から正規教育を受けていない。現進捗のままでは差別的な法律を変え、女性や女児を法的に保護し平等を達成するのに286年かかるとされる（目標4）。前年に世界で10人に1人の女性と女児（15歳から49歳）が親密なパートナーから性的または身体的暴力を受けている。2021年には4475の地域が女性性器切除（FGM/C）廃絶を正式に宣言した。女性は地方行政機関の3分の1を占め、経営者・管理職の3人に1人である。現在のペースでは平等達成は140年後になるとされる。ジェンダー予算配分を追跡する包括的なシステムを持つ国は、全体の26％に過ぎない（目標5）。清潔な水がないために、毎年80万人以上の女性や女児の命が奪われている（目標6）。生存に不可欠な福祉と生産性のカギとなる入手可能な価格のクリーンエネルギーは、アジアとサ

ハラ以南アフリカの何百万人もの女性や女児には入手が難しく、エネルギー価格の高騰が事態を悪化させている（目標7）。2022年の女性の労働力参加率は、169の国・地域で新型コロナウイルス感染症（以下、COVID-19）流行前の水準を下回ると予測される（目標8）。科学、工学、情報通信技術の分野では女性は10人に2人の割合で、特許を取得した発明者のうち女性は16.5%に過ぎない（目標9）。2021年末までに、約4400万人の女性と女児が、気候変動、戦争、紛争、人権侵害により故郷から離れることを余儀なくされている（目標10）。世界の都市部に住む女性の49％が、COVID-19以来、夜間の一人歩きの安全性が低下したと感じている（目標11）。1970年から2019年の間、毎日平均一つの災害が発生し、115人が死亡し2億200万ドルを損失し、貧困層や社会から疎外されたコミュニティの女性に負の影響を与えている（目標12、13、14、15）。世界的に女性が司法に占める割合は42％、警察に占める割合は16％に過ぎない（目標16）。ジェンダー平等のための資金調達は、他の課題や女性の権利に対する反発に追いついていない。ODA事業のうちジェンダー平等が主目的なのは4.6％である（目標17）。

（3）平和と人権に関わるジェンダー課題

　平和と人権に関わる課題として、ここではジェンダーに基づく暴力と性的搾取・虐待被害について述べる。

ジェンダーに基づく暴力被害

　毎年、女児1億5000万人、男児7300万人が性暴力被害にあっている。紛争下の被害はさらに深刻であり、紛争の武器としての組織的なレイプが旧ユーゴスラビア、ルワンダ及びシリアで行われた[12]。性的指向、障がいの有無、民族と並んで紛争や紛争後の状況といった背景因子は、女性の暴力被害への脆弱性を増加させるとの研究報告もある。世界の女児の7億5000万人は18歳より前に結婚し、そ

のうち7人に1人は15歳より前に結婚もしくはそれに準じた経験をしている[13]。女児は児童婚の結果、早期妊娠及び社会的孤立を経験し、教育、社会そして経済的機会を奪われる。世界の人身取引の多くは性的搾取を目的としているが、被害者の71％は女性及び女児であり、また子どもの被害者の4分の3が女児である[14]。

性的搾取・虐待、ハラスメント被害

　国際協力事業全体へのジェンダー主流化の重要性の理解が広がる一方で、2000年代に紛争後の緊急人道支援や復興支援フェーズで起こる、国連組織そして国際NGOといった支援要員による難民や現地住民に対するジェンダーに基づく暴力、性的搾取・虐待事件が注目された。2000年以前はピースキーパーと呼ばれる国連PKO軍事要員そして文民警察官らが加害者である事例が報告されたが、2001年のギニア、リベリア、シエラレオネで活動する国連組織そして国際NGO職員といった人道支援関係者による難民児童に対する性的搾取・虐待報告は[15]、加害者の拡がりと被害者の低年齢化が問題視された。その後も同様の性的搾取・虐待報告はコンゴ民主共和国、中央アフリカ共和国、ハイチと続いている[16]。国連フィールド支援局行動規律課によれば、2017年の世界の国連職員による性的搾取・虐待疑惑報告は合計56件、うち5件は国連文民職員による事件である。国際NGOに関しては、包括的な統計データが存在せず、個別の事件に関する報告が共有されるだけであり、未報告事件の存在が指摘されている。

第3節　国際協力アプローチと女性の役割の変遷

　これまでジェンダーに関わる課題を挙げてきたが、ここでは国際協力アプローチと女性の役割がいかに変化してきたのかを追跡する。国際開発協力の達成が経済開発ではかられた1950年代は、開発過

程において女性が可視化されていなかった時代でもあった。GDP
の成長を主要な指標とする経済開発アプローチは、全体の経済成長
がいずれ社会の底辺にある人々にも到達するといったトリクルダウ
ン効果を狙った波及型モデルであったため、正規の市場で働く男性
労働力と比較すると、インフォーマルセクターで働く女性、そして
子ども、高齢者、障がい者は開発支援対象たりえなかった。こうし
た経済を中心とした国際開発協力の主眼が 1970 年代中ごろから、
人間を開発の主体とし、人々の主体的な参加を重要視する社会開発
へと移行する。ここから、経済だけでなく平均余命、基礎教育機会、
保健や衛生的な環境の確保を謳う人間開発概念が重要視される [17]。
社会開発の達成を目指す中で、インフォーマルセクターへの支援に
よって社会を底辺から押し上げる基本的人間のニーズ（Basic Human
Needs：BHN）を満たす BHN 戦略が取り入れられた。

（1）開発における女性アプローチ：開発の担い手としての女性

　持続的開発のために女性の生産性向上も重要とされたことから、
開発援助事業における女性の能力開発にも注目が集まり、女性が担
い手として重要視される。その結果、1970 年代にそれまで開発の
過程に組み込まれてこなかった女性を、開発の担い手として参画を
促す女性と開発（Women in Development：WID）アプローチが始まっ
た [18]。1975 年にメキシコで開催された第 1 回世界女性会議が契機と
なり、開発援助における女性のエンパワメントやジェンダー平等の
促進を目指す視点が追加された。今まで注目されてこなかった女性
を重視し、女性が開発に積極的に参加することを保障し、女性の社
会経済的地位を改善することが目的となった。

（2）ジェンダーと開発アプローチ：社会変革手段としての
　　ジェンダー

　開発の中の女性がその担い手としての役割を獲得したところで、

1970 年代後半に女性に関わる問題に対して女性のみを支援対象とすることの効果への疑問が提示される。そこから 1980 年代から 90 年代にかけては全ての開発課題にジェンダー平等の視点を組み込んでいくジェンダーと開発（Gender and Development：GAD）という概念が唱えられた。女性と男性の間の関係性や社会構造の中にある女性に対する差別的な固定的役割分担やジェンダー格差を生み出す制度や仕組みに注目してジェンダー不平等を分析し、社会変革の方法を見つけることを目指すアプローチである。すなわち、女性の貧困を解消するにあたり、女性をエンパワメントしただけでは女性の従属的地位と根本的な課題は解消されないため、男性も巻き込んだ形で社会構造の中にある課題を解決していくものである。

(3) ジェンダー主流化：分野を超えた主流化へ

開発分野にとどまらず 1995 年国連北京世界女性会議行動綱領において提唱されたのがジェンダー主流化（gender mainstreaming）であり、以下の 12 領域の課題と対応を提唱した。女性と貧困、女性の教育と訓練、女性と健康、女性に対する暴力、女性と武力紛争、女性と経済、権力及び意思決定における女性、女性の地位向上のための制度的な仕組み、女性の人権、女性とメディア、女性と環境、女児。ジェンダー主流化は「女性と男性が平等に便益を受け、不平等が永続しないよう、政治、経済、社会全ての分野における政策やプログラムを、計画・実施・モニタリング・評価するという一連の側面に、女性及び男性の関心と経験を統合する戦略」と定義される[19]。1998 年の国連総会経済社会委員会（ECOSOC）においては、ジェンダー平等達成を最終目標とするジェンダー主流化が決議として採択された[20]。これにより国連加盟国はジェンダー平等と女性のエンパワメントを政策や事業に反映することに同意したことになる。

同時期に緊急人道支援のジェンダー主流化の必要性が認識され、緊急人道支援機関で形成される機関間常設委員会（Inter-Agency Stand-

ing Committee：IASC）は、ワーキングペーパー『人道対応と緊急における
けるジェンダー主流化』[21]（1999年）において、自然災害や人災下に
おいてジェンダーが被害格差に与える影響が大きいこと、被害の割
合や程度は男性と女性、女児や男児で同一ではなく、被災後のニー
ズも違うこと、緊急人道支援の給水、衛生、衛生促進、食料の確保
と栄養、住居、居留地、生活用品、保健の支援の際に、ジェンダー
と保護の視点を導入する必要性を明示している。また、緊急人道支
援下でいかにジェンダーに基づく暴力を予防し、被害者サバイバー
を保護していくかについてはIASC『人道状況下のジェンダーに基
づく暴力介入ガイドライン』[22] が2005年に策定された。国連人道
支援機関は2008年に人道支援を調整する会議、保護クラスターの
下にGBVサブクラスターを設置、作業部会を立ち上げ、被害者サ
バイバーを専門機関へ紹介するリファーラル・システムの設置、情
報管理システムの導入などの整備を進めている。国際NGOについ
ては、個別の行動規範や国際基準『人道支援の必須基準』[23] の活
用による性的搾取・虐待予防、被害者サバイバー保護、苦情受け入
れ窓口の設置等の対策も行われている。

（4）女性平和安全保障：新しいピースビルダーとしての役割

　緊急人道支援のジェンダー主流化の重要性が認識される中、残さ
れたのが紛争下の性暴力、紛争後の平和構築支援のジェンダー主流
化である。2000年に国連安全保障理事会で決議1325号（以後、1325
号）、別名女性平和安全保障（Women Peace and Security：WPS）決議が採
択された。1325号は国連の最高意思決定機関で初めてジェンダー
を取り上げた決議である。紛争下及び紛争後のあらゆるプロセスに
おけるジェンダー主流化と女性及び女児のジェンダーに基づく暴力
からの保護の提供、尊厳の確保を主眼としている。新たな女性の役
割としては和平プロセスへの女性の参画が挙げられる。同決議は以
下の重点4分野小目標を定めている。①紛争下及び紛争後において

女性及び女児へのあらゆる形態の暴力を防止すること、②国家・地域・国際レベルにおいて女性が男性と同等に平和・安全保障に係る意思決定に参画すること、③紛争下及び紛争後において女性及び女児の人権を保護し増進すること、④女性と女児特有の救済の必要性への対処、救済と復興における女性の能力強化[24]。国連安全保障理事会議長が国連加盟国へ 1325 号国別行動計画策定を声明で呼びかけた後、2005 年のデンマークから始まり、2022 年 9 月 103 カ国と 8 の地域機関で策定されている。

　1325 号及び関連決議の実施状況については、2021 年 8 月に国連総会に報告書が提出されている[25]。2020 年、国連が主導または共催する平和プロセスにおける女性代表者比率は 23 ％に過ぎなかった。減少傾向にあったジェンダー条項を入れた和平協定の割合は 28.6 ％に上昇したが、2015 年に記録した 37.1 ％の最高値を大きく下回っており、2018 年から 2020 年の間に成立した停戦協定には、ジェンダー条項が含まれていない。2020 年 12 月 31 日、国連 PKO 活動に参加する女性軍事要員は 5.2 ％であり、国連が 2020 年に設定した目標の 6.5 ％を下回っている。COVID-19 の社会的・経済的影響に対応するために世界中で採用されている 3100 以上の政策措置のうち、ジェンダーに配慮したといえるのは 42 ％に過ぎず、紛争被害国でも同様の割合が見られる。政府支出に占める軍事費の割合が比較的高い国々では、この間、女性と女児の特別なニーズの支援措置は少なかった。人道的資金調達においても、国連統一アピール全体の平均資金調達率が 61 ％であるのに対し、ジェンダーに基づく暴力とリプロダクティブ・ヘルス関連部門の資金獲得率はそれぞれ 33 ％と 43 ％にとどまった。行政における女性の議席は世界全体では 25.5 ％であるが、紛争国及び紛争後の国では 18.9 ％である。紛争の影響下の行政における女性の割合は平均 23 ％で、他国の平均の半分以下である。36 の紛争国及び紛争後の国で調査された COVID-19 タスクフォースメンバーのうち、女性の割合は 4 分の 1 である。紛

争影響下の国の女性権利団体や運動に対する二国間援助は、依然として1％を大きく下回り、2010年以降低迷している。掲げられた理想の実現はいまだ途上である。

おわりに

　ここまで国際協力におけるジェンダー課題と女性の役割の変遷を俯瞰してきた。ジェンダー課題はいまだ多く存在するものの、様々な働きかけの中で多くの改善案も提示されてきたことがわかる。国際開発協力では不可視化されてきた女性がエンパワメントの対象となり、その後は社会変革を促す形でジェンダー不平等の解決が図られつつある。また、緊急人道支援、紛争後の過程におけるジェンダー主流化により、ジェンダーに基づく暴力、そして性的搾取・虐待への対応策が整備され、また女性のリーダーシップの強化そして平和構築における女性の役割も注目されるようになった。2011年にはリベリア和平プロセスへの貢献に対して、リベリア元大統領エレン・ジョンソン・サーリーフと平和活動家リーマ・ボウイーがノーベル平和賞を共同受賞した。2018年には、ジェンダーに基づく暴力問題の啓発や被害者支援を行うイラクのナディア・ムラド・パセ・タ氏、コンゴ民主共和国のデニ・ムクウェゲ氏が受賞している。

　こうした平和構築における女性の活躍やジェンダーに基づく暴力の重要性も注目される中、2021年に世界で避難を余儀なくされた人々は8930万人である[26]。女性や女児を含む脆弱性の高い人々が保護を必要とする状況はあまり変わっていないといえる。国連組織によるジェンダーに基づく暴力を対象とした事業はいまだ2018年全体の6％に過ぎない[27]。中立性を意図してニーズの異なる人々を「平等」に扱う同一／差異モデルの採用は、「同じものを同じように／異なるものを異なるように」扱うこととなり、ときに異なるニー

ズを持つ脆弱性の高い人々への支援停止を意味する[28]。国際協力がジェンダーに配慮し、それを主流化する中でエンパワメントを強化することで保護支援が弱体化しないよう継続した配慮が求められるだろう。

ゼミナール

①SDGsの中でジェンダー関連指標の進捗を調べてみよう。SDGsの前身であるミレニアム開発ゴール（MDGs）の中でも取り残されてきたジェンダー課題はどのように進展しているか、またはしていないだろうか。

②平和構築の仲介者としての女性の役割にどんなものがあるだろうか。女性が和平交渉に加わることで何か変わるだろうか。

③ジェンダーに基づく暴力の具体例を調べてみよう。そして、紛争影響下のジェンダーに基づく暴力は、平時のジェンダーに基づく暴力と何が違い、何が問題なのだろうか。

註

1) 辻村みよ子「はしがき　ジェンダー平等をめぐる理論と政策」辻村みよ子・戸澤英典・西谷裕子『世界のジェンダー平等』東北大学出版会、2008年、7頁。

2) 江原由美子「第一章　ジェンダー概念の有効性について」辻村みよ子編『ジェンダーの基礎理論と法』東北大学出版会、2007年、12頁。

3) 内閣府、女子差別撤廃委員会による一般勧告（内閣府仮訳）。

4) Chynoweth, Sarah, "We keep it in our heart," Sexual Violence against men and boys in the Syria Crisis, October 2017, UNHCR.

5) UNHCR, "Sexual and Gender-based Violence against Refugees, Returnees and Internally Displaced Persons" *Guidelines for Prevention and Response,* May 2003.

6) 女性差別撤廃条約（1992年）第16条（e）は、子の数及び出産の間隔を自由にかつ責任をもって決定する同一の権利並びにこれらの権利の行使を可能に

する情報、教育及び手段を享受する同一の権利、第 10 条（h）は家族の健康
及び福祉の確保に役立つ特定の教育的情報（家族計画に関する情報及び助言
を含む。）を享受する機会を保障している。内閣府、女子差別撤廃条約全文。
http://www.gender.go.jp/international/int_kaigi/int_teppai/joyaku.html

7）UN Document, Report of the International Conference on Population and Develop-
ment (Cairo, 5-9 September 1994), A/CONF.171/13, 18 October 1994.

8）第 4 回世界女性会議　行動綱領（総理府仮訳）、216。http://www.gender.go.jp/
international/int_norm/int_4th_kodo/chapter4-I.html

9）OECD-DAC Network on Gender Equality (GENDERNET), Handbook on the
OECD-DAC Gender Equality Policy Marker, December 2016.

10）吉川健治「第 2 章　社会開発」『新しい国際協力論』明石書店、山田満編著、
2010 年。参照。

11）UNDP, Human Development Index 2021, Table 5: Gender Inequality Index.

12）UN Document,“I lost my dignity”: Sexual and gender-based violence in the Syrian
Arab Republic, A/HRC/37/CRP.3, 8 March 2018.

13）UNDESA, UN Women, Global Database on Violence against Women, 2015.

14）UNODC, Global Report on Trafficking in Persons 2016, p. 7, 28.

15）UNHCR and Save the Children UK, Note for Implementing and Operational part-
ners, February 2002.

16）Aids Free World a Code Blue campaign http://www.codebluecampaign.com/
statements-press-releases/

17）社会開発、BHN 戦略、人間開発については以下に詳述。吉川健治「第 2 章
社会開発」『新しい国際協力論』明石書店、山田満編著、2010 年。

18）UNDP UNRISD Occasional Paper, Shahrashoub Razavi Carol Miller, From WID to
GAD: Conceptual Shifts in the Women and Development Discourse, 1995.

19）UN Document, Report of the Economic and Social Council for 1997, A/52/3, 18
September 1997.

20）UN Document, Follow-Up to Fourth World Conference on Women and Full Imple-
mentation of Beijing Declaration and Platform for Action, A/Res/52/100, 26 January
1998.

21）IASC, IASC Working Group XXXVI Meeting Background Paper Mainstreaming
gender in the humanitarian response to emergencies, April 1999.

22）IASC, IASC Guidelines for Gender-based Violence Interventions in Humanitarian
Settings, September 2005.

23）CHS アライアンス、グループ URD、スフィア・プロジェクト『人道支援の

必須基準 人道支援の質と説明責任に関する必須基準』2014年。

24）UN Document, Women and peace and security Report of the Secretary-General, S/2010/498, 28 September 2010.

25）UN Document, Report of the Secretary-General on women and peace and security, S/2021/827, 27 September 2021.

26）UNHCR 統計　http://www.unhcr.org/en-us/women.html

27）UNOCHA, World Humanitarian Data and Trends, 2018. https://data.humdata.org/dataset/world-humanitarian-data-and-trends

28）キャサリン・A・マッキノン、中里見博訳「女性の地位、男性の国家」辻村みよ子・戸澤英典・西谷裕子『世界のジェンダー平等』東北大学出版会、2008年、19頁。

読書案内

高柳彰夫・大橋正明編『SDGsを学ぶ——国際開発・国際協力入門』法律文化社、2018年。

リーマ・ボウイー（著）、キャロル・ミザーズ（著）、東方雅美（翻訳）『祈りよ力となれ——リーマ・ボウイー自伝』、英治出版、2012年。

デニ・ムクウェゲ（著）、加藤かおり（翻訳）『すべては救済のために——デニ・ムクウェゲ自伝』あすなろ書房、2019年。

ナディア・ムラド（著）、吉井智津（翻訳）『THE LAST GIRL ——イスラム国に囚われ、闘い続ける女性の物語』東洋館出版社、2018年。

ワリス・ディリー（著）、武者圭子（翻訳）『文庫　砂漠の女ディリー』草思社文庫、2011年。

宇多川妙子、中谷文美編『ジェンダー人類学を読む』世界思想社、2007年。

第 14 章

教育

「インクルーシブかつ公正で質の高い教育」とは

利根川　佳子

2015 年に合意された持続可能な開発目標（SDGs）のうち、4 番目の目標として教育目標（SDG4）は設定された。知識・スキルの獲得や人材育成の観点から、実際には SDGs のすべての目標に教育の要素が関わっているともいわれている。つまり、教育は、様々な分野に対して影響力を持つ、領域横断的な分野であり、教育協力は、国際協力の中で重要な役割を担っているといえる。具体的には、SDG4 は「すべての人にインクルーシブかつ公正で質の高い教育を確保し、生涯学習の機会を促進する」とされた。では、「インクルーシブ（包摂的）かつ公正で質の高い教育」とは、どのような教育なのだろうか。

はじめに

　世界には、就学していない子どもや若者が2億5800万人（2018年）おり、非識字の状態にある成人は、依然として7億7300万人（2019年）存在している。教育を受けられず、読み書きが十分にできないことによって、情報を得る手段が限られ、日常生活において不利益を被ることも少なくない。教育によって、自身の生活や人生をより豊かにする可能性を広げることができると考えられる。ノーベル経済学賞受賞者のアマルティア・センは「基礎教育を普及させ、その効力を拡大すれば、人間の安全を脅かすほとんどの危険に対して、おおむね強力な予防効果を発揮する」ことができると述べている[1]。教育は、人権保障という観点からも重要であるといえるだろう。

　本章では、第1節で、教育協力の国際的な動向を概観し、第2節では、持続可能な開発目標（Sustainable Development Goals：SDGs）のうち、教育に関する目標SDG4の中核である「インクルーシブかつ公正で質の高い教育」について考察する。

第1節　教育協力の国際的な動向

（1）第二次世界大戦後における教育協力

　本節では、第二次世界大戦後の教育協力の国際的な潮流を概観する。教育の権利が明示されたのは、1948年の国連総会で採択された世界人権宣言においてである。具体的には、第26条に「すべて人は、教育を受ける権利を有する。教育は、少なくとも初等及び基礎的の段階においては、無償でなければならない。初等教育は、義務的でなければならない」と記されている。この宣言によって、教育を受ける権利は人権として国際的な合意を得たといえる。

　植民地化されていた国々の独立後、1960年代初頭に、ユネスコ（United Nations Educational, Scientific and Cultural Organization：UNESCO）が各

地域の教育大臣を集めた世界教育会議を開催し、教育の行動計画を策定している。その中で、非識字の撲滅、義務教育の無償化、初等教育の完全普及（Universal Primary Education：UPE）が目指された。また、世界銀行は、教育の投資効率性に着目し、1960年代から教育への融資を拡大していった。特に1980年代以降、世界銀行が社会全体における初等教育の収益率[2]の高さを指摘すると、先進国や国際機関などのドナー（援助国・援助機関）による初等教育への支援が一気に加速した。経済成長に対する教育の影響を示したことは、経済開発を目指す国際社会の中で、途上国の教育支援を行う大きな後押しになった。

(2) 1990年代以降：万人のための教育（Education for All：EFA）

a) 万人のための教育（EFA）世界宣言

1990年にタイのジョムティエンにおいて、教育分野に限定した世界規模の会議として「万人のための教育（EFA）世界会議」が開かれた。この会議は、ユネスコ、世界銀行、ユニセフ（United Nations Children's Fund：UNICEF）、国連開発計画によって主導され、成果として「万人のための教育（EFA）世界宣言（ジョムティエン宣言）」が決議された。この会議を受け、すべての人が基礎教育を受けることが世界共通の目標として認知された。EFAは、教育協力におけるスローガンとして国際的に広まり、先進国政府や国際機関などは、EFAを目指す支援に注力し、途上国の教育政策に大きく影響を与えた。ジョムティエン宣言では、UPEや、1990年の非識字率からの半減等の具体的な数値目標や2000年を期限とする達成目標年が設定されたことが、世界人権宣言とは大きく異なる[3]。このように、国際社会による課題認識と方向性の共有、課題の対処のための仕組みであるグローバル・ガバナンスが1990年以降、教育セクターで形成された[4]。

表 14-1　ダカール行動枠組み

目標 1.　就学前教育の拡大と改善
目標 2.　無償で良質な初等教育を全ての子どもに保障
目標 3.　青年・成人の学習ニーズの充足
目標 4.　成人識字率（特に女性）を 50%改善
目標 5.　教育における男女平等の達成
目標 6.　教育のあらゆる側面での質の改善

出所：外務省「ODA（政府開発援助）：万人のための質の高い教育」、2016 年（下線は筆者による）
＊下線の三つの目標に関して 2015 年という達成期限が設定された。

b）ダカール行動枠組み

2000 年には、セネガルのダカールで世界教育フォーラムが開催された。この会議では、EFA の目標が未達成であることを受けてダカール行動枠組みが採択された。その中では六つの目標が設定され、特に目標 2、4、5 については、2015 年という達成期限が設定された（表 14-1）。同会議には、164 カ国の政府、国際機関、NGO など 1100 名以上が参加した[5]。

1990 年代以降、NGO を含む市民社会が教育協力に影響を及ぼすようになったことにも注目すべきだろう。ダカールでの会議を契機に「教育のためのグローバル・キャンペーン（Global Campaign for Education：GCE）」が教育分野で活動する NGO を中心に市民社会によって結成され、基本的な人権としての教育を推進している。GCE は、現在約 100 カ国から成る会員団体を有する組織に成長している。

また、2015 年までの UPE を支援するための資金協力の方法として、世界銀行が中心となり、「ファスト・トラック・イニシアチブ（Fast Track Initiative：FTI）」が 2002 年に構築され、2011 年に「教育のためのグローバル・パートナーシップ（Global Partnership for Education：GPE）」に名称を変更している。FTI では対象国数を絞って集中的な支援を実施していたが、GPE では、最貧国全体を支援対象とし、国際的なパートナーシップを強調している。GPE は、先進国、国際機関、市民社会組織、民間セクターといった異なるアクターが GPE

基金へ拠出し、途上国政府を含めて協調しながら、効率的、効果的に援助資金を活用することを目指している。質の高い UPE の達成を目標とし、2015 年以降は、SDG4 の実現を目指している。このような国際的なパートナーシップによる援助協調は、2000 年代以降急速に進められた。援助協調は、途上国政府と外部ドナーが一貫した教育政策に基づき、役割分担を認識しながら、その国に必要な整合性のとれた支援を行うアプローチである。一方で、ドナーと途上国の力関係や、ドナー間の力関係、さらには途上国のオーナーシップやキャパシティの観点から、各アクターのバランスのとれた援助協調の実施が課題となっている。

c) ミレニアム開発目標 (Millennium Development Goals：MDGs)

ミレニアム開発目標 (MDGs) は、2000 年に開催された国連ミレニアム・サミットで合意された。MDGs の中で教育と関係するのは、目標 2「初等教育の完全普及 (UPE) の達成」と、目標 3「ジェンダー平等推進と女性の地位向上」における教育での男女間格差の解消である。同年に設定されたダカール行動枠組みと比較し、複数のセクターにまたがる MDGs のほうが国際的に注目される結果となった。ダカール行動枠組みでは教育の質にも注目していたが、MDGs では教育の質よりも量（就学、教育へのアクセス）に重点が置かれた。その結果、教育セクターにおいて、ドナーは UPE を目指して教育の量に対する教育協力支援に注力していった。

d) 2015 年までの教育協力の進捗と評価

MDGs の達成期限として設定された 2015 年には、それまでの成果が評価された。2015 年の国連による報告書では、教育に関する評価は比較的高いものであった。男女ともに特に途上国の就学率が上昇し、初中等教育の就学率におけるジェンダー格差の縮小も言及されている。特にサハラ以南アフリカ地域においては、初等教育の

純就学率[6]は、1990年には52%であったが、2015年には80%にまで伸び、顕著な増加があったことが示された。また、UPEを目指して、多くの途上国では、初等教育の義務化や無償化が政策として実施された。無償化によって、家庭における教育費の負担が減り、初等教育の就学率の上昇に貢献している。

他方、最終学年到達度・修了率の上昇は僅少であり、国によって多様であることが指摘された。就学率は増加したものの、多くの不就学児が存在することも忘れてはならない。ユネスコによると、2016年に就学していない初等教育学齢児童は約6300万人である。また、就学していても基礎的な学習能力を有していない子どもたちの存在が明らかになった。その他にも、小川・西村は、アフリカ4カ国における調査を実施し、それまでは積極的に学校に関わってきた地域住民や保護者が、初等教育の義務化や無償化によって、行政任せになり、学校に対して受動的な態度に変わったという調査結果を出している[7]。このように、MDGs達成に向けて一定の成果が出たが、同時に新たな課題も指摘された。

(3) 2015年以降：インチョン宣言及び持続可能な開発目標（SDGs）における国際教育協力

2015年5月に韓国のインチョンにおいて、ユネスコ主導により世界教育フォーラムが開かれ、ダカール行動枠組みなどの評価がされた。そして、2030年の新しい教育ビジョンとしてインチョン宣言が合意された。インチョン宣言は、同年9月に採択されたSDGsの目標4（SDG4）として統合され、ここで教育セクターの国際的な目標は統一されたといえる（表14-2）。

SDG4では、教育へのアクセスだけではなく、その質や公正さ、そして多様性が強調された。さらに、10のターゲットでは教育分野が細分化され、就学前教育から高等教育、職業訓練、成人教育、ジェンダー、平和教育等、多くの項目がターゲットに含まれた。ま

表 14-2　SDG4 の目標とターゲット

目標 4.
すべての人にインクルーシブかつ公正で質の高い教育を確保し、生涯学習の機会を促進する。

ターゲット：
4.1　2030 年までに、すべての子どもが男女の区別なく、適切かつ効果的な学習成果をもたらす、無償かつ公正で質の高い初等教育及び中等教育を修了できるようにする。
4.2　2030 年までに、すべての子どもが男女の区別なく、質の高い乳幼児の発達・ケア及び就学前教育にアクセスすることにより、初等教育を受ける準備が整うようにする。
4.3　2030 年までに、すべての人々が男女の区別なく、手の届く質の高い技術教育・職業教育及び大学を含む高等教育への平等なアクセスを得られるようにする。
4.4　2030 年までに、技術的・職業的スキルなど、雇用、働きがいのある人間らしい仕事および起業に必要な技能を備えた若者と成人の割合を大幅に増加させる。
4.5　2030 年までに、教育におけるジェンダー格差を無くし、障害者、先住民及び脆弱な立場にある子どもなど、脆弱層があらゆるレベルの教育や職業訓練に平等にアクセスできるようにする。
4.6　2030 年までに、すべての若者及び大多数（男女ともに）の成人が、読み書き能力および基本的計算能力を身に付けられるようにする。
4.7　2030 年までに、持続可能な開発のための教育及び持続可能なライフスタイル、人権、男女の平等、平和及び非暴力的文化の推進、グローバル・シティズンシップ、文化多様性と文化の持続可能な開発への貢献の理解の教育を通して、全ての学習者が、持続可能な開発を促進するために必要な知識及び技能を習得できるようにする。
4.a　子ども、障害、ジェンダーに配慮した教育施設を構築・改良し、すべての人々に安全で暴力によらない、インクルーシブで、効果的な学習環境を提供できるようにする。
4.b　2020 年までに、開発途上国、特に後発開発途上国及び小島嶼開発途上国、ならびにアフリカ諸国を対象とした、職業訓練、情報通信技術（ICT）、技術・工学・科学プログラムなど、先進国及びその他の開発途上国における高等教育の奨学金の件数を全世界で大幅に増加させる。
4.c　2030 年までに、開発途上国、特に後発開発途上国及び小島嶼開発途上国における教員研修のための国際協力などを通じて、質の高い教員の数を大幅に増加させる。

出所：ユネスコ『グローバル・エデュケーション・モニタリング・レポート 2016』、2017 年、36-37 頁

た、各ターゲットには、数値だけでは測ることができないような、教育の内容や質を問う観点が含まれている点は、MDGs とは大きく異なる。他方、SDGs は多様な意見を反映したものの、内容が複雑になり、全体としてモニタリングが難しい目標になっているという

批判的な指摘もある。

第2節 「インクルーシブかつ公正で質の高い教育」 とは

　ここまでSDGs採択までの国際的な流れを確認してきた。本節では、SDG4の中核となる「インクルーシブかつ公正で質の高い教育」について、公正性、インクルージョン、教育の質、の3点に分けて、考察する。

（1）公正性

　SDGs以前は、就学における男女格差の是正を含め、主に平等性（equality）が公正性（equity）よりも重視されてきた[8]。西村・笹岡は、教育における平等性と公正性について、「平等性とは、全ての人々が等しい状態であることを指すのに対し、公正性は、平等性を達成するために異なる環境にある人びとに対して異なった教育上の扱いをすること」であると説明している[9]。公正の視点に基づくと、阻害されうる立場にある集団を考慮し、そのような集団に対して、より多くの支援を与えることが正当化される。ユネスコのレポートでは、ジェンダー平等、地理的条件、所得、言語、障害等に基づいて、教育の公正性を分析している。

　また、アンドレア・シュライカーは、教育における公正性は二つの観点から解釈できるとしている[10]。一点目は、ジェンダーや民族、家庭環境等の個人的な状況や社会経済的な状況によって、教育が制限されないことである。二点目は、すべての生徒が少なくとも基礎的な最低限のスキルを獲得することである。つまり、公正な教育制度とは、生徒が障壁を感じることなく、潜在的な学習能力を伸ばすことを支援することであると説明している。この二つの観点からなる公正性の解釈は、後述するインクルーシブ教育の考え方と一致する。

公正性の重要性は国際的に認知されているものの、具体的な公正性へのアプローチに対して十分な合意があるわけではない。公正性が、教育の質やインクルーシブ教育と密接に関係していることは明らかであり、具体的なアプローチを考える際にも、これらの観点を総合的に考察していくことが重要となる。

(2) インクルージョン

　SDG4には、インクルージョン（包摂性）の観点が含まれた。UPEを目指し、教育のアクセスに重点が置かれていたMDGs下においても、脆弱性を抱え、就学が困難であった子どもたちがいる。例えば、障害のある子どもや、人種、民族、言語の観点からのマイノリティの子ども、経済的貧困世帯の子ども等が含まれ、UPE達成に向けた「最後の5%」や「最後の10%」と呼ばれることもある。そのような子どもの状況が明らかになる中で、多様な教育ニーズに対応しようとするインクルーシブ教育が注目された。

　インクルージョンの定義は多様であるが、例えば、ユネスコは、教育におけるインクルージョンを「全ての学習者の学習、文化、地域社会への参加を促進し、教育の中でも、教育そのものからも排斥されないような状況をつくることによって、彼らの多様なニーズを明確にし、応えていこうとする過程」としている[11]。インクルーシブ教育は、このようなインクルージョンの考え方を実現する教育アプローチであるといえる。

　インクルーシブ教育は、1994年に開催された「特別なニーズ教育に関する世界会議」において採択されたサラマンカ宣言によって国際的に提唱された。サラマンカ宣言では「すべての子どもは、教育を受ける基本的権利を持ち、各々が持つ特別な教育ニーズに考慮された教育の機会が通常学校で与えられなければならない」というインクルーシブ教育の基本的な考え方が示されている[12]。それまで主流であった「統合教育」では、教育を受ける側である子どもが通

常学級へ適合することが求められていたが、インクルーシブ教育は教師や学校のほうが子どものニーズに対応するという主体の違いがある[13]。

　多様な教育ニーズに応じた教育方法は、公正性に配慮でき、教育の質の向上の実現において重要なアプローチであろう。

（3）教育の質

　ダカール行動枠組みの目標 2 と 6 に、教育の質の観点は含まれていたが（表 14-1）、MDGs の影響もあり、国際的に教育の量に焦点が当てられてきた。MDGs を経て、教育のアクセスに一定の成果がみられたこともあり、SDG4 では教育の質が重要視されているが、教育の質の解釈は多様である。例えば、ユネスコによると、教育の質とは、「社会的な文脈の中で定義づけられた教育の目的」に基づいたものであるとし、より包括的な解釈を行っている[14]。そのような解釈もあり、教育の質は定義が多様であり、さらに指標の設定や達成度の測定が難しいという側面がある。ここでは限定的ではあるが、学校環境、教育達成度、学習到達度、非認知能力の四つの観点から教育の質を考察する。

a）学校環境

　学校環境には、主に教員、教科書、校舎などの教育の条件整備が含まれる。学校環境の中でも、教員の問題は常に注目されており、教員の質が、教育自体に大きく影響を与えることは多く議論されている[15]。教育のアクセスが拡大し、就学率が上昇する中で、1 学級の生徒数が多くなり、教員 1 人当たりの生徒数が増加している。これは、教員数の不足、教育予算の不足、教員の薄給など様々な要因も影響している。また、教員の能力という点では、有資格教員の割合が指標として用いられることがある。例えば、その国で定められた最低限の資格を有する小学校教員の割合（2019 年）が、ガーナで

は 61.5%、シエラレオネでは 63.6%、マダガスカルにおいては 15.3% というデータがあり、有資格教員数が不足している国も多い。

また、教員の能力と関連して、多くの途上国では、教員養成校の授業内容や、現職研修の有無や内容についても課題があることが指摘されている。教員養成校では、内容に偏りがあり、教員実習において指導書の作成や授業の実施といった、実践的な訓練が不足している。また、現職研修が制度化されていない場合も多い。

物理的な学校環境も教育の質に影響する。教材が不足しており、教科書 1 冊を数名で共有しなければならない状況や、机や椅子等の学校備品の不足、トイレや水飲み場の未整備、電気が通っておらず教室に照明がない状況など、学校における教育環境の未整備が途上国では多くみられる。このような学校環境の観点に基づいて、教育の質の向上を目指す努力は、途上国において多く実施されてきた。

b）教育達成度

1980 年代までは、学校環境に併せて、教育達成度から測定できる量的な観点から教育の質が測られてきた。指標の代表として、修了率が挙げられる。例えば、ユネスコが開発した EFA 開発指標においては、教育の質を測る指標として、小学校に入学した児童が第 5 学年まで到達する割合（残存率）を採用している。

初等教育修了率は、2019 年には世界平均では 89.5% まで上がっているが、途上国では、家事の手伝い、家計を支えるための労働、早婚など様々な理由のために、小学校を退学することも少なくない。例えば、初等教育修了率（2019 年）は、モザンビークでは 55%、ベニンでは 64%、ブルキナファソでは 65% であり、小学校に入学しても初等教育を最終学年まで修了していない子どもが多くいることがわかる。

数値として測りやすい修了率が、教育の質の測定に多く用いられてきたが、自動進級の有無や、最終学年で受ける修了試験で高得点

をとるために自主留年する等、国によって異なる事情が修了率に影響を与えていることが明らかになった。また、就学していても、学習していない子どもの存在が次第に明らかとなり、教育達成度のみで、教育の質を理解することへの限界が表面化してきた。そのような中で、学習到達度が注目されるようになる。

c）学習到達度

　学習到達度（学力）は、1990年代後半から注目されるようになった。MDGsにより教育のアクセスが注目される一方で、学校へ通っていながら、基礎的な学力を身につけていないという状況が明らかになった。そのような中で、学習到達度の測定が求められるようになった。2017年のユネスコによる報告書によれば、全世界における初等教育の最終学年に在籍する子どものうち、66％が最低限必要とされる読解力を有していないと示された[16]。特に、中央アジア及び南アジア地域では、初等教育の最終学年に在籍する子どものうち79％が読解力を有していないことが明らかとなった。

　学習到達度を測るために確立された調査として、各国レベルでの全国学力調査がある。2018年のユネスコによる報告書によると、世界の約半数の国で、読解と計算の全国学力調査が初等教育修了時及び前期中等教育修了時に行われており、学力を測る試みが進んでいる。

　また、国際的には、国際教育到達度評価学会による「国際数学・理科教育調査（Trends in International Mathematics and Science Study：TIMSS）」、「国際読書力調査（Progress in International Reading Literacy Study：PIRLS）」や、経済協力開発機構（Organisation for Economic Co-operation and Development：OECD）加盟国の大半が参加している「生徒の学習到達度調査（Programme for International Student Assessment：PISA）」がある。このような国際学力調査の場合、参加国間での比較が可能という利点もあるが、その地域や国の教育の文化や伝統が見落とされているという指

摘もある。そのため、地域性を反映できる、地域レベルでの調査も実施されるようになっている。東南部アフリカで実施されている「教育の質測定のための東南部アフリカ連合（Southern and Eastern Africa Consortium for Monitoring Education Quality：SACMEQ）」という学力調査がその一例である。また、OECD は、中・低所得国向けの「開発のための PISA（PISA for Development）」を開発している。

　さらに、学習到達度を測るだけでなく、地域住民へのフィードバックや政府に対する提言も目的とした、市民社会組織による学力調査も実施されている。インドでは、プラサム（Pratham）という NGO が、行政とパートナーシップを組んで、農村部に居住する子どもの教育状況の評価を毎年行い、報告書を継続して出している[17]。また、ケニアでは、UWEZO という NGO が世帯調査を基盤にした学力調査を実施しており、その他の国でも市民社会組織による世帯ベースの調査が実施されている。このように、学力の状況を把握するだけではなく、その結果をもとに、民意を反映しながら、具体的な改善策に向けて動き始めている。

d）非認知能力

　これまでみてきた教育の質は、主に学力という認知的能力（cognitive skills）の観点が中心であった。しかしながら、SDG4 の中には、認知的能力のほかに、非認知能力（non-cognitive skills）が含まれている。非認知能力とは、コミュニケーション能力、批判的思考、倫理観、市民性などを含む能力である。なお、OECD は、非認知能力を社会情動的スキル（social and emotional skills）と呼び、目標の達成、他者との協働、感情のコントロールという三つの構成要素を示している[18]。非認知能力の向上は、途上国のみならず、多くの国において重要な観点である。

　SDG4 のターゲットに含まれる、グローバル・シティズンシップ教育や持続可能な開発のための教育（Education for Sustainable Development：ESD）は、認知的能力のみならず非認知能力の向上に焦点を当てた教育である。グローバル・シティズンシップ教育とESDは、その具体的な教育内容の国際的な合意が十分にとられていない。定義も多様であり、例えば、ユネスコによると、グローバル・シティズンシップ教育は「人権や民主主義、社会的正義等の原則を教えること」を目的としている。また、日本ユネスコ国内委員会によると、ESDとは「持続可能な社会づくりの担い手を育む教育」と定義され、環境、貧困、人権、平和、開発といった様々な現代社会の課題を、自らの問題として捉え、それらの解決につながる新たな価値観や行動を生み出し、持続可能な社会を創造することを目指す学習や活動とされている。

日本は、2002年の「持続可能な開発に関する世界首脳会議（ヨハネスブルグ・サミット）」において、NGOの協力のもと「国連ESDの10年」（2005年〜2014年）を提唱し[19]、最終年には、名古屋市及び岡山市で「ESDに関するユネスコ世界会議」を開催している[20]。

図14-1にあるように、ESDには、環境教育のみならず、防災教育[21]なども含まれる。1995年に起こった阪神・淡路大震災や、2011年の東日本大震災等、日本は多くの災害を経験してきた。そのような経験から、日本の学校では、防災教育が広く実施されてきた。日本は、防災先進国として、これまで培った知見や技術を世界に共有し、災害に対して持続可能で強靭（レジリエント）な社会の構築を目指している。

非認知能力の獲得や向上を目指す教育の実施によって、教育全体の質の向上が期待される。他方、これまで認知的能力が優先されてきた中で、非認知能力の教育に対する課題も多くある。例えば、多くの国では、国家の国際的競争力を示すために認知的能力が重視され、非認知能力に関する教育は十分に行われてこなかった[22]。また、受験が重視される教育体制では、認知的能力が強調され、非認知能力に関する教育が軽視されてきた。非認知能力に関する教育をカリ

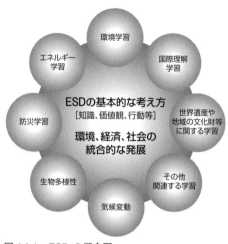

図 14-1　ESD の概念図
出所：文部科学省、「日本ユネスコ国内委員会：ESD
（Education for Sustainable Development）」、2013 年
https://www.mext.go.jp/unesco/004/1339970.htm

キュラムにどのように、どの程度組み込むかという点については、
その国の教育方針や制度と大きく関わるため、課題も多い。

（4）事例：エチオピアにおける障害児の教育 [23)]

　本項では、公正性、インクルージョン、教育の質の議論を踏まえ、
筆者の研究対象地であるエチオピアにおける障害児を対象とした教
育の事例を紹介する。

　障害児の教育におけるインクルーシブ教育を展開するにあたり、
国際的には通常学校への一元化を行い、特別学校（日本でいう特別支
援学校）を閉鎖している国も多い。これは先述したように、サラマ
ンカ宣言で示されたインクルーシブ教育の基本的な考え方の中に、
「通常学校での教育」が含まれたことも影響している。

　エチオピアでは、障害児に焦点を当てたインクルーシブ教育とし
て、通常学校における障害児の受け入れと同時に、特別学校／学級

が通常学校／学級に移行している。特にろう学校や聴覚障害児のための特別学級において、通常学校／学級への移行が進んでいる。アディスアベバ市の筆者の研究対象校2校のほか、別の州のろう学校3校においても、非障害児を受け入れる「通常学校」に近年移行しており、国内全体で通常学校への一元化が進んでいることが推測される。対象校2校では、特別学級から移行した「通常学級」にて非障害児を受け入れている。両校では、教授言語として手話が維持されており、現在も在籍する生徒の多くは聴覚障害児であり、非障害児は少数である。

　この新しい「通常学級」では、非障害児が障害を理解し、クラスメイトの障害児の支援のみならず、障害者に配慮した社会の実現に貢献できるとして、関係者はこの教育システムを高く評価している。さらに、聴覚障害児の保護者は、非障害児と共に教育を受けることに平等性を感じ、肯定的に受け止めていた。また、非障害児の立場からの利点として、非障害児の将来のキャリアの選択肢を広げる可能性のある手話の習得に加え、特別学級時から継続されている給食や教材などの外部からの学校への支援が挙げられた。1学級が少人数であるため、教員による個別支援が期待され、質の高い教育が受けられると認識する保護者もいた。

　他方で、この「通常学級」の課題も明らかとなった。聴覚障害児が手話以外にも非障害児とコミュニケーションをとるために、発語、読話を使用する環境では、手話の能力が十分に習得できない可能性が危惧されていた。他方、非障害児の立場からは、手話を学ぶことによって、母語の習得について懸念が示された。したがって、障害に応じて必要となる専門的な技能の教育方法や、母語と手話の教育のバランスを検討する必要性が示唆された。さらに、非障害児が学校の行事や授業で手話通訳を担うケースが多く、非障害児の保護者や一部の教員が批判的な意見を持っていた。今後、手話通訳の雇用に係る体制を整備する必要があるだろう。

このようなエチオピアの状況は、特別学校／学級を通常学校／学級化することで生徒が同じ授業を同じ教室で受けるという平等性を確保したが、多様な生徒の教育ニーズを満たすことは不十分であり、公正性は確保できていない。個々の生徒のニーズに対応した質の高い教育の実現のためには、公正性を重視した教育制度や、教師や学校が生徒のニーズを把握し、対応するというインクルーシブ教育制度の実現方法を模索し続ける必要があるだろう。

おわりに

本章では、前半に、教育協力における国際的な動向を概観し、後半では、SDG4に含まれた「インクルーシブかつ公正で質の高い教育」について考察した。

知識・スキルの獲得や人材育成の観点から、実際にはSDGの17のすべての目標に教育の要素が関わっているともいわれている[24]。つまり、教育は、分野横断的であり、様々な分野に対して影響力を持つため、SDG達成において重要な役割を担っている。

密接に関係する公正性、インクルージョン、教育の質の考え方は、阻害されてきた脆弱な立場にある子どもに対する教育のあり方を問い直すものである。公正性の概念に基づくインクルーシブ教育は、解釈や実施に関する課題も多くあるが、教育の質を向上させることができ、あらゆる子どもの潜在的能力を伸ばすことに貢献できると考えられる。「インクルーシブかつ公正で質の高い教育」は一様ではなく、それぞれの国の多様な状況に必要なニーズを考慮し、その国の社会的文脈に基づいて実施される必要があるだろう。

ゼミナール

① SDGsの17の目標の実現においては、教育目標（SDG4）以外の目標においても教育の要素が重要である。どの目標において、どのような教育の要素が必要であるか、考えてみよう。

② 途上国を1国選び、その国の教育政策を調べて、国際的な潮流との関連性を調べてみよう。

③ 多様な立場にある子どもの多様な学習ニーズに応じた「インクルーシブ教育」の実現のためには、どのようなことが必要だろうか。1国を選び、その国には、どのような立場の子どもがいるのか、また、その立場の子どもには、どのような教育ニーズがあるのかを議論してみよう。

註

1) アマルティア・セン『人間の安全保障』集英社新書、2006年。

2) 教育の収益率とは、教育に投資をして、どの程度利益があったかを実証的に計測するもの。

3) UNESCO. *World Declaration on Education for All and Framework for Action to Meet Basic Learning Needs.* UNESCO, 1990.

4) 黒田一雄「特集：『教育のグローバルガバナンスと開発』に寄せて」『国際開発研究』第25号、2016年。

5) Sifuna, Daniel Namusonge & Sawamura, Nobuhide. *Challenges of Quality Education in Sub-Saharan African Countries.* Nova Science Publishers, 2010.

6) United Nations. *Millennium Development Goals Report 2015*, 2015.

7) Ogawa, Keiichi & Nishimura, Mikiko (Eds.). *Comparative Analysis on Universal Primary Education Policy and Practice in Sub-Saharan Africa: The Cases of Ghana, Kenya, Malawi and Uganda.* Sense Publishers, 2015.

8) 黒田一雄「教育MDGsとEFAの現状と展望——ポスト2015の国際枠組みの形成に向けて」『アジ研ワールド・トレンド』第230号、2014年。

9) 西村幹子・笹岡雄一「教育の平等・公正に関するグローバル・ガバナンスと開発」『国際開発研究』第25号、2016年。

10）Schleicher, Andrea. *Equity, Excellence and Inclusiveness in Education: Policy Lessons from Around the World*, OECD Publishing, 2014.

11）黒田一雄「サブサハラアフリカにおけるインクルーシブ教育の可能性に関する予備的考察」『アフリカ研究』第1号、2010年、UNESCO. *Overcoming Exclusion through Inclusive Approaches in Education – A Challenge and a Vision.* UNESCO, 2003.

12）UNESCO. The Salamanca Statement and Framework for Action on Special Needs Education, 1994.

13）川口純・黒田一雄「国際的教育政策アジェンダの現地適合性について——マラウイのインクルーシブ教育政策を事例に」『比較教育学研究』第46号、2013年。

14）ユネスコ『EFA グローバル・モニタリング・レポート』、2002年より毎年刊行（現在は『グローバル・エデュケーション・モニタリング・レポート』に改称）。

15）小川啓一・西村幹子・北村友人編『国際教育開発の再検討——途上国の基礎教育の普及に向けて』東信堂、2008年。

16）UNESCO Institute for Statistics. More than one-half of children and adolescents are not learning worldwide. *Fact Sheet No. 46.* September 2017, 2017.

17）World Bank. *World Development Report 2018*, 2017.

18）経済協力開発機構（OECD）編著『社会情動的スキル——学びに向かう力』明石書店、2018年。

19）国立教育政策研究所『国連持続可能な開発のための教育の10年　中間年レビュー——ESDの文脈と構造』2010年。

20）2020年から2030年におけるESDの国際的な実施枠組みとして「持続可能な開発のための教育：SDGs 実現に向けて（ESD for 2030）」が、2019年11月のユネスコ総会で採択され、同年12月に国連総会で承認された。

21）元吉忠寛「リスク教育と防災教育」（『教育心理学年報』第52集、2013年）によると、防災教育とは「災害など、社会に存在する様々なリスクから自分の身を守るための方法を学ぶことに重点をおいた教育」である。

22）北村友人・西村幹子・マーク・ランガガー・佐藤真久・川口純・荻巣崇世・興津妙子・林真樹子・山崎瑛莉「持続可能な社会における教育の質と公正——ポスト2015年の世界へ向けた国際教育目標の提言」『アフリカ教育研究』第5号、2014年。

23）本事例の詳細については、利根川佳子（2022）「障害のある子どものためのインクルーシブ教育の実践と課題——エチオピアにおける『特別学級を基盤

とした通常学級」を事例として」『アフリカ教育研究』第 13 号を参照された
い。

24）SDGs と教育の関係性については、ユネスコ（2017）『グローバル・エデュ
ケーション・モニタリング・レポート 2016 概要』8 頁、表 1 を参照されたい。

読書案内　※註で挙げた引用・参考文献も参照されたい。

萱島信子・黒田一雄編『日本の国際教育協力──歴史と展望』東京大学出版会、
2019 年。

北村友人・佐藤真人・佐藤学編『SDGs 時代の教育──すべての人に質の高い学
びの機会を』学文社、2019 年。

黒田一雄・横関祐見子編『国際教育開発論』有斐閣、2005 年。

小松太郎編『途上国世界の教育と開発』上智大学出版、2016 年。

馬場卓也・清水欽也・牧貴愛編『国際教育開発入門──フィールドの拡がりと
深化』学術研究出版、2020 年。

第 15 章

移民・難民
国境を越える人々のダイナミズムと保護

佐藤　滋之

日本で生活を送る私たちにとっても、日々の生活の中で外国人の存在は身近なものになっている。日本を訪れる観光客の増加の一方で、社会の様々な場所で働く外国人の姿を目にしない日は少ないだろう。これは日本だけの状況ではない。グローバル化の結果、自分の国を離れ、様々な理由で外国に暮らす人々の数は世界的に増加している。しかし、見知らぬ国に暮らすことに人々を駆り立てるものは何であろう。そしてその人々の中には、やむを得ない理由によって住み慣れた場所を逃れ、国外に安全を求めるしかなかった人々がいる。この人たちの命や暮らしを守るために国際社会はどのような仕組みを用意しているのだろうか。

はじめに

　はるか昔、アフリカの大地に誕生したという私たち人類は、はるかな道のりを移動しながら歴史を形作ってきた。現代に私たちが目にしている世界は、このような移動の結果として存在している。人類の歴史はその大部分において移動することを常態としてきた。

　現代を生きる私たちもまた、移動を繰り返しながら人生を送っている。私たちの多くは家族の転勤、進学、就職などの理由によって移動を経験する。また、その中には留学、国際結婚や仕事の都合などによって国境を越えて移動するものも少なくはないだろう。このように人間の営みとしてごく普通に経験される人の移動が、個人の問題だけではなく、移民・難民問題として現代社会で認識されるとき、私たちはそれを社会的・政治経済的な文脈によって理解しなくてはならない。

　この章では移民・難民問題が現状に至った経緯を振り返りながら、それがどのような点において現代の世界情勢に影響をおよぼしているかを概観する。

第1節　移民

(1) 移民のダイナミズム

　大きくとらえるのであれば移民問題は人口の移動の問題である。しかし、その人口移動のありかたは歴史を振り返っても様々な様態を取ってきた。科学技術の進歩の結果としてそれまで住むことができなかった土地にも入植が可能になれば、人口はそこへ広がっていく。人間の集住が多くの経済活動を生み出せば、より良い暮らしを求めてそこに人は移動していく。

　もっとも人口の移動には悲しい歴史も多い。歴史に残るもっとも大規模な人口移動の一つは、アフリカからの奴隷貿易であった。10

世紀ごろにはじまるアフリカからの奴隷貿易は、まずアラブ人商人によってサハラ砂漠を通って西アジアに、16世紀以降は主にヨーロッパ人によって太平洋を越えて南北アメリカ大陸やカリブ海諸国に、何千万人にもおよぶ人々の移動をもたらした。

また近代においても経済的に困窮した多くの人々が移民として国外へ渡った。例えば19世紀に「じゃがいも飢饉」に見舞われ、数百万人の国民が餓死したアイルランドからは、多くの人々が生存のためにアメリカに渡った。アメリカ合衆国第35代大統領であるジョン・F・ケネディもまた、この飢饉によってアイルランドからアメリカに渡った移民の子孫である。

人口の移動の原因については「プッシュ／プル・ファクター」によってしばしば分析される。プッシュ・ファクターとは、人々を現在いる場所から押し出す要因を指し、上の例に見る飢饉など経済的困窮や、戦乱による治安悪化や環境破壊や災害による生活の破壊がここには含まれる。一方でプル・ファクターとは人々を他所から引き寄せる要因を指し、例えば都市化にともなう経済的機会の増加や、生命の安全、またはその行き先にすでに家族や知人が住んでおりその支援を期待できることなど、様々な状況が考えられる。一般的に人口の移動はプッシュ・ファクターが働いている場所から、プル・ファクターの働く場所に向かって起きる。

現在、世界には2億8100万人の移民がいると推計されているが[1]、その出身国と行き先として選ばれる国々を見ると、そこにプッシュ／プル・ファクターが見えてくる。もっとも多くの移民を出しているのはインド（約1800万人）であり、次にメキシコ（約1200万人）が続いている。一方でもっとも移民を受け入れているのはアメリカであり、合法的移民だけでも約5000万人を世界各地から受け入れている。経済発展が目覚ましいとはいえインドではまだ多くの人々が貧困状態にある。メキシコは中所得国であるものの、隣に位置するアメリカに比べると経済的には大きな差がある。現代社会において、

人々の国際的移動をもっともよく説明するのは経済的動機であることは間違いない。

(2) 現代の移民問題

　私たちは「移民」という言葉を特に意識せずに用いるが、国際法上定められた移民の定義は存在しない。国際移住機関（International Organization for Migration：IOM）は移民を「一国内か国境を越えるか、一時的か恒久的かに関わらず、また様々な理由により、本来の住居地を離れて移動する人という一般的な理解に基づく総称」としている。

　しかし移民が現代の国際問題としてとらえられる際、そこに浮かび上がるのは、移り住んだ国で生活を営みながら、外部の存在として、何らかの不利益や社会との軋轢を経験している人々の姿である。その範疇にはすでに数世代をその国で過ごした人々も、また短期間の労働を目的として滞在している人々も含まれるため、問題が複雑になっている。

移民管理と不法移民

　国家は主権のもとに国境を管理し、その国の領土への人々の出入りを管理することができるのが原則である。現代国家は実効性の差こそあれ、基本的にはこのような「出入国管理」の権能を持つ。しかし、現代社会においては不法移民の問題が後を絶たない。不法移民とは非合法的な手段で入国して国内に滞在を続ける人や、許可された入国理由以外の目的で滞在する人、そして滞在の許可された期間を超えて、合法的な許可を持たないままに滞在を続ける人のことを指す。不法移民は国家によって把握することが困難な存在であり、国家の管理のおよばない存在として、国内の社会・経済秩序の不安の種となる。

　一方で、経済セクターの一部には不法移民の労働力を必要として

いる現実もある。アメリカは約5000万人におよぶ合法的移民を抱える一方で、これとは別に1000万人を超えると推定される不法移民が存在しており[2]、農業やサービス業等での就労を通じてアメリカ経済を支えている。しかし同時に不法移民の安い労働力は、多くのアメリカの人々の雇用を脅かし、賃金押し下げの力として働く。アメリカの経済的繁栄から落ちこぼれてしまった白人貧困層を支持基盤の一つとしたトランプ政権は、その選挙時の公約である国境管理の厳格化を行ったが、不法移民を締め出すことはできなかった。

　不法移民の問題を個人のみに帰することはできない。世界の不法移民の移動には密航斡旋業者（ブローカー）の存在が深く関わっている。就労目的での渡航を渇望する途上国の人々に、不法入国の手引きや到着後の雇用の斡旋をうたい、高額の費用を要求する密航斡旋業者は世界各地に存在する。アジア地域だけでも移民の密航の手引きによって、これら犯罪グループは年間20億米ドルの利益を得ていると報告されている[3]。また密航斡旋業者の手によって命を落とすものや人身売買の被害者となるものも後を絶たない。密航斡旋業者の活動は、国連薬物犯罪事務所（United Nations Office on Drugs and Crime：UNODC）を通じた国際的な情報提供や、送り出し国と行き先国との間の二国協定や地域協定によるさらなる取り締まりが求められている。

移民の人権問題

　現代世界の経済が移民を必要とし、事実上その存在を前提として機能している一方で、移民はその労働においてのみならず生活全般において様々な人権侵害の問題を抱えている。すべての人々と同様に移民の基本的人権は尊重されなくてはならない。それは不法移民であっても同様である。しかし移民の直面する人権問題にはその経済的搾取、差別や暴力、非人道的な拘禁、家族生活の権利や教育・医療など社会サービスへのアクセスの制限などがあげられる。

2022 年に開催されたサッカーのワールドカップ・カタール大会においても、その会場建設などにあたった移民労働者に対する劣悪な処遇が国際的な問題となり、国際的な抗議活動の広まりが見られた。人口の少ないカタールでは、建築作業に従事させるために多くの南アジア出身の労働者を必要としている。一部の報道はワールドカップ・カタール大会の会場建設では劣悪な労働環境により 6500 人にもおよぶ移民労働者が命を落としたにもかかわらず、カタール側からの保障が殆どなされなかったことを伝えている [4]。国際社会は今なお世界各地から聞こえてくる移民労働者の苦しみの声に十分に応えられないままだ。

　1919 年に設立された国際労働機関（International Labour Organization：ILO）は、政・労・使の三者機関として働く権利の実現と労働者保護を含む世界の様々な労働問題に取り組んできた機関であるが、移民労働者の権利保護にも長く関わってきた。移民労働者の権利を守るための国際基準の実現にも尽力しており、その歴史は 1939 年の移民労働者勧告（ILO 勧告第 61 号）にさかのぼることができる [5]。

　このような歴史に立って国連はより包括的な移民労働者とその家族の権利保護を求めた「全ての移住労働者及びその家族の権利の保護に関する国際条約」（Convention on the Protection of the Rights of All Migrant Workers and Members of Their Families）を 1990 年 12 月の第 45 回国連総会において採択した [6]。この条約の主な目的は劣悪で搾取的な条件での労働を強いられる移民の保護や権利の実現をはかるものであるが、一定の範囲で不法移民の権利保護も含まれる。しかしながらこの条約の批准に対して移民労働者の受け入れ先である先進国は消極的であり、現在に至るまで批准したのは主に難民の送り出し側である中南米・アフリカ・アジアの世界 58 カ国にとどまっている [7]。

　移民の人権保障に関しての最新の国際的な合意としては、2018 年 12 月に国連で議決された「安全で秩序ある正規移住のためのグローバル・コンパクト」（Global Compact for Safe, Orderly and Regular Migration）がある [8]。この文書では移民の人権保護につながる国内施策や国際協力の枠組みを定める一方で、非正規な移民の抑制についても基準と国際協力を多く盛り込んでいる。条約と異なりグローバル・コンパクトは法的な拘束力を持たないことや、決議においてアメリカやオーストラリア、一部の欧州諸国が反対や棄権にまわったということもあり、その実効性については今後の展開を慎重に評価していく必要があるだろう。

移民の社会統合

　経済の必要によって国境を越える移民の流れはますます加速していく現実の中で、移民の社会統合は様々な困難に直面している。移民の社会統合は制度的なプロセスであるのみならず、社会的なプロセスでもある。移民の受け入れから長い期間が経過し、移民先の国民として何代にもわたって生活を営んでいる場合においても、移民の社会的な統合が十分に進んでいない状況は決して例外的な事態ではない。

　特に西ヨーロッパ諸国が抱える状況は移民の社会統合に苦しむ例としてしばしば取り上げられる。第二次世界大戦後の経済復興において労働力不足を経験した西ヨーロッパ諸国は、移民の労働力によってその労働力を補う政策を採用した。例えばフランスでは植民地であった北アフリカ諸国からの移民を多く受け入れる一方、ドイツはトルコから大量の移民を受け入れる政策をとった。これらの移民労働者は西ヨーロッパの人々と大きく異なる文化的・背景を持ち、言語や生活様式の違いから移民先の国々でそれぞれに集まって住むようになる。例えばフランスの首都パリには移民の集住地域が多くあるが、アラブ系住民、アフリカ系住民、アジア系住民はそれぞれに別の集住地域を持っている。こうした地域では移民が住み始めてから何十年という時間が経過しても民族的アイデンティティを色濃く残し、現地社会との隔絶が感じられる。

移民労働者の多くは欧州の経済成長期に大量に必要とされた非熟練労働に従事する者が多かったが、やがてオイル・ショックを経て経済成長が鈍化する中で、他の種類の雇用に移動することもままならず、減少した雇用にあぶれた者たちは失業し経済的苦境に置かれてきた。またそのために教育を通じた社会上昇も進まず、移民に対する雇用差別の現実の中で、社会の底辺での暮らしを強いられるものが少なくない。

　欧州の経済的停滞の影響は受け入れ側の人々にもおよんでいく。その結果、経済的機会をめぐって移民との利害衝突が増加していく。この反目は文化的な対立として象徴的に表れていく。1989年にフランス・パリ郊外の中学校でイスラム教徒女子がスカーフを外すことを拒否したことにより退学処分を受けたことを発端として、移民の社会統合はフランス社会全体を巻き込んだ大きな論争となった。こうした状況の中、受け入れ側社会と移民社会との間の対立が先鋭化していく。フランスではすでに1980年代から移民への取り締まりの強化を求める国民戦線が台頭してくる。その党首ジャン＝マリー・ル・ペンは失業問題と移民を結びつけ、明確に移民排斥を訴えることで大衆の支持を得た。

　現在、欧州では移民の排斥を訴える政治勢力は、多くの国の政治の中心にいる。2022年にもイタリアで移民の排斥を主張する政党「イタリアの同胞」の党首であるジョルジャ・メローニを首班とした連立政権が発足するなど、その勢力は伸長を続けている。

　また差別や貧困を理由とした移民社会からの抗議活動も激しさを増している。2005年にはパリ郊外からフランス全土に移民の大規模な暴動が広がり世界中に報道された。その後、移民に対して比較的寛容と考えられてきた北欧諸国でも移民による暴動事件が起き、移民の社会的不満は全ヨーロッパ的現象となっている。

移民の仕送りと経済発展

　これまで見てきた問題を抱えつつも、世界の移民の増加はとどまるところを知らない。そして移民の仕送りは多くの国の経済を支えている実態がある。移民送り出し側の多くの国では、移民が本国に行う送金はそれらの国々の経済発展に必要な外貨獲得と資本の移転に重要な役割を担っている。

　2017年の世界銀行の統計によれば、80カ国以上で移民による仕送りがGDPの3%以上を占めている。移民による送金は発展途上国における貧困の削減にも重要であり、世界では8億人にもおよぶ人々が、海外で働く家族や親類から受け取る仕送りによって生計を改善することができる。海外で働く移民によってなされる送金の総額は、政府間で行われる政府海外援助（ODA）や、外国直接投資（FDI）を抜いて、発展途上国に向けて行われる最大の資本移転となっている。また、その伸びは著しく、過去30年間において世界のODAの総額が2倍程度にしか増えていない中で、途上国への仕送りは10倍以上の増加を記録した。新型コロナウイルス感染症の拡大によって一時的に落ち込みを見せたが、2021年には前年を7.3%上回る5890億ドルに達した[9]。

　途上国に海外から送られる仕送りの約半額はなかなか経済発展の恩恵に浴することができない地方に住む人々に届いているとされる。海外に住む家族や親類による仕送りの優れた点は、受け取った人々がその使途を個人のニーズに合わせて決定することができる点にある。農業機械の購入や商店を開くことなどそれぞれの経済活動の原資として用いることも、教育など人的資源の開発などに用いることも可能である。また自然災害や新型コロナウイルスなどの影響によって苦境に立たされる人々にとって、海外からの仕送りはその生存の確保と生活の回復に非常に大きな役割を果たす。

　通信技術の発展により、移民の海外送金は以前よりはるかに容易となっており、途上国の田舎でも送金の受け取りを個人のデジタル

端末で行えるようになってきている。移民による仕送りが途上国の経済発展にもたらす重要な役割を認識し、さらなる促進を促すために国連は 2018 年の国連総会で 6 月 16 日を「家族送金の国際デー」（International Day of Family Remittances）と定めている [10]。

第 2 節　難民

（1）難民とは誰か

　国境を越える人の移動を広く移民として扱うならば、難民はそこに含まれるサブ・カテゴリーとなる。しかしながら難民は移民と制度上、明確に区別が設けられている。非自発的移動（involuntary movement）や強制移動（forced displacement）とは難民の本質を表すためにしばしば用いられる言葉であるが、一般的に移民が自発的に移動した人々と理解されるのに対して、難民は何らかの迫害（persecution）によって、その出身国あるいは住んでいた国を離れ他国に庇護を求めた人々と理解される。庇護という言葉は、弱い立場に置かれたものを守り助けることを意味し、一般的に使われる保護という言葉よりもより積極的な介入の存在を表している。この庇護を与えるものは難民が助けを求めた先の国家の責任であり、そのために国家は誰を庇護の対象とするのかを法によって明確に定めなくてはならない。そのため難民の定義が問題となる。1951 年に締結された「難民の地位に関する条約」（Convention on the Status of Refugee：以下、1951 年難民条約と呼ぶ）[11] では難民は「人種、宗教、国籍、政治的意見または特定の社会集団に属するという理由で、自国にいると迫害を受けるおそれがあるために他国に逃れ、国際的保護を必要とする人々」と定義されている。2018 年時点において 1951 年難民条約は世界の 145 カ国によって批准・加盟・または継承されているが [12]、この条約を認めていない国も主にアジア地域において数多く残されていることには注意が必要である。

1951年難民条約が締結された時点では、この条約の対象は主に第二次世界大戦によってヨーロッパで発生した難民に限定されていたが、その後の難民問題の世界的な拡大にともない1967年には「難民の地位に関する追加議定書」（Protocol relating to the Status of Refugees）によって、条約の適用範囲の限定が取り払われた。また、冷戦下に起こった地域紛争と、それによって引き起こされた治安悪化により国外に逃れた人々にも難民としての保護を拡大するために動きが起こった。1969年にアフリカ統一機構（Organization for African Union：OAU）は「アフリカにおける難民問題の特殊な側面を規律するアフリカ統一機構条約」（Convention Governing the Specific Aspects of Refugee Problems in Africa）を締結し、戦乱や天災により助けを求める人々に難民としての保護の適用を拡大した[13]。また1984年には南米諸国によって同様の目的で「カルタヘナ宣言」が採択された。

(2) 難民問題の歴史的展開

　政治や宗教を理由とした迫害で人々が他国に保護を求めることは歴史上何度も繰り返されてきた。しかし、そのような人々が国外に保護を求めることが基本的人権の一つとして考えられるようになってまだ歴史は浅い。第二次世界大戦後が終わって間もない1946年に国連は「世界人権宣言」（Universal Declaration of Human Rights）を起草し、国連第3回総会において、すべての人民とすべての国とが達成すべき共通の規範として採択された。その14条1項は庇護を求める権利の保障であり、すべて人は、迫害からの避難を他国に求め、かつ、これを他国で享有する権利を有することがうたわれた。こうした人権意識の前進のもとに、戦後の難民保護ははじまっている。

　戦後の難民保護の歴史は、世界を分断するイデオロギー対立の中にはじまった。世界が資本主義ブロックと共産主義ブロックに分かれていく中で、イデオロギーの選択によって迫害を受けた個人が国境を越えて庇護を求めた。1956年に起こったハンガリー動乱は、

このような流れの中で起こった。共産主義ブロックに属しながら、ソビエト連邦の影響から距離を置こうとしたハンガリーの指導部に対して、ソビエト連邦は戦車部隊を送り、その指導部と自由を求める市民を武力で弾圧した結果、多くのハンガリー市民が難民となった。また列強の植民地であった国々で独立への機運が高まる中で、宗主国政府からの弾圧を逃れ国外に庇護を求めた人々もまた多かった。

　やがて特定の政治的意見や政治活動に関わる人々に加えて、戦乱の影響によって他国へ逃れ助けを求める人々が増加する。1971年に当時パキスタンの一部であった現在のバングラデシュ（当時は東パキスタン）がパキスタンからの独立を求めてはじまった争いは多くの市民を難民にした。東パキスタンを逃れた数百万の人々は、隣国インドのベンガル地方に逃れ、インド政府は国際社会の支援を受けながら、これらの人々を支援するために数多くの難民キャンプを設立した。大量難民の流入と、難民キャンプの設置をはじめとする組織的で大規模な人道支援活動の展開は、アジア・アフリカ地域での多くの難民危機に用いられてきた。世界はやがて冷戦の終結を迎えるが、その後の世界でも民族対立などに起因する地域紛争や、東西ブロックからの支援の打ち切りによる弱小国家の崩壊によって難民の大量流出は続き、国際的な人道支援団体の活動規模は急速に拡大した。

　世界の難民が増えていく一方、これまで顧みられなかった種類の迫害を受けた人々が、難民としての支援を受けることも可能になっていく。女性に対する差別や暴力を含む迫害は多くの社会で伝統的価値の強い社会の中に隠蔽され、家庭内やコミュニティ内で収めるべき問題として長い間にわたって公的な救済から看過されてきた。しかし、国家が女性に差別的な政策を施行し、それに従わない女性を罰しようとした場合、それは女性であることを理由とした迫害に相当するとの認識から、特にイスラム圏出身の女性に対して難民認

定のケースが認められるようになった。そして女性に対する望まない結婚の強制や、未婚の女性に対する女性器の切除（Female Genital Mutilation）といったそれまで家庭やコミュニティの伝統的価値観に基づいて是認されてきた女性に対する人権侵害についても、それを理由として逃れてきた女性に対して難民としての地位が認められるようになってきている。

　また近年になって新たに難民となる条件を満たす迫害の類型として広く認められるようになったものに、同性愛者や性的マイノリティに対する迫害をあげることができる。現在においても多くの国において同性愛は非合法とされ、同性愛行為によって摘発された場合、死刑を含む苛烈な刑罰が科せられる状況がある。また国家による処罰を科されない場合でも、同性愛者や性的マイノリティに対してその属する社会やコミュニティによって迫害に相当するような差別や社会的機会のはく奪が行われるケースも多い。このような状況を逃れてきた人々に対しても、難民としての保護が与えられる道が開かれるようになった[14]。

　2022年5月、国連の難民保護機関である国連難民高等弁務官事務所（United Nations High Commissioner for Refugee：UNHCR）は世界全体における避難民の数が1億人に達したことを発表した[15]。2021年末時点の集計では国外にいて難民として庇護を受ける人々の数は約2710万人とされるほか、迫害や戦乱などで家を失いながらなお出身国内にとどまる人々が約5320万人いるとされている[16]。UNHCRは2013年に世界の避難民の数は5120万人に達し、第二次世界大戦の終結時に存在した難民の数を超えたとした。その数は10年足らずの期間で倍増に迫っていることとなる。2021年末時点において、難民の流出国の上位5カ国はシリア（約680万人）、ベネズエラ（約480万人）、アフガニスタン（約270万人）、南スーダン（約240万人）、ミャンマー（約120万人）となっている。

（3）現代の難民問題
難民保護の国際機関と協力体制

　難民であることの要件の一つが、国外に庇護を求めていることから明らかなように、難民は本質的に国際問題である。多くの場合、難民の避難先は複数の国にまたがり、事態が長期化するにつれ、その影響はより遠方の国におよぶことも多い。難民の処遇における1951年難民条約をはじめとした国際法の順守や、難民の避難先の国に対する国際社会の援助、また実際に難民に対する人道的支援の現場においては国際社会の関与が必要とされる場面が多い。このような状況の中で、難民の流出国と避難国、国際社会や人道活動を行う国連諸機関や民間団体を結び、活動を行うのが UNHCR である。2022年現在、UNHCR は世界120カ国以上に活動拠点を持ち、1万人を超える職員を抱える国連総会の補助機関となっている。

　UNHCR は1950年に国連経済社会理事会の下に設立されたが、国際社会が難民への組織的取り組みをはじめたのはこれが初めてではない。第一次世界大戦終結後の1919年に、ベルサイユ条約によって国際連盟が設立されたが、国際連盟は難民問題への取り組みの責任を明確には持たなかった。しかしロシア革命後に流出した150万人もの難民の窮状を知った国際赤十字の要請により、国際連盟は難民局を設立する。初代の難民高等弁務官に任命されたのは、ノルウェーの高名な探検家で、のちに政治家・外交官となったフリチョフ・ナンセンである。ナンセンは国際社会を説得し、ロシア人難民に対する人道支援を実現させる。ナンセンの死後、国際連盟は難民支援事業の継続を目的としナンセン国際難民事務所を1930年に設立、その活動は第二次世界大戦まで続いた。

　第二次世界大戦後に戦争によって生み出された多くの難民の問題に対処するために国際難民機関（International Refugee Organization）が国連によって設置されたが、短期間で任務を終了し、それ以降の国連による難民問題への対処は UNHCR を中心に行われることとなった。

UNHCR はもともとの予定活動期間は 3 年とされ、その設立の目的は各国の難民条約への加盟と、その条約に基づく難民保護に必要な実施措置を促すこと、そして難民の自発的帰還や再定住に必要な支援を行い難民問題の解決をはかることとされた。

しかし、難民問題の本質が変容してきたように、UNHCR もまた変容を遂げていく。1960 年代に入ると UNHCR は欧州外での難民流出の事態への対応を迫られることとなる。またこの時期には人道的支援をはじめ、実際に難民がいる場所での活動を広げていくこととなる。日本人の緒方貞子が難民高等弁務官を務めた 1990 年代には、相次ぐ地域紛争と難民流出の事態の中で UNHCR は国連の人道支援機関の大きな柱として、世界各地で大規模な難民支援事業を展開することとなる。

またこの時期には難民に加えて、国内避難民に対しての人道支援に UNHCR は関わりを深めていく。国内避難民とは、戦乱による治安の悪化や災害によって住む場所を失いながら、なおその居住国の国境内にとどまって避難生活を送る人々のことである。1951 年難民条約等による難民の定義には合致しないものの、難民と同様な困難に直面し保護と人道的支援を必要としている場合が多い。現在では UNHCR は他の国連機関などと力を合わせて世界各地での国内避難民を助ける活動を行っている。

UNHCR はその活動において様々なパートナーと協力している。難民条約の加盟国の場合、自国の領域内で庇護を求めた難民を支援する一義的な責任を負う。しかし多くの発展途上国ではそのために必要な資金や人材を十分に持たないために、国際社会からの支援を必要とする。UNHCR はこれらの国々に代わって国際社会に対して支援の必要性を説明・説得し資金を確保する。また難民の支援現場において、UNHCR は国際 NGO を含む官民のパートナーと協力しながら難民の支援にあたっている。現在世界中の難民の約 83％が発展途上国に滞在していると推計されているが、UNHCR のこのよ

うな支援があるからこそ、経済的に苦しい発展途上国が難民に対して国境を開くことが現実的に可能となっているのである。

難民問題の解決策と新しいアプローチ

しかしながら、近年では難民問題をめぐる国際的な協力体制に陰りが見えてきている。先進国を含む多くの国々が、庇護を求めてくる難民に対して国境を開くことに消極的な態度に転じている。2014年に多くの移民と難民がヨーロッパに押し寄せた事態は、ヨーロッパの国々の難民に対する態度を一層硬化させた。ヨーロッパの国々はヨーロッパに向かう人々の移動ルートにある国々に働きかけて、移民や難民がヨーロッパへ自由に移動できないように国境警備の強化などを行っている。発展途上国でも同様である。東アフリカで長年にわたって大量の難民に庇護を与えてきたケニアは、治安の悪化を理由に難民キャンプの閉鎖を繰り返し警告し、国内で許可なく移動する難民を逮捕し出身国に送り帰すことを行っている。また難民支援のための資金集めも、以前のような国際社会の協力は得られなくなっている。先進国の「援助疲れ」は多くの難民の生活を難しいものとしている。

難民支援に対する国際協力体制が陰りを迎えていることには様々な理由が関係しているが、難民問題は一度起こってしまうと解決策が見つからないままに非常に長期化してしまうことが大きな理由の一つであろう。現在、世界では「長期化した難民状況」（Protracted Refugee Situation）が多数存在している。これは一つの出身国からの多数の難民が、非常に長期間にわたって解決策がないままに置かれてしまう状況を指し、難民はこの間、基本的な権利が制限され、経済的・社会的・心理的ニーズが満たされないままに支援に頼って暮らすこととなる。UNHCR は難民状況の解決をその設立の目的の一部として担っていることは前述したが、多くの長期化する難民状況の中で解決策を見出すことができていない。その中で難民の受け入れ

国も、資金を拠出する国々も、いつ終わるともしれない難民支援の責任を逃れたがっている。

UNHCR の提供する難民の解決策（恒久的解決策と呼ばれる）には、これまで三つの類型が用いられてきた。それは難民の自発的帰還（Voluntary Repatriation）、現地統合（Local Integration）、第三国定住（Resettlement）であるが、いずれの解決策を見出すことも難しい状況が続いている。

難民の自発的帰還は、難民をその出身国へ自発的な意思に基づいて帰国することを助けることによって達成される解決策である。決して難民の意思に逆らって帰国を強要することや、帰国への圧力をかけることは許されない。難民は出身国の状況に関して正確な情報を与えられ、そのうえで自発的に帰国を決定し、安全と尊厳を持った帰国がはかられなければならない。難民の自発的帰還には、出身国への交通手段の提供と、帰国後の自立支援に役立てる目的での現金支援などが組み合わされることが一般的である。しかしながら、難民の出身国での戦乱状況が長期化した場合や、迫害の原因となった社会の対立構造などが変わらないまま平和構築が進められた場合に難民の自発的帰還は難しくなる。また難民状況の長期化の結果、出身国と難民の間のつながりが希薄となり、帰国よりも難民として暮らす国にそのままとどまることが起こる。2019 年に自発的帰還を遂げた難民の数は約 32 万人であった[17]。これは国外で難民として暮らす人々の数が 2700 万人を超えている中であまりにも少ない。

次に難民の現地統合は、難民が庇護を受けている国において、その国の永住者として社会統合を果たすことによってもたらされる難民問題の解決策である。難民状況が長期化する傾向にある現在、この解決策を望む難民も多いと考えられるが、現実には現地統合には高い壁が存在する。難民に永住資格を与え、その国の市民として受け入れることに慎重な態度を示す庇護国が殆どであるためだ。難民の多くは人口増加問題に悩む発展途上国に滞在している。難民を永

住化させることによって教育や保健など社会サービスに対する負担の増加だけでなく、その国の市民の雇用機会を奪うことや、人口バランスの変化など非常にデリケートな問題をはらんでくる。難民の現地統合は、難民の解決策の一つとしてうたわれながら、現在に至るまで実現例に極めて乏しい。UNHCR が過去に成功させた現地統合は、国際社会から現地政府に対する大規模な支援を条件として達成されている。

　最後に第三国定住は、庇護国に滞在する難民を別の国（第三国）に定住する機会を与えることによって実現される難民問題の解決策である。庇護国においても安全が確保できない難民や、拷問や性暴力のトラウマに苦しむ難民、定住先にすでに家族がいる難民などが優先的に対象となる。定住先は先進国である場合が多いため、第三国定住は難民にとって非常に魅力的な解決策であるが、それを望む難民に対して受け入れ枠は極めて小さい。このため第三国定住を得られなかった難民の不満や、他の解決策に対する無関心など、時として難民問題の解決を難しくさせる側面を持っている。UNHCR は難民問題に対する国際社会での責任の分担という観点から、先進国での第三国定住受け入れ難民数の増加を求めているが、多くの国で難民受け入れに反対する政治勢力が伸長しており、その実現は難しい。日本では第三国定住のパイロット・プロジェクトとして 2009 年からタイに滞在するミャンマー人難民の第三国定住が開始されたが、受け入れ数は施行後 5 年で 18 家族 86 名と少数にとどまっている[18]。

　ここで見てきたように、難民問題に対する解決策の模索は手詰まり感を強めている。その一方で世界では新たに難民を発生させる事象が絶えない。武力紛争による治安の悪化だけでなく、地球規模での環境変動もまた新たな避難民の発生を呼び、その一部は国境を越えて庇護を求める事態も起こっている。このような状況の中で新たな難民問題の解決策が必要とされている。

　この流れの中で 2016 年 9 月にニューヨークで「難民と移民の移

動に関するサミット」が開催され「難民と移民のためのニューヨーク宣言」（New York Declaration for Refugees and Migrants）が採択された[19]。また 2018 年 12 月には、難民問題に関してより具体的な世界的な取り組みをうたった「難民のグローバル・コンパクト」（The Global Compact on Refugees）が採択された[20]。難民の解決策としては「ニューヨーク宣言」の付帯文書として発表された「包括的難民支援枠組み（Comprehensive Refugee Response Framework：CRRF）」の重要性を指摘することができる。難民問題への恒久的な解決が進まない中で、これまでの難民支援の方法を見直し、難民支援により多くのパートナーの参加を促し、難民が人道支援にのみ頼ることなく、地域の経済社会開発の担い手として現地のパートナーとともに協働する機会を拡大すること、現地統合や開発機関の関与、長期的な解決策への支援強化や負担の分担がうたわれている。UNHCR はこの文書に基づいて、国内の難民状況への対応において先駆的なアプローチを試みる十数カ国をパイロット国として定め、新しいアプローチの有効性を実証し、新たな解決のモデルとして具体化させることを試みている。

おわりに

　近年、移民・難民をめぐる問題は各国の国内政治においても、また国際関係においても大きな争点として扱われている。先進国においても途上国においても、移民や難民の取り扱いは国内の政治的分断を生み出し、様々な政治勢力によって論争が繰り広げられている。移民・難民問題は環境問題や健康問題などとは大きく異なり、問題解決の明確な方向性が見出しにくい問題であり、その論争もしばしばゼノフォビアと言われる外国人に対する反感や、それぞれが重要と考える社会的価値の相違に大きく影響を受けるため、冷静な議論を行うことが難しい分野である。

　この章では基礎的な理解を促す目的から移民と難民を分けて論じ

たが、現実の世界ではますます両者が重なり合うようになってきている。迫害によって国を逃れる人々にも経済的な動機がその移動を促進している側面が見受けられるし、経済的動機から移動を選ぶ人々も合法的な滞在許可を得るために難民申請を行うケースが非常に多い。すでにこの章で論じた移民の社会統合の問題や難民の解決策の行き詰まりに加えて、移民・難民が重なり合う状況は、国境を越えて移動する人々をめぐる問題をより複雑にしている。

　最後に移民・難民問題を論ずるうえで心にとめなくてはならないのは、それが国家や社会の問題であると同時に、それぞれ一人一人の人間の問題であるという点である。我々はしばしば移民や難民の数の大きさに圧倒され、これを単に数の問題として扱う間違いを犯す。「我々は労働力を呼んだが、やってきたのは人間だった」とはスイス人作家マックス・フリッシュが移民労働者に関して記した言葉だが、その意味するところは大きい。移民・難民問題に関心を寄せるのであれば、それら人々の声に直接耳を傾けることが重要である。

ゼミナール

①過去に積極的な移民受け入れ政策をとってきた国の中には、現在その移民をめぐって国内の政治的対立や、移民の社会統合の遅れを原因とする社会問題を生んでしまっている状況も見受けられる。移民受け入れの初期においてどのような政策をとっていれば、現在これらの国が直面している状況を変えることができただろうか。

②1951年に締結された「難民の地位に関する条約」は、もはや現在の難民問題の解決に有効ではないという意見がある。この条約の何が現在の難民状況にそぐわなくなっているのか、また、条約を書きなおすとしたら、どのように変更するのが望ましいか考えてみよう。

③世界各地での難民問題の解決のために、日本は主に資金援助を通じた貢献を長年行ってきた。しかしその一方で、資金援助だけでは十分でないとする批判もある。資金援助以外に何をすべきか、日本政府、日本の企業、個人のできることをそれぞれ考えてみよう。

註

1) IOM, World Migration Report 2022, December 2021.
2) Pew Research Center の 2017 年推計による。
3) United Nations Office on Drug and Crime, Migrant Smuggling in Asia, April 2015.
4) The Guardian "Revealed: 6,500 migrant workers have died in Qatar since World Cup awarded" 23 Feb. 2021.
5) ILO, Migration for Employment Convention, 1939（No. 66）.
6) United Nations A/RES/45/158, 18 December 1990.
7) 加えて条約に署名したが批准に至っていない国は 11 カ国ある。
8) United Nations A/RES/73/195, 19 December 2018.
9) World Bank, "Migration and Development Brief 35", November 2021.
10) United Nations, A/RES/72/281, 12 June 2018.
11) United Nations, Treaty Series, vol. 189, p.137.
12) UNHCR "States Parties to the 1951 Convention relating to the Status of Refugees and the 1967 Protocol", https://www.unhcr.org/protect/PROTECTION/3b73b0d63.pdf.
13) https://au.int/sites/default/files/treaties/36400-treaty-36400-treaty-oau_convention_1963.pdf
14) UNHCR, UNHCR Guidance Note on Refugee Claims relating to Sexual Orientation and Gender Identity, 21 November 2008.
15) この数は 2021 年末時点での 8930 万人に加えて、2022 年のウクライナ危機などにより新たに難民になった人口を加えた速報値である。UNHCR "Ukraine, other conflicts push forcibly displaced total over 100 million for first time", Press Release on 23 May 2022.
16) UNHCR Global Trend: Forced Displacement in 2021, June 2022.
17) UNHCR "Update on Voluntary Repatriation" EC/71/SC/CRP.11, 16 June 2020.

18）外務省「第三国定住によるミャンマー難民（第五陣）の来日」、平成26年9月26日。

19）United Nations, A/RES/71/1, 19 September 2016.

20）https://www.unhcr.org/5c658aed4

読書案内

S. カースルズ・M. J. ミラー（関根政美・関根薫監訳）『国際移民の時代（第4版）』名古屋大学出版会、2011年。

ジョージ・ボーシャス（岩本正明訳）『移民の政治経済学』白水社、2017年。

滝澤三郎・山田満（編著）『難民を知るための基礎知識』明石書店、2017年。

墓田桂・杉木明子・池田丈佑・小澤藍（編著）『難民・強制移動研究のフロンティア』現代人文社、2014年。

小泉康一（編著）『「難民」をどう捉えるか──難民・強制移動研究の理論と方法』慶應義塾大学出版会、2019年。

第 16 章

少数民族

普遍的保護と取り残される人々への支援

峯田　史郎

今日の国際社会では、多くの国家が、その領域内に少数民族を抱えている。正確な統計を示すことは難しいが、少数民族は世界人口の10～20%と推計されている。少数民族は社会的に不利な立場にある集団であることが多く、そのため、その構成員はしばしば差別や不正行為の対象となり、公的・政治的生活への有意義な参加から排除されるケースが指摘されている。時には、少数民族と多数派の主要民族との間で武力による紛争も発生してきた。

　本章では、少数民族に関わる問題を整理し、少数者保護に関する国際社会の普遍的な取り組みや、その取り組みからも取り残される人々に対する多様なアクターによる支援について学ぶ。

はじめに

　国連難民高等弁務官事務所（United Nations High Commissioner for Refugees：UNHCR）のデータセットによると、2022年半ばまでに、武力紛争を含む、何らかの理由で移動を強いられた人々は、全世界で1億300万人に上ると推計されている[1]。移動を強いられた人々は、現在進行中のロシアによるウクライナ侵攻を除くと、多数派との関係で、社会的に周辺に追いやられた少数派の集団に属する場合が多い。

　このような少数民族を巡る状況が一つの課題である国際社会において、本章の目的は、国民国家形成の過程で強制的な統合により周辺化され、時に武力紛争下での犠牲を強いられる少数民族の保護についての国際協力を示すことにある。まず、少数民族に関する諸概念を整理した上で、次に国連を中心とした対話と協力の歴史を検討する。さらに、普遍的な少数民族保護の枠組みから認識上包摂されるものの、事実上取り残された人々として、東南アジア大陸部の少数民族、特にミャンマーの少数民族への支援を取り上げる。

　なお、本章では、種族的、宗教的、言語的少数者を表す用語として、「少数民族」を使用する。現実的には、それぞれ少数者を示す範囲は重なりあっており、完全に分離することはできない。民族はネーションを意味するのか、あるいはエスニシティを意味するのかといった文脈上の議論が必要な用語であるが、これらの人々の置かれている状況を複合的にとらえ、国家において、多数派の集団ではないために、政治的、経済的、文化的に利益／不利益を被る集団を少数民族と呼ぶこととする。国際的な人権保護に関する文書では、racial、national、ethnic、tribal といった論争的かつ不明確な用語に、日本政府の公定訳として、それぞれ人種的、国民的、民族的、種族的と訳されてきたが、これらの日本語訳そのものも多義性を帯びている。そのため、本章では国家において、数的に多数派に対する広

義の少数者に焦点を当てる。ただし、この考え方には、数的基準にとどまらず、文化や心理、社会的基準も含まれていることにも留意したい[2]。同時に、少数民族を国境の内側の人々とみなすことは、国籍を所有している者の中で民族的少数者を示すものであるため、外国国籍者を排除してしまうことによる誤解が生じる場合がある。この点にも注意が必要である。

国家領域に基づき人々を分類する空間と、少数民族がそうであるように、何らかの共通性を持った人々が作り出す空間との「ずれ」が、少数民族に関わる問題を生み出している。同時に、その隙間を埋めるかの如く、多様なアクターが支援を試みているのである。

第1節　国民国家形成過程における少数民族

近代以降、国民国家形成の歴史的過程では、国家と国民との不可分の関係が構築されてきた。19世紀は、ナショナリズムに基づき国民が国家を作り出してきた時代であった。20世紀に入り、特に第二次世界大戦以降、アジア、アフリカで多くの国家が誕生する過程で、植民地時代の記憶を引きずりながら、今度は国家がナショナリズムを利用しながら国民を作り出す時代となった。

ここでの民族の原理は主観的アプローチと客観的アプローチとに分けることができる。前者は、民族の原理が自らの意識や自己利益によって主観的に規定され、流動的であるとする考え方であり、言語、宗教、慣習は、状況に応じて強調されることもあれば、無視されることもある。これに対し、後者は、言語、宗教、慣習などの特性といった客観的な指標によって、民族が固定的に規定されるという見方である。

さらに少数民族を少数者と民族とに分けて説明したい。前者の説明としては、①数的多数者による集団に対し、被支配的な立場に置かれていること、②人種的、民族的あるいは言語的な特徴を有する

集団であることが挙げられる[3]。後者については、①政治経済的、社会文化的慣習や制度をある程度保持していること、②多数者による集団に同化されるのを望んでおらず、自らの慣習・制度を保持していきたいと希望し、その意思を示していること、③集団の構成員が同じ集団に所属しているという「われわれ意識」を持つこと、④ある一定の領域内において、数世代にわたって、まとまって集団を形成していること、または、その地域に愛着を有していることを挙げることができる[4]。

　このような少数民族にまつわる問題は、多様な諸相を見せてきた。ここでは大きく六つに分類してみよう[5]。まず、人種に起因する相違をもとに極度の民族差別が生じる形態である。次に、ナショナリズムを背景とした対立である。国家を背景とした国家領域と民族とを一致させようとする古典的な意味での対立や、植民地支配に伴う宗主国民と植民地民との対立が挙げられる。これらの対立には、ベネディクト・アンダーソンが遠隔地ナショナリズムと呼んだ、海外へ移住した人々が本国のナショナリズムを支援する形態としても発現する[6]。3点目として、民族独立の際に生じる問題である。アジア・アフリカでの植民地独立運動や、国家の喪失と回復、近代国家とエスノ・ナショナリズム、強力な支配国家の弱体化による民族間対立の顕在化を挙げることができる。4点目の諸相は、近代国家形成に関わる民族問題である。先住民族の復権運動、植民地からの独立後に発生するさらなる分離独立運動や民族間対立の加速として現れる。5点目は、人の移動に関わる問題である。移住者を主体とした国家では、その形成下で、民族的な争いは絶えず発生しているものの、国家を破壊するまでの強度に至らない場合である。また、植民地支配に伴う移住先の複合社会の形成や、経済発展過程で人的資本の不足を補う一時的な労働移動が、移住先での軋轢を生むケースもある。さらに、ディアスポラのように旧来の居住地を去り、世界各地にコミュニティを形成するケースもある。6点目は、上記の他

に、武力紛争や国外追放により移動を強いられる難民・国内避難民の場合や、多民族を包含する帝国が、歴史的過程で一度崩壊したとしても、一体化の枠組みに再度復帰する場合である（移民・難民問題については第 15 章参照）。

このように、多数派に対する少数派であるために、周辺化を強いられた集団にとっては、民族という「拠り所」は重要な意味を持つ。たとえ、民族が多義性を帯び、非固定的な用語であったとしても、民族問題は存在することになる[7]。

少数民族と同様に、先住民族についても普遍的に受け入れられた定義はない。この状況において、国際労働機関（International Labour Organization：ILO）は一つの指針を示している。1989 年に採択された「独立国における原住民及び種族民に関する条約」では、「先住民族とは、植民地化または国家の境界が確立される以前にその土地または領域に居住していた人々の子孫であり、独特の社会、経済、政治システム、言語、文化、信念を持ち、この独特のアイデンティティを維持・発展させようと決意しており、先祖代々の土地とそこに含まれる天然資源に強い愛着を示し、および／または社会の非支配的集団に属し自らを先住民族と認識している」としている[8]。

少数民族と先住民族との定義の共通点と相違点を示しておきたい。共通点を 3 点挙げることができる。まず、双方とも、自らの集団が居住する社会では、被支配的な状態にある。次に、双方とも、集団の文化、言語、宗教は、多数派集団あるいは支配的集団とは異なる。3 点目として、双方とも、自らのアイデンティティを持ち続け、高めることを望んでいる。他方で、権利の視点から見ると相違点も挙げられる。少数民族が伝統的に求めている権利は、集団としての存在が保護されること、アイデンティティを認められること、公共生活へ効果的に参加すること、文化的、宗教的、言語的な多元性の保護を尊重すること、である。これに対し、先住民族が求める権利は、少数民族が求める権利に加えて、土地や資源に関する権利の承認や、

自分たちに影響を与える問題に関する意思決定への参加、である[9]。

　先住民族の権利を尊重するために、2007年に「先住民族の権利に関する国際連合宣言」が国連総会で採択された。この宣言は、法的な拘束力はないが、「領土と資源、文化、アイデンティティ、言語、雇用、健康、教育の権利も含め、先住民族の個人、集団としての権利」を強調している。採択の際、議論の焦点となったのが、「事前の自由なインフォームド・コンセント（Free, Prior and Informed Consent：FPIC）」に関わる事項である。この事項は、開発計画の規模や影響等に関する情報が、先住民族にとって理解できる言語で提供される必要があり、先住民が強制や脅迫されることなく、開発事業開始前の先住民族による同意の可否の必要性とその選択の尊重を求めている。

第2節　国連を中心とした対話と協力の歴史

　このように実質的にも、概念的にも周辺化されてきた人々に対し、国際社会は意見の相違を含みながらも対話を続け、国家間の協力や多様なアクターによる支援が実施されてきた。少数民族を含む少数者の権利保護の歴史は紆余曲折ありながらも、継続されてきたのである。第二次世界大戦以後から米ソ冷戦期を通じて、普遍的な人権保護システムは飛躍的な発展を遂げてきた。しかし、国連憲章でも、世界人権宣言でも少数者救済への視点は明示されなかったため、少数者の保護は、法的にも、制度的にも未整備であった。例えば、世界人権宣言の起草過程で存在した少数者保護の規定は最終的に削除されることとなった。その理由としては2点指摘されている。1点目として、世界人権宣言では、普遍的人権基準が少数者保護を包含していることであり、2点目は、各国による国民統合の障害になることへの危惧である。現在でも少数者を救済に特化した普遍的な条約は存在していない。しかし、差別や抑圧、搾取、暴力といった人

権侵害は、少数者として周辺化された人々へ向けられる傾向にある。

　少数者の権利保護は、国連創設を起点に始まったものではなく、決して新しいものではない。古くは16世紀以降、欧州の国家間条約では、宗教的・民族的少数者保護の試みがあった。20世紀前半に国際連盟は、第一次世界大戦の戦後処理の過程で、国家と少数者概念の整理を行い、新興独立国と敗戦国に対し、少数者の保護を強いた。その後、第二次世界大戦後に国連は数々の新しい枠組みとして、個人を権利の主体とみなし、その個人の権利のための普遍的な人権の保護システムを構築した。他方で、少数者の保護は、その普遍的人権保護システムに吸収され、そのシステムの中で、少数者の権利が見えにくい状況となっていった。アジア、アフリカ地域で国民国家が次々と生まれる時代において、少数者が被る抑圧的な状況は、国家主権の平等性と内政不干渉原則の壁の内側に閉じ込められることとなった[10]。

　ただし、国連は少数者の権利を完全に否定していたわけではなかった[11]。1946年に少数者の保護を目的の一つとして経済社会理事会の下に設置された人権委員会とその下部組織「差別の防止及び少数者の保護に関する小委員会（人権小委員会）」が、少数者の保護に関する問題への研究と基準の設定に取り組むことになる。世界人権宣言成立と機を同じくして、「ジェノサイド防止条約（集団殺害犯罪の防止および処罰に関する条約）」を1948年に成立させた。この条約では、国民的、人種的、民族的または宗教的集団の生存権保護を目指している。しかし、同化政策による集団の破壊防止は、第2条（e）で触れられているのみであった。またユネスコ（United Nations Educational, Scientific and Cultural Organization：UNESCO）が1960年に採択した「教育における差別を禁止する条約」も少数者が言語使用や教育活動を行う権利を認める内容を盛り込むにとどめられた。

　1966年、この状況に変化が訪れた。国際人権規約のうち、「自由権規約」と呼ばれる「市民的及び政治的権利に関する国際規約」が

採択され、1976年に発効することとなる。この規約の第27条に少数者の権利に関する規定が盛り込まれた[12]。この27条は、「マイノリティの権利に関して法的拘束力を備える唯一の一般的規定」と呼ばれる[13]。当初、この条文は、国家による強制的同化措置の禁止を謳っているのみであるため、その消極性を指摘されていた。実際に、その後、80年代後半に至るまで、履行監視機関としての自由権規約委員会は、規約の発展的解釈とその適用を試みてきたものの、自由権規約27条の効果は限定的であった。ただし、法的拘束力はないものの、人権委員会による1986年の「一般的意見15（外国人の地位）」では、自由権規約13条（外国人の追放）および25条（選挙・公務への参与）を除いて、市民と外国人とを平等に保障すべきこと[14]、また1989年の「一般的意見18（無差別）」では、人口の一部分を構成する集団の人権享受が妨げられたり、損失を受けたりする場合には、その状況を改善するための具体的かつ積極的措置を講ずるべきであると述べられている[15]。

　その後、少数者の国際的な保護制度の充実が図られ、1992年、国連総会で採択された「少数者の権利宣言（民族的、宗教的および言語的マイノリティに属する者の権利に関する宣言）」が、少数者保護の国際的消極性を積極的な保護へと変化させるものとなった[16]。それまでの1962年の「人種差別撤廃条約（あらゆる形態の人種差別の撤廃に関する国際条約）」は、少数者の積極保護を掲げる規定は存在していたものの、この条約では、少数者への対応は、特別措置であり例外的・暫定的なものに過ぎなかった。また1985年に採択された「外国人の人権宣言（在住する国の国民でない個人の人権に関する宣言）」では文化・言語の保護規定が明記され、1989年採択の「子どもの権利条約」は少数者および先住民族の子どもへの文化的権利保障、自己の文化と異なる文化に対する尊重を掲げている。だが、冷戦終結後までは、国家間での普遍的な合意までは至らなかった[17]。

　これに対し、「少数者の権利宣言」は、法的拘束力は持たないも

のの、1966年の自由権規約に解釈を付与する画期的な宣言であった。1993年には、国連人権高等弁務官事務所（Office of the High Commissioner for Human Rights：OHCHR）が設立され、1994年には、自由権規約の実施機関である規約人権委員会が、同規約27条は少数者に対する権利の否定を禁止しており、少数者の積極的保護措置をとるべきである旨の意見を表明している。さらに1995年には、少数者作業部会が人権小委員会の下に設置された[18]。

　このように、少数者に対する権利保障制度が幾重にも構築されてきた。その後も、2005年に少数者問題に関する国連独立専門家が設置された。2006年には、それまでの60年にわたる人権委員会に代わる政府間機関として、人権理事会が国連総会によって設置された。人権理事会は、国連加盟国や国際機関、人権機関、NGOが人権に関する事項について発言できる場を提供している。さらに、少数者に関する問題でも軽視あるいは看過される傾向にあった女性に対しても、女性差別撤廃委員会と人種差別撤廃委員会をはじめとして、複数の国際機関が問題点を指摘し、救済策を講じるようになってきている[19]。

第3節　東南アジア大陸部の少数民族への支援

　国連を中心とした少数者の権利保護の歴史は、普遍的ではないものの重層的な制度によって、規範が拡大・深化していった歴史であった。しかし、それでも取り残されている人々が存在する。ここでは自由権規約の締約国ではないミャンマーを事例に取り上げてみよう。まずミャンマー国軍による2021年クーデターへと至る経緯を概観した上で、その後、取り残されている人々への支援として、国連主導の人道支援状況、クーデター以前に実施されていた二国間の少数民族自立支援、地理的に近接した隣国NGOによる支援、日本に逃れた人々による自助活動の四つの事例を紹介したい。

ミャンマーを含む東南アジア大陸部は、多種多様な民族が生活しており、これらの人々は国民統合過程で周辺化され、その周辺化への対抗として発生した武力紛争により、地域住民の生活が大きな影響を被ってきた。この地域の武力紛争の特徴は、3点に整理することができる。第1の特徴は、第二次世界大戦以降、長期間かつ断続的であることである。第2の特徴は、武力紛争に複層的な要素が関係している。この複層的な要素は、①植民地、②冷戦、③地域紛争であり、これら3点の尾を引きずっている。第3の特徴は、東南アジア大陸部の武力紛争が持つ、国境を越えた空間的な広がりである[20]。

　2021年2月のミャンマー国軍によるクーデターは、民主化勢力への弾圧とともに、少数民族に対する人権侵害を白日の下にさらすこととなった。2011年に民政移管された後の2015年11月に実施された総選挙では、国民民主連盟（National League for Democracy：NLD）が勝利した。しかし、NLDによる総選挙勝利の状況であっても、憲法の規定により議会議席の4分の1は国軍により任命された現役軍人に配分される上、国軍は2名の副大統領のうちの1名、そして、国防、内務、国境問題の各大臣を指名する権限を手放していなかった。さらに大統領が国家緊急事態宣言を発出した際に国軍は政府全部門の支配権を掌握できる。2015年の総選挙は国民の意思を反映し、信頼できるものであったと受け入れられる一方で、他方、現行憲法下での国軍の力は維持され続け、同時に少数民族に対する人権侵害が発生してきた[21]。

　そのような状況下で国内の状況が逆戻りするかのように、2021年の国軍によるクーデターが発生した。直前の2020年11月に実施された総選挙でもNLDが大勝を収めた。しかし、この選挙において不正投票が行われたと主張する国軍は、アウンサンスーチーらNLD関係者を拘束するとともに、非常事態を宣言した。ミャンマーでは4度目のクーデターとなる。その後、クーデターそのものもさ

ることながら、国軍による暴力が蔓延している状況である。

　ミャンマーは極めて多民族からなる国家である。主要な八つの民族（ビルマ、チン、カチン、カイン、カヤー、モン、ラカイン、シャン）の下位分類として135の民族が政府に公認されてきた。2014年に30年ぶりに実施された人口調査においても、社会的影響を考慮してか、民族構成の正確な割合は公表されていないが、内務省下の総務局が発表している郡ごとの記録の集計によれば、ビルマ民族が約70％を占めており、その他の民族は多くてもカヤー民族の6.4％である[22]。

　2015年11月に、テインセイン政権と少数民族武装組織との間で、全国停戦協定（Nationwide Ceasefire Agreement：NCA）が締結され、八つの組織が調印した。とりわけ、1949年から武装闘争を継続してきたカレン民族同盟（Karen National Union：KNU）との調印にこぎつけたことは画期的な出来事であった。他方で、カチン独立組織（Kachin Independence Organization：KIO）をはじめとする規模の大きな組織は調印せず、期待を下回る形となった[23]。2016年に樹立されたNLDによる新政権は、少数民族武装組織との停戦を期待され、アウンサンスーチー自身も停戦交渉を最重要課題として位置付けた。少数民族武装組織の多くは、その拠点を中国をはじめとした他国との国境付近に構えている。そのため、アウンサンスーチーが中国に協力を要請したことを受けて、主にミャンマー北西部国境沿いに拠点を置く七つの少数民族武装組織によって2017年に結成された連邦政治交渉顧問委員会（Federal Political Negotiation and Consultative Committee：FPNCC）は、新政権との交渉を開始した。しかし、2021年のクーデターまで、停戦交渉は目立った成果を見せることはなかった。それどころか、クーデター発生後も継続して戦闘は続いている。クーデター発生当時、NCAに署名した組織で結成された和平プロセス主導チーム（Peace Process Steering Team：PPST）も反発を強めてきた。一部の少数民族武装組織は一方で国軍との交渉チャネルを維持しながら政治的アジェンダを推進し、他方で国軍との交戦も継続している状況で

ある [24]。

このように、ミャンマーでも国民統合を目的とした多数派による政策が、少数派の反発を招くという構図である。少数民族武装組織が求めるのは、従来からある連邦制ではなく、「フェデラル連邦制」下でのより広範な自治権の獲得である。フェデラル連邦制とは、ミャンマーの目指すべき連邦制（federalism）として少数民族組織が主張するミャンマー政治での特殊な用語法であり、ビルマ語に由来する。ミャンマーでは、独立時から国名が変遷する際にも一貫して連邦（union）という語が冠されてきた。しかし、少数民族武装組織は、政府による現行の中央集権的な体制下で少数民族を取り込もうとする現行制度を拒否し、自治権の獲得や自由・平等を求めるフェデラル連邦制の確立を要求し、これこそが「真の連邦制」であると主張してきた [25]。

ミャンマー国内での武力を用いた対立状況では、そのしわ寄せが生活者へと及んできた。2022年12月初頭現在、ミャンマー国内で140万人以上が居住地を追われ避難生活を送っている。そのうちの110万人は2021年のクーデター以降に発生した国内避難民（Internally Displaced People：IDP）であり、民間人居住地区を対象とした空爆や砲撃により3万1000戸の家屋、教会、修道院、学校が焼失あるいは破壊された。また数字には表れていないが、継続する武力紛争下で心理的恐怖と物質的欠乏に見舞われている人々が多数存在する [26]。そのような状況下で、ミャンマーでは、国連主導の人道支援が実施されている。

現在の国内避難民支援は、主に国連人道問題調整事務所（United Nations Office for the Coordination of Humanitarian Affairs：OCHA）が人道支援計画に基づきクラスター制度を通じて、少数民族が多く居住する州で対応している。2022年9月までに国連機関や赤十字、国際／国内NGO、地元のパートナーが177から219団体に増加した。医療を含む人道支援は、既存のニーズと新たに発生したニーズの双方に対応

し続けている。その結果、約390万人が人道支援を受けることができた。しかし、OCHAの報告によると、ミャンマー政府が人道支援団体に課す移動制限で道路が封鎖されたり、水上交通が停止されたりしているために、支援が十分に行き届いていない。また、支援に必要な資金についても、主要ドナーであるアメリカや日本からの金銭的支援にもかかわらず、不足しているのが現状である。特に食糧分野では、2022年の1月から6月の間に、2億400万米ドルの不足と報告されている[27]（人道支援については第3章参照）。

　次にミャンマーと日本との間の二国間協力を見てみよう。シャン州では1989年以降、政府とシャン州進歩党（Shan State Progress Party：SSPP）やワ州連合軍（United Wa State Army：UWSA）との停戦合意と同時に、ミャンマー政府はケシ栽培が盛んな地域として命名されたゴールデントライアングルの一角をなすこの地域での麻薬撲滅に取り組み、1999年から「麻薬撲滅15か年計画」を開始した。しかし、シャン州北東部の中国国境付近にあるコーカン地区では、ケシ栽培からの代替作物への転換が追い付かず収入の不安定な状況が発生した。これを受け日本とミャンマーとの間で二国間協力が実施された。JICAは2005年からはシャン州北東部のラオカイ県（旧コーカン地区）に支援を集中させた「コーカン特別区麻薬対策・貧困削減プロジェクト」を立ち上げた（2011年まで）。その後、「シャン州北部地域における麻薬撲滅に向けた農村開発プロジェクト」が2014年から2019年まで実施された[28]。しかし、これらの取り組みは一定の成果を上げてきたものの、困難な状況は継続している。シャン州内でのケシ栽培面積の増加傾向やより取り締まりの難しい合成麻薬生産への転換等、生産者は価格の不安定な代替作物よりもより安定的な麻薬生産事業に回帰する傾向が見られる[29]。

　3点目の地理的に近接した隣国を拠点とするNGOによる支援については、ミャンマーから越境した避難民への支援活動を挙げることができる。ここでは、タイ北部チェンマイで2000年前後から活

動をしている団体を取り上げたい。シャン州南部、ミャンマー・タイ国境のロイタイレンに拠点を置くシャン州復興評議会（Restoration Council of Shan State：RCSS）は、国境付近の薬物交易を管理する名目で、タイ政府からタイ国内での活動を黙認されている。タイ国境に接する地域を拠点にする少数民族武装組織にとって、ミャンマー国軍との武力闘争を継続するために、後方支援地としてのチェンマイは重要な場所であるため、チェンマイには多くのシャン民族が生活している。シャン民族を主体とするNGOは、チェンマイ市内に居住するシャン民族避難民に対して、また国境沿いの避難民集落に対して支援活動を実施している。例えば、シャン・ユース・パワー（Shan Youth Power：SYP）という団体は、市内の建設現場に設置された宿泊施設に赴き、労働者やその子どもにシャン語の書き方や、タイ語の習得、コンピューターの使い方を教える活動等を実施している。またシャン人権基金（Shan Human Rights Foundation：SHRF）は、シャン州内で発生する人権侵害状況について、インターネットを通じて発信する等の活動をしている[30]。

　4点目は、日本に逃れた人々による活動である。この活動は、3点目に挙げた支援と類似の構図であるが、隣国ではなく、遠く離れた日本での支援である。すでに日本に逃れ定住しているミャンマー少数民族出身の人々による後から来日する人々に対する自助活動として、NGO法人PEACEは、日本で中・長期的に滞在する外国人のために支援活動をしている。PEACEは東京都新宿区を中心に活動するミャンマー少数民族の団体であり、2012年に設立された。具体的な活動として、文化庁や民間企業からの助成金を受けながら、2014年から在日ミャンマー人への日本語教育活動を実施している。この活動は少数民族出身のPEACE理事らが自ら経験してきた日本社会での生活上の困難を反映しており、日本語学習者に対して地域社会への参加を促している[31]。

　このように、ミャンマーでの国軍と少数民族武装組織との武力紛

争下で苦難を強いられた人々に対して、支援の隙間を全て埋めることが難しい状況にありながらも、幾重にも支援の形態を張り巡らそうという努力を見ることができる。

おわりに

　国民国家形成の過程で強制的に周辺化され、時に武力紛争下での犠牲を強いられる少数民族の保護についての国際協力を示すことを本章の目的とした。国家領域に基づいた国民として人々を分類する空間と、少数民族がそうであるように、何らかの共通性を持った人々が作り出す空間との「ずれ」が、少数民族に関わる問題を生み出している。これらの問題に対し、国連を中心とした普遍的な少数者保護の取り組みにもかかわらず、この保護システムから取り残されている人々も存在している。しかし、その隙間を埋めるかの如く、また国際社会での人権意識の広がりを後ろ盾として、少数民族支援の形態が重層的に展開していることも国際社会の事実なのである。

ゼミナール

①少数民族に関わる問題を挙げてみよう。

②少数者保護に関する国際社会の取り組みの歴史を整理し、その促進要因と阻害要因を整理してみよう。

③普遍的な少数者保護システムから取り残される人々に対する支援の事例を調べてみよう。

註

1) UNHCR, "Refugee Data Finder." https://www.unhcr.org/refugee-statistics/ （2022年 12 月 10 日閲覧）

2）岡本雅亨「少数民族——日本におけるマイノリティの概念」『法学セミナー』44（8）、1999 年、112-119 頁。

3）吉川元・加藤普章「マイノリティと政治学・国際政治学」『マイノリティの国際政治学』有信堂高文社、2000 年、3-20 頁。

4）大仲千華『民族、開発、紛争予防——不平等と差別の是正にむけて』国際協力事業団、2003 年。

5）初瀬龍平「民族とナショナリズム」初瀬龍平編『国際関係論入門——思考の作法』法律文化社、2012 年、88-101 頁。

6）ベネディクト・アンダーソン（関根政美訳）「〈遠隔地ナショナリズム〉の出現」『世界』586、1993 年、179-190 頁。

7）川田順造「民族」日本文化人類学会編『文化人類学事典』丸善、2009 年、136-141 頁。

8）ILO Convention, 1989（No.169）.

9）OHCHR, *Minority Rights: International Standards and Guidance for Implementation*, 2010.

10）窪誠「マイノリティと国際法」吉川元・加藤普章編『マイノリティの国際政治学』有信堂高文社、2000 年、180-193 頁。

11）武者小路公秀「世界のマイノリティに関する法制度研究の今日的意義」マイノリティ研究会編『世界のマイノリティと法制度』解放出版社、1992 年、3-16 頁。

12）國分典子「『マイノリティの権利』小考」『愛知県立大学文学部論集』53、2005 年、15-34 頁。

13）元百合子「マイノリティの権利に関する国際人権基準の進展と課題」『立命館法学』333・334、2011 年、1527-1548 頁。

14）CCPR General Comment No. 15: The position of aliens under the Covenant (UN Doc.A/41/40, Annex VI).

15）CCPR General Comment No. 18: Non-discrimination (UN Doc. A/45/40, Annex VI).

16）国連広報センター「少数者の権利」https://www.unic.or.jp/（2022 年 12 月 10 日閲覧）

17）同註 13。

18）同註 13。

19）同註 13。

20）瀬戸裕之・河野泰之「東南アジア大陸部の戦争と地域住民の生存戦略をみる視点」瀬戸裕之・河野泰之編『東南アジア大陸部の戦争と地域住民の生存

戦略——避難民・女性・少数民族・投降者からの視点』明石書店、2020 年、17-49 頁。

21）中西嘉宏『ミャンマー現代史』岩波書店、2022 年。

22）同註 21。

23）峯田史郎「東南アジア境界地域における武力闘争へのマルチスケールと人間の領域性からの接近——ミャンマー・シャン州南部少数民族組織の生存戦略」『境界研究』10、2020 年、1-21 頁。

24）同註 21。

25）五十嵐誠「少数民族と国内和平」工藤年博編『ポスト軍政のミャンマー——改革の実像』アジア経済研究所、2015 年、157–182 頁。

26）OCHA, *Myanmar Humanitarian Response Plans: MID-YEAR REPORT*, September 2022.

27）OCHA, *Myanmar Southeast Flash Update*, January 2022.

28）国際協力機構『ミャンマー連邦共和国シャン州北部地域における麻薬撲滅に向けた農村開発プロジェクト中間レビュー調査報告書』2016 年。

29）UNODC, *Myanmar Opium Survey 2021: Cultivation, Production, and Implications*, 2022.

30）岡野英之「タイにおけるミャンマー避難民・移民支援と武装勢力——シャン人武装勢力 RCSS/SSA と隣国で活動する NGO/CSO」『難民研究ジャーナル』9、2020 年、86-101 頁。

31）宗田勝也「『誰も取り残さない』社会への手がかり——コロナ禍における移民・難民のボランティア活動から」『ボランティア学研究』21、2021 年、33-38 頁。

読書案内

吉川元・加藤普章編『マイノリティの国際政治学』有信堂高文社、2000 年。

栗本英世『未開の戦争、現在の戦争』岩波書店、1999 年。

『現代地政学事典』丸善出版、2020 年。

瀬戸裕之・河野泰之編『東南アジア大陸部の戦争と地域住民の生存戦略——避難民・女性・少数民族・投降者からの視点』明石書店、2020 年。

中西嘉宏『ミャンマー現代史』岩波書店、2022 年。

第 17 章

日本の国際協力の歴史

国益確保と国際協力の二項対立を超えて

本多　倫彬

日本はなぜ国際協力を行うのか。こう問われたときに、どう答えるだろうか。説明はいくつか可能だろう。貧困や紛争に苦しむ人々を救う人として当然の取り組みとして道徳的側面に注目することもある。気候変動や感染症などグローバルな共通利益に焦点を当てた語りも今日では多い。経済大国日本の責務という説明も、年配の方には受け入れられ易い。日本の国際的なプレゼンスや資源確保、あるいはインフラ輸出といった実利的側面を強調する機会も近年は目立つ。世界中で日本のファンを増やすといったソフトパワーの側面に着目した説明も一定の説得力を持つだろう。

　これらは国際協力が実現や解決を目指すいくつかの、重なりつつも異なる側面によるものだ。どれも一定の説得性を持つとともに、一人一人の世界観や関心が反映された解釈でもある。本章では第二次世界大戦後の日本が、国際協力にどのように向き合ってきたのかを考える。

はじめに

　21世紀以降、世界における日本の経済地位は相対的に低下の一途を辿り、日本に暮らす多くの人々に生活の余裕はなくなってきた。こうした中で近年、国際協力を政治家が口にすれば、そんな余裕があるなら国内に回すべきという強い批判が寄せられる。財政的幼児虐待とも表現される日本国内の状況を見れば、一見すると当然の批判だろう。

　その背後には、国際協力は日本に暮らす人びと（援助の原資を供出する納税者たち）の役に立っていないという理解がある。それは正しい理解なのだろうか。あるいはそれが正しいのだとすれば、ではどうすればよいのだろうか。

　本章では、日本はなぜ国際協力を行うのかということを、こうした状況を踏まえて考える。以下、日本の国際協力の歴史について、時々の時代における意味・意義に着目しながら検討してみたい。

第1節　国際協力の二つの顔を併せ持った戦後復興

　多くの記念日と同様にあまり知名度はないが、日本では毎年10月6日が、国際協力に対する国民の理解と関心を啓発する「国際協力の日」と定められている。この日の前後の週末には都内で、国内最大の国際協力イベント「グローバル・フェスタJAPAN」が開催される。国際協力に取り組む政府機関、NGO、企業や各国大使館などが200団体以上出展、フェスティバル（祭り）を通じて国際協力に親しみ、啓蒙するイベントだ。出展者が自らの活動を紹介することはもちろん、各国の料理や服飾品などを展示、販売するほか、トーク・イベントや各国の伝統芸能がステージ上で披露される。

　なぜ10月6日が「国際協力の日」なのか。それは、コロンボ・プランと呼ばれる国際機関に日本が加盟した1954年の10月6日に基

づく。コロンボ・プランは、第二次世界大戦後、インドやマラヤ（のちのシンガポール・マレーシア）など南・東南アジアの英連邦諸国を対象に、地域の生活水準の向上をめざして開発に取り組むためにイギリス主導で設立された国際機関である。これを機に日本は、主に東南アジア諸国の戦後復興を支える国際協力の担い手として、専門家の派遣や途上国の人びとを研修員として日本に受け入れる援助、すなわち技術協力を開始した。これを通じて日本は、南・東南アジアへの経済（再）進出の足掛かりを築くことになる。

1954年という年は、日本が第二次世界大戦で敗戦してからほぼ10年にあたる。終戦後、戦争中の膨大な出費の清算も重なって、敗戦の1945年から1949年にかけて約70倍という急激な物価の高騰が日本で発生した。一般国民にとっては生活の凄まじい圧迫であるとともに、通貨価値の下落に伴う預貯金など金融資産の劇的な目減りといった様相でもあり、それはそのまま社会経済の混乱として表れることになる。映画『火垂るの墓』が、戦災孤児とその生活を通じてこの時代を描き出したように、食料・物資不足によって人道危機が続いたのである。これに対して米国を中心に民間団体が、食料・衣料品・医薬品などを、1946年から支援した。6年あまりの間に日本人の6人に1人が、主導した民間組織の名を取り「ケア物資・ララ物資」と呼ばれる援助物資を受け取ったとされる。現代でいうところの人道支援によって、多くの日本人が命をつないだのである。

これに加えて、敵国であった米国政府からは、占領地域統治救済資金（Government and Relief in Occupied Areas、ガリオア）、占領地域経済復興資金（Economic Rehabilitation in Occupied Areas、エロア）として知られる援助を受けた。これは現代の価値で10兆円にも上る金額であり、人びとの生活必需品に加えて、肥料・燃料や機械類など日本の産業復興に必要な物資の供与でもあった。米国側の視点から見れば、人道危機を見過ごさない道徳的なものであると同時に、日本列島が社

会の荒廃で騒乱状態に陥ることを防ぎ、当時対立の深まっていたソ連と対抗するアジアの橋頭堡とする計算に基づくものでもあった。ソ連封じ込めのための復興計画として欧州方面で進められたマーシャル・プランがよく知られているが、基本的な意図は似通ったものでもある。いずれにしても人道危機状態の続く数年を、日本は米国が主導して進める自由民主主義、いわゆる西側世界の一翼を担うための援助を受け取ることによって凌ぐことになる。

これらの援助物資を受け取りつつ、日本は国内産業復興に取り組んだ。とくに石炭・鉄鋼の生産回復を経済復興の中核に据えた傾斜生産方式を採用したことで知られる。不足する重油や石炭を鉄鋼業に優先的に配分して鋼材生産を増加させ、その鋼材を使用した国内炭鉱の生産力向上により石炭・鉄鋼という国の基幹産業の復活に資源を集中させ、繊維や機械など輸出産業の回復につなぐことを企図したのである。1950年代前半の朝鮮特需を経て日本の鉱工業は急速に復興の道筋をつけた。

日本は、1951年のサンフランシスコ講和条約の調印をもって連合国GHQの占領期を終え、翌年に独立（主権）を回復した。その翌1953年には世界銀行の融資を受けて、全国の工業地域で大型火力発電所の建設を開始した。戦後復興が加速して不足する電力整備を、国際協力事業を通じて進めたのである。戦後、米国の二国間援助で復興の道筋をつけた日本は、続いて世界銀行を中核とする多国間援助によって本格的な復興資金の調達を行うことになったのである。

日本は1955年に国民1人当たりGNP（国民総生産）が約200ドルに到達して戦前の水準を超え、「もはや戦後ではない」と言われる時代の入り口にあった。前述の1954年のコロンボ・プラン加盟とは、日本が国際社会に復帰を果たし、また援助を受けて戦後復興の途上にあるなかで、「援助を行う側」として戦後初めて国際社会の一員となった出来事なのである。自らも援助を受ける只中にあった日本が、なぜ援助を行う側となることを希求したのだろうか。復興途上

にある日本は国内にも多くの公共投資が必要であり、現代しばしば言われることと同様に「外国を支援するくらいなら自分たちに回してほしい」という国内的要請が切実だったことは容易に想像できよう。

その答えの一つは、国内産業の立て直しが進む中で重大な課題となったのが日本企業の生産物を販売する先の確保だったことがある。石炭・鉄鋼・繊維・機械といった鉱工業が復活し、それら製品の海外市場の開拓が求められたのである。このため日本政府は輸出振興を目的にした日本輸出入銀行（輸銀、JEXIM）を 1950 年に設立して、日本企業の海外展開を支援する体制を整備している。輸出先として主に想定された南・東南アジアには、マレー半島をはじめとする英国の勢力圏があった。コロンボ・プラン加盟は、輸出振興の必要性を踏まえて英国の勢力圏に足掛かりを築く手段として選択されたのであった。

もう一つは、これら南・東南アジアが日本と連合国との戦争で国土が戦場と化し、物的・人的に多大な犠牲を払った地域だったことがある。こうした国々とそこで暮らす人びとに対して賠償を行いたいと考える戦中派の政治家らのイニシアティブで、国交回復と賠償交渉とが同時期に進められた。言い換えれば戦前・戦中に日本が進出し、戦争の舞台としたことへの賠償（戦後賠償）の一環として国際協力が企図されたのである。

その結実第 1 号となったのが、ビルマ連邦（現ミャンマー）だった。ビルマとの間では 1954 年に「日本・ビルマ平和条約及び賠償・経済協力協定」が結ばれた。この協定が、平和と賠償・経済協力を謳ったように、国交回復と賠償はセットで扱われた。賠償は「生産物および役務による」とされ、賠償先の国のインフラ整備に必要な資本財と技術役務を日本から供与することになった。たとえば賠償先の国で工業プラント等を賠償事業として建設するにあたり、相手国政府が工事や資材の調達を日本企業に対して発注する。受注した

日本企業に対する支払いを日本政府が行う。こうして日本企業が賠償事業の恩恵を受けられる、タイドないし紐付きと呼ばれる形を採用したのである。たとえばビルマでは、賠償として生産物・役務を10年間にわたり計2億ドル相当供与し、同様に10年間にわたって合計5000万ドル相当の生産物・役務を、経済協力として提供することが約定されている。日本全体のGNPが年間200億ドル程度の時代である。アジア諸国に対して戦後賠償を行いたいという思いと、賠償・経済協力を通じて日本企業の輸出拡大とそれによる更なる日本経済の復活・強化とをセットにした実利的目標とが、強かに目指されたのである。

1958年には、戦後初の円借款（低利貸付）事業として、インドに対する総額5000万ドルの有償資金協力プロジェクトが始まった。円借款／有償資金協力は、超長期にわたり、極めて低い利率で円資金を貸し付ける援助スキームである。たとえば最も緩い条件の適用対象国では、40年間にわたり0.01％の固定金利で貸し付けを行うものだ。

円借款による経済協力と並行して、アジア諸国との戦後賠償交渉も継続された。各国によって条約の形態は様々だが、1950年代後半から60年代にかけて相次いで平和条約・経済技術協力協定が締結され、工業製品・設備を各地に輸出する動きも拡大した。こうして日本は年平均10％前後の急激な経済成長率が続く時代、高度経済成長期を迎えた。この期間には、1964年に開催が決定した東京オリンピックの準備に向けて、積極的なインフラ整備が日本全土で進められた。各地の製鉄所や工場、首都高速や東名高速といった自動車専用道路の整備、そして東海道新幹線の整備がこの時代の事業としてよく知られている。これらはいずれも世界銀行の融資を得て建設された。たとえば東海道新幹線の整備事業は、1961年に世界銀行との間で契約が締結され、8000万ドルにおよぶ融資を受けた。東京・名古屋・大阪の三大都市圏をつなぐ大動脈の整備は、国際協

力事業によって可能となったのである。世界銀行の融資によるインフラ整備は計31プロジェクトに上り、融資総額は当時の金額で約6兆円に上る。同時に日本は、開発援助委員会（DAC）に参加した。援助の国際動向や方針、進め方などを話し合い、相互に評価し合う援助国の集まりである。

1960年代にアジア地域における国際協力の担い手となり始めた日本は、他方で自らの国内投資のために国際機関からの支援を得るという両面を併せ持ちながら国際協力の舞台に登場したのである。

第2節　国際協力の制度整備と日本型援助の形成

国際協力の実施主体として日本は、1960年代初頭からその実施体制の整備に取り組んだ。1961年には海外経済協力基金（The Overseas Economic Cooperation Fund：OECF）が設置された。東南アジアを中心に産業開発と経済安定のための融資、すなわち有償資金協力の実施を目的に、日本政府が資本金54億円を出資して設置した援助機関である。政府開発援助（Official Development Assistance：ODA）を核に円借款による国際協力を本格的に進める体制の基礎が整備されたのである。こうして日本は、貿易促進のために途上国の開発を行う日本輸出入銀行（非ODA）に加えて、途上国の開発と人々の福祉の向上を第一義に進めるODAとを併せ持つに至る。なお、OECF、JEXIMという貸し付けを主体に国際協力を担う二つの組織は、半世紀のちに合併して国際協力銀行（JBIC）となる。

1962年には、海外技術協力事業団（Overseas Technical Cooperation Agency：OTCA）が設立された。その名のとおり途上国の人材育成を担う専門的な組織だった。翌1963年には海外移住事業団の設立があった。戦前から中南米等で進められた日本人の海外移住を促進・支援する組織である。あくまでも日本人の海外移住にあたり必要となる費用の支援や現地での生活・事業基盤を形成するための技術指

導等、移住する日本人を募集・支援する組織だったが、1952 年のブラジルへの移住再開以降、移住を通じて中南米の開発を担う人材を送り出す形で国際協力の一翼を担うことになった。OTCA と海外移住事業団は、その他いくつかの組織とともに、後に設立される国際協力機構（Japan International Cooperation Agency：JICA）の前身となる。なお、1965 年には、現在でもよく知られている青年海外協力隊が創設され、同年中に 5 名の隊員がラオスに派遣された。日本の若者が世界各地で、現地の人々とともに社会開発に従事しつつ国際交流を行うおなじみの光景が始まったのである。

　こうして国際協力の実施体制整備を進めた日本は、東京オリンピック開催年にあたる 1964 年に経済協力開発機構（Organisation for Economic Cooperation and Development：OECD）に非欧米諸国として初めて加盟した。先進諸国が国際経済全般について協議する場であるOECD への加盟は、名実ともに日本が先進国として国際社会に復帰した瞬間でもあった。本格的に国際協力の実施体制を整備した日本は、賠償事業以来の日本企業によるプラント・工場設備建設にとどまらず、ダムや発電設備、港湾施設といった社会経済基盤となる大規模インフラを有償資金協力によって整備することで、東南アジア各地に日本企業の進出の呼び水とした。それまで日本から輸出してきた工業・機械製品の生産拠点を途上国へ移転させる取り組みでもあり、輸入代替工業化による途上国の経済成長を促す手法として展開されることになる。1965 年に日本はついに対米貿易の黒字化を果たし、その 3 年後の 1968 年には GNP がアメリカに次ぐ世界第 2 位に達した。同時期にはアジア諸国に対する戦後賠償交渉も一通り完了させた。日本は名実ともに経済大国として、自らの経済力とそれを担う民間企業の投資を基盤に、南・東南アジア諸国への経済（再）進出を本格的に開始することになる。

　戦前日本の対外政策上の重要課題は何かと問われたとき、資源確保がその一つにあったことは論を俟たない。先進国に復帰した日本

で（再）浮上してきたのが、その資源確保の要請に他ならなかった。二度にわたるオイル・ショックと、1970年代前半の世界的な異常気象による農作物の不作に伴う穀物の争奪戦がその直接の契機だった。突如として輸入が困難に陥る中で、石油・鉱物資源はもとより大豆やトウモロコシなど、多くの食料・飼料を輸入に頼る日本にとって、それらの確保が死活的に重要なものとして改めて注目された。そこで進められたのが、開発輸入と呼ばれる取り組みである。基本的な構図は、日本が必要とする鉱物資源や農産物などの資源開発を発展途上国で国際協力事業で実施し、その生産物を日本に輸出する形で日本の資源確保を行うというものだ。ODAを日本の国益に直接的に用立てる議論が21世紀以降強くなってきたが、1970年代の開発輸入も、そうした国益志向が強く表れる試みだった。同時にそれによって援助対象国と日本との経済的結びつきを強化し、良好な二国間関係を構築することが企図されたのでもある。

　こうして発展途上国側の開発要請に基づき（自助努力支援）つつ、援助・投資・貿易を組み合わせて進める日本型援助アプローチ（三位一体型援助）の形成が進んだ。従来、鉱工業を中心に展開してきた日本の国際協力は、1970年代には農産品（食料や飼料等）の確保が重要課題として浮上するなかで、広大な農業地帯の開発に取り組むようになる。ブラジル・アマゾンの不毛の大地を開拓し、大豆やトウモロコシなどの大穀倉地帯に転換することに成功したセラード開発事業は、有名な事業の一つである。

第3節　援助大国への道──国益確保の行き過ぎと転換

　昭和時代に現在にいたるメイド・イン・ジャパン製品の世界的流通が進み、日本製品が途上国市場から米国市場まで世界中を席巻したことはよく知られている。高付加価値の工業製品が日本から次々に途上国に輸出され、逆に日本は原材料・農産品など一次産品を国

際協力事業によって増産を支援しつつ輸入を拡大する。それにより日本国内企業はさらに生産を拡大し、世界中で投資と輸出を行う。ジャパン・アズ・ナンバーワンと呼ばれた時代である。これを日本の三位一体型援助が支えたことは、ここまでで明らかだろう。言い換えれば日本は国際協力を用いて、アジア諸国を支援しつつ、日本自身が一方的かつ急激に貿易黒字を増やすことになったのである。

　各地に進出した日本企業とその従業員が高圧的な態度で現地の人々に接して反発を招いたこともあり、現地の人々からは、「新植民地主義」という形で非難を浴びた。それは、欧米諸国による植民地支配、大日本帝国による軍事侵略、それにつづく戦後日本による経済支配と受け止められたのである。日本批判は、各国で自国の独裁政権に反発する動きともあわさり、反政府・反日運動が盛り上がりをみせた。とりわけ日本の人びとに衝撃を与えたのは、1974年の田中角栄首相の東南アジア歴訪に際し、タイやインドネシアで直面した大規模な反日暴動であった。

　また、戦後賠償以来、紐付き援助で進めてきた日本の国際協力は、援助の名のもとに輸出振興や資源確保を図る不公正な貿易であるとして、欧米諸国から強い批判が寄せられるようになる。日本の急速な経済発展と世界進出は、一人勝ちする日本に対する反発や警戒心、日本脅威論を各国で招いたのである。とくに日本にとって深刻だったのは、ベトナム戦争で疲弊したアメリカがアジア各地に対する支援を縮小せざるを得なくなる中で、アメリカの担ってきた役割を肩代わりすることを米国に強く求められたことだった。こうして輸出振興と開発輸入という国益確保を主眼に国際協力を進めてきた戦後日本の国際協力は、時に日本人を「エコノミック・アニマル」と非難する西側の友好国、また現地の人びとからの反発の前で、転換点を迎えることになる。

　同時に日本国内でも国際協力の見直しの声が高まった。1970年代にはその悲惨さが報道を通じて国際的に注目を集めた泥沼のベト

ナム戦争が終結に向かう中で、着の身着のまま逃げ出す難民・ボートピープルへの人道支援が国際的な課題となりつつあった。こうした環境下、国際協力に際して相手国の文化を理解・尊重し、相手国の人びととともに発展を成し遂げようとする方向、すなわち文化交流や社会開発へ、日本は関心を寄せることになる。

その一つの結実が、1977年に福田赳夫首相が東南アジア歴訪に際して発表した「福田ドクトリン」だった。日本の東南アジア外交の三原則として、軍事的野心を持たず平和国家として心と心の触れあう信頼関係の構築を目指し、そして各国と対等なパートナーであることを強調した。そのうえでODAを倍増させる計画を打ち出したのである。交流を重視して国際協力を拡大する根底には、経済大国日本が蓄えた貿易黒字を途上国に還流する形で不均衡を是正する狙いがあった。貿易で稼ぎ、一人勝ちの日本に対して国際的な非難が強まる中で、その儲けを国際社会の課題解決に使用していることをアピールする切実な要請に日本は直面していたのである。

現代では強く批判されがちな対中ODAも15億ドル規模の円借款を供与する形で、この時期に始まった。1978年に日中平和友好条約が締結され、翌年に日本政府は「対中経済協力三原則」を発表している。その背景には、1972年のニクソン訪中に象徴される1970年代の国際環境の劇的な変化があった。対立していた米国と中国が急接近したいわゆるニクソン・ショックである。中国の経済発展を支援することで東側陣営から引きはがし、西側陣営に取り込んでいこうとする米国の対中関与政策の開始に、日本は歩調を合わせる必要に迫られたのである。

対中援助の開始と時期を同じくして進んだのが、前述の貿易黒字の還元、資金還流の必要性に基づく日本から途上国への資金の流れの急拡大だった。その第1が、ODAの拡大であり、1980年代までに三度にわたって倍増計画が策定された。1989年には日本のODAは単年度予算で1兆円を超えて世界最大のODA大国となるにい

たった。第2が資金還流であり、とくに80年代に表面化した途上国の累積債務による経済危機を受けて、国際通貨基金（International Monetary Fund：IMF）や世界銀行が進めた構造調整プログラムに出資を行った。1987年から1992年にかけては、中南米諸国やフィリピンなどに対して6兆円以上の資金供与が行われている。巨額の資金供与の背景には、経済大国となった日本が貿易黒字を国際社会に還流することが目的にあった。実際のところ累積債務問題に苦しむ途上国の債務とは、西側先進国の金融機関の持つものだった。言い換えればそれは、各国の金融機関を日本の資金で救済し、国際金融の不安定化を避けるという側面を持つ。いずれにしても膨大な貿易黒字を抱えて批判を集めた日本の行った国際協力が、国際社会の安定のための巨額の資金供与だったのである。

同時に日本国内企業による生産拠点の海外移転が進められた。その背景に、米国と国際基軸通貨米ドルを守ることを旗印に1985年に行われたプラザ合意がある。急速に円高が進む中で、日本の製造業は生産拠点を北米・アジア各地に移転し、工業生産物を日本に逆輸入する形を採用するようになる。日本の三位一体型国際協力アプローチは、これを後押しして、アジア諸国の産業を輸出主導型工業へと転換するものとなった。実際に1980年代後半までに日本の輸入に占める工業製品比率は倍増することになる。それは、工業生産の国際分業を通じて日本とアジア諸国が密接につながるとともに、進出企業を通じて日本から順次、アジア諸国への技術・産業移転が進む帰結をもたらした。日本が先頭になってアジア全域で進んだ雁行型経済発展と呼ばれる国際分業に基づく経済発展である。

他方で供与金額が拡大し続けたODA事業は、無駄な事業形成や賄賂・汚職が当たり前の光景ともなり、日本国内ではODA批判が強まる結果となる。供与先の独裁政権と結びついた日本企業や政治家がリベートを受け取り、自らの利権を貪る枠組みであり、途上国の人びとの生活の向上に寄与していないどころか逆に苦しめている

という批判だった。日本の家庭の食卓によく登場する食材の確保のために途上国の生産者が苦しんでいるというストーリーでODAを批判した『エビと日本人』『バナナと日本人』などがよく知られている。なんであれ国際協力の前提にあるはずの現地の人びとの目線を置き忘れているという批判でもあった。

第4節　冷戦の終結と民主化に向けた国際協力

　1990年代、日本が文字どおり世界最大のODA大国となった時期には、時を同じくして国際政治構造の大転換が発生した。冷戦時代の終焉である。日本の国際協力の観点からそれは、東西冷戦下で米国側の一員としてアジアで共産主義の浸透を防ぐという旗印のもとで大義名分としてきた役割、すなわち主にアジア地域の経済開発を担う意義それ自体が喪失する事態だった。貿易黒字の還流について大きな圧力を受け続けていたとはいえ、その圧力に向き合えばよかった時代が終わり、代わって求められたのが、世界の変化に主体的に向き合うことへの要請だった。日本はそもそも何のために国際協力を行うのか、自ら模索する必要性に直面したのである。こうして1992年に、国際協力の目標・理念、基本的な考え方を示す政府開発援助大綱（ODA大綱）を日本は策定、発表するに至る。改めて示されたのが、自助努力支援を基本に健全な経済発展の実現を目的とするODAの方針だった。

　ODA大綱制定とあわせて日本の国際協力は、民主主義をキーワードに、相互に関連する三つの変化に向けて転換することになる。第1が、政治的関与に強く抑制的だった基本方針の転換である。それは旧社会主義国の民主化支援、あるいは紛争後の平和構築など、相手国の政治制度それ自体を構築する取り組みの開始である。冷戦後初期の国際社会の大きな潮流に、旧社会主義諸国に対する民主化支援があった。それは自由主義・民主主義の導入に進む旧社会主義

国に対して、それを担保する制度や市場整備を支援するものだった。同時に国際社会が関心を向けたのが、途上国で繰り広げられた内戦や民族紛争などを解決に導くことだった。国際的な支援や圧力のもと、紛争当事者間での停戦合意を導き、さらに紛争再発を防止しつつ疲弊した国を立て直す平和構築である。第4章でみたように平和構築とは、物理的暴力で問題処理を進めていた武力紛争を止め、意見対立を平和的に処理するルールの中で行うための制度や文化の定着を図る。要するに（民主）国家建設という形をとる。国家建設という本質的に政治的な試みである民主化支援および平和構築は、経済発展を支援して政治的なものには関わらない日本の援助方針とは異なる領域に踏み込むものとなる。日本にとってその直接のきっかけとなったのが、東南アジアで展開した、凄惨な内戦後の復興支援・国づくりとなったカンボジアに対する関与だった。

第2が市民社会・NPOとの協力、のちに主に人間の安全保障に焦点を当てた取り組みとして体系化される草の根支援の制度整備である。戦後日本の国際協力の根幹にある考え方は「経済発展をつうじて問題解決を図る」ものである。経済発展を目指す途上国の自助努力を支援することで、貧困や環境汚染など途上国の抱える様々な社会問題に途上国自身が向き合えるようにする。この考え方は現代に至るまで日本の国際協力の根幹をなすものだが、同時に求められるのが今目の前で困窮している社会的弱者に対する支援である。たとえば、貧困家庭の母子教育、スラム化した地域のごみ処理、渇水地域での井戸建設や無医村での小規模巡回医療など、しばしば国際協力NGOが手掛ける比較的小規模な事業である。典型的には、最も恵まれない人々（ボトム・ビリオン）や最も困難に直面する人びと（紛争地域の難民や女性・子ども）を直接の受益者としたNGOの活動にODA予算をつける形となる。NGOとの連携が進化する過程で、外務省・JICAとNGOが日常的に会合を持ち、ODAの方針検討などにもNGOが関与することが一般的な光景となる。

第3が、国際協力に一般市民が加わる形と情報公開および評価制度の確立である。それは日本の国際協力それ自体の民主化といってよい。1980年代に日本のODAに寄せられた強い批判は、国際協力が本来の目的を失っていることを問うものだった。開発独裁体制下の権力者と結びついた日本の国際協力事業は、実際に不必要なインフラ整備や設備輸出を低利とはいえ途上国の人びとの借金で実施したり、水力発電ダムの建設をはじめ大規模インフラ建設では現地の人々の生活や地域環境を破壊しているとして強い批判を集めたりしたこともあった。これらはODAの政策決定・実施過程が不透明で、国民に対する説明責任を果たしていないことに起因するものでもある。こうしてODA事業評価と広報が始まった。事業評価とその公開制度が整えられたほか、ODA民間モニター（のちに国際協力レポーターに改称）を国民の中から広く公募してODAの現場を見てもらう事業や、ウェブサイトの充実、SNSの開設、また大学等への外務省・JICA職員の出前講座など国民に伝える努力を行政機関が行うようになる。

　これら国際協力の民主化は、ODAが1兆円を超える規模に膨れ上がる一方でその狙いも見えないままに巨大な存在となっている状態に対し、国内外から疑問や懸念、そして批判が寄せられたことにもよる。日本は冷戦の終焉を受けて民主主義の導入に向けた国際協力に足を踏み入れつつ、自らの国際協力政策それ自体を民主化することになる。

　従来の経済協力を超えた冷戦後の国際協力は、新たな国際課題、すなわちジェンダー（当初は女性）、環境、紛争・平和構築などへの対応という形で進められた。ここまで本書をみてきた読者には、これらの課題は、各章で取り上げるものであることが直ちに理解されよう。経済協力を手段に、輸出振興や開発輸入、直接投資や資金還流などを米ソ冷戦構造のもとで強かに進めた日本の国際協力は、様々なグローバルイシューに正面から向き合うことになったのであ

る。1990年代をつうじて、日本は従来の経済発展支援を軸に問題解決を図る経済開発に加えて、政治分野にも射程を拡げて平和構築や民主化支援に取り組むようになった。同時に、NGOとの連携も進めつつ、人びとに直接届く社会開発事業の実施に向けた体制整備を進めた。今日に至る「人間の安全保障」（人間の安全保障については第2章を参照）を重視する日本の国際協力は、そうした方針の現れなのである。

おわりに――現代の国際協力

どの程度達成されたか、またそもそもそれは妥当だったのかはともかく常に国益の確保が日本の国際協力の前提にあったことは認識されてよい。それと同時に、国際潮流や国際社会の要請を前に、それらの文脈に沿う形で日本は国際協力を展開してきた。それは相互依存の深化のために、また道徳的立場や道義的責務からも進められた。そのこともまた事実である。後者の、一部であれ日本人の本音にあった観点を持ちつつ、前者の日本の個別的国益それ自体を希求する。それは、日本自身の欲求を、国際潮流や道義的責務の論理で包むものでもある。両者はときに矛盾する場合もあるが、多くの場合に調和させながら展開した様相を本章では見てきた。このように日本の国際協力の展開を整理してみれば、21世紀の現在、日本がなぜ国際協力に取り組むのかについて考えるべきは以下だろう。

日本に暮らす人びとにとって現在、国際協力を通じて得られる国益とは何か。そしてそれを包みこみうる国際潮流は何か。

前者については、時々に個別具体的な国益が指摘されてきた。たとえば「外交に関する世論調査」（2023年2月）では、エネルギー価格の高騰を受けて「エネルギーの安定確保のため」に必要と答える割合が急増している（前年度41.6％から50.5％へ）。日本の戦略的外交の手段として、またプレゼンスの確保などを回答する割合も常に一

定数存在する。

　これらの日本の国益を包み込みうる現代の国際潮流や道義的責務とは何か。それは、（日本にとっても）心地よい国際秩序の形成と維持に他ならない。心地よい国際秩序とは、ある程度予測可能で、侵略や貧困など人間の安全保障が脅かされる状況のない世界である。SDGs なども、そのための基準として再認識されてよい。中国による軍事力等による現状変更行動や人権抑圧、何よりも 2022 年 2 月から始まったロシアによるウクライナ侵攻は、国際秩序の重要性に否応なく目を向けさせるものとなった。それ自体が日本にとって死活的に重要なものなのだ。しかし一方で日本の人口はいよいよ減少し、経済力も急速に衰えることも確かだ。税金・社会保障など負担のみが年々増す環境下で、国際協力などする余裕があるのならば日本国内にその資金を回すべきだ、という主張もまた、心情的にもっともだ。

　だからこそ問われるべきは、日本の国際協力を通じて確保される、日本に暮らす人びとが一般に共感できる国益とは何かであるとともに、それを包み込みうる国際潮流とはどういうものかへの理解である。言い換えれば国際協力は、双方を調和させて進めるものであるという国際協力理解それ自体でもある。日本にとって心地よい国際秩序の維持と個別具体的な国益確保との調和の不在こそが私たちに突きつけられていることを、戦後日本の国際協力の歴史は示している。

ゼミナール

① 1950年代、1960年代……と10年ごとに時代を区切ってみたとき、各年代における日本にとっての国益とはどのようなもので、そのために国際協力はどう活用されたのだろうか？

②現代において国際協力を通じて達成されうる日本の国益とはどのようなものが考えられるだろうか？ それは国際潮流と整合しうるものだろうか？

③②は、日本に暮らす人びとの共感を得て、政策として採用される魅力のあるものだろうか？

読書案内

浅沼信爾・小浜裕久『近代経済成長を求めて――開発経済学への招待』勁草書房、2007年。

荒木光弥『国際協力の戦後史』東洋経済新報社、2020年。

下村恭民『日本型開発協力の形成――政策史1・1980年代まで』東京大学出版会、2020年。

紀谷昌彦・山形辰史『私たちが国際協力する理由――人道と国益の向こう側』日本評論社、2019年。

重田康博・太田和宏編『日本の国際協力 アジア編――経済成長から「持続可能な社会」の実現へ』ミネルヴァ書房、2021年。

宮城大蔵編『戦後日本のアジア外交』ミネルヴァ書房、2015年。

第 18 章

国内で「国際」協力

日本に暮らす外国人（移民）に着目して

加藤　丈太郎

法務省によれば、2022 年 6 月末日時点で、日本には約 296 万人の「在留外国人」が共に生活をしている。そのうち約 85 万人は永住者である。日本政府が移民政策を否定し続ける一方で、外国人は着実に日本社会を構成する一員となっている。厚生労働省は 2008 年以降、毎年、外国人労働者数を公表している。2012 年以降、その数はコロナ禍の間も右肩上がりで増加し続け、2022 年 10 月末時点で約 182 万人となった。

　外国人には労働者としてだけではなく生活者としての側面があることを忘れてはならない。なかには言語や文化の違いに起因して生活上の問題を抱える者も存在する。彼／彼女らに対し、これまで日本国外で活動をしてきた「国際協力」セクターにも新たにできることがあるのではないだろうか。本章では、日本国内で外国人を支援し、国籍の違いにかかわらず共に生きていくための方策を検討する。

はじめに──日本国内に新たに広がる国際協力

　「国際協力」と聞くと、どのような活動場所を頭に思い浮かべるであろうか。アジア・アフリカ地域の発展途上国を頭に浮かべた方が多いと推察する。しかし、近年国際協力の活動場所は日本国内にも広がってきている。

　JICA は「日本の政府開発援助（ODA）を一元的に行う実施機関として、開発途上国への国際協力」[1] を行っている。つまり、日本国外に向けて活動をしてきた。しかし、私たちが暮らす日本社会も着実にグローバル化している。たとえば、外国人（移民）労働者の増加は、グローバル化の現実を如実に表しているのではないだろうか。現に、先に述べたように日本国外での国際協力を主な活動としてきた JICA は、2020 年以降、日本国内に暮らす外国人（移民）向けの活動を活発化させている。2020 年 11 月 16 日、JICA は複数の民間企業、業界団体等と共に「責任ある外国人労働者受入れプラットフォーム（JP-MIRAI）」を創設した。JP-MIRAI は、2021 年 7 月 26 日から約 2 カ月間、「技能実習及び就労系の在留資格を有するベトナム人等向け能力開発研修」を JICA 東京において実施した[2]。筆者は 2021 年 8 月 31 日に同研修を見学した。研修では、コロナ禍の中ベトナムへの帰国が困難となっていた元技能実習生たちが、新たな形で日本国内外において就労をするために日本語教育等の支援がなされていた。

　国際協力 NGO の公益財団法人 PHD 協会（神戸市長田区）はインドネシア、ネパール、ミャンマーで農業、保健衛生、貧困対策、教育支援などの地域開発プロジェクトを行ってきた。しかし、近年は日本国内の活動にも力を入れている。2020 年 10 月から、事務所内に国際協力・交流シェアハウス「みんなのいえ」を開設し、コロナ禍の中、生活に困窮し行き場のない外国人（移民）を同所で保護してきた。また、2022 年 2 月 24 日からのロシアのウクライナ侵攻を受け、日本に避難してきたウクライナ避難民の生活支援も行っている

（2022 年 4 月 25 日インタビュー）。

　国際協力 NGO の NPO 法人パルシック（東京都千代田区）は、主に東ティモール、スリランカとの間でフェアトレード活動を行っている。パルシックも PHD 協会と同様に日本国内での活動を始めている。2018 年 6 月よりコミュニティカフェ「みんかふぇ」（東京都葛飾区）を開設し、2022 年 2 月からは同所で「在留外国人支援」活動を開始した（2022 年 2 月 2 日、同団体のボランティア向け研修に筆者は講師として参加）。その後も、外国人（移民）や関係団体とつながるアウトリーチ活動を継続している。

　以上の例をみると、国際協力に取り組む様々な団体において日本国内に暮らす外国人（移民）を支援する動きが広がっていることが分かる。その原因の一つとして、2020 年以降コロナ禍により国外での国際協力活動が一時的に制限されたことが考えられる。しかし、筆者はコロナ禍以外にも原因があるとみている。本章では、国際協力の活動場所がなぜ日本国内に広がりを見せているのかを考察する。

　まず、2022 年 6 月末時点の法務省「在留外国人」統計、および日本国内における外国人（移民）受け入れの歴史の概要を説明する。次に、2010 年代後半以降、日本における人口増加が目覚ましいベトナム人を分析する中から、日本の外国人（移民）受け入れの姿勢を明らかにする。そして、国際協力の活動場所がなぜ日本国内に広がりを見せているのかを考察し、学生を中心とする読者が日本国内で国際協力を行うための方法を提案する。

第 1 節　「在留外国人」統計と　　　　　外国人（移民）受け入れの歴史

　本章で筆者は冒頭より「移民」という語を用いている。しかし、本節のタイトルには「在留外国人」と違う語が使われている。この違いについてまず補足をする。国連は、「移民」を「通常の居住地

以外の国に移動し、少なくとも 12 カ月間当該国に居住する人のこと（長期の移民）」と定義している。コロナ禍の中でも移民数は拡大している。IOM（International Organization for Migration、国際移住機関）によれば、2020 年には全世界の 2 億 8100 万人（全人口の 3.6％）が移民である[3]。

　日本は OECD 加盟国の中で 2019 年の外国人人口流入数において第 4 位となっている[4]。これは、技能実習生・留学生数の増加の影響が大きい。国連の「移民」の定義にならえば、技能実習生、留学生も「移民」と呼ぶことができる。しかし、法務省は「在留外国人」という語を用いている。「在留」という語には一時的な、いずれ帰国する人々という意味が含まれる。しかし、在日コリアンをはじめ、「在留外国人」の中には出生からずっと日本で暮らしている者も存在する。本章では、統計や文書を引用する際はそのままの語を、筆者自身で記す際には「移民」を用いることとする。

　法務省は半年に 1 回、「在留外国人」数を更新・公表している。本稿執筆時点（2022 年 12 月 25 日）でコロナ禍は収束していないにもかかわらず、2022 年 6 月末時点統計で、「在留外国人」数は 296 万1969 人（人口の 2.37％）となり、過去最高を更新した。

　「在留外国人」数を在留資格別にみると、1）永住者（84 万 5693 人）、2）技能実習（32 万 7689 人）、3）技術・人文知識・国際業務（30 万 45人）、4）特別永住者（29 万 2702 人）、5）留学（26 万 767 人）の順となる。なお、「技術・人文知識・国際業務」とは、日本で主にホワイトカラーの職種で就労をするための在留資格である。たとえば、留学生が日本の大学を卒業後、日本国内の企業に勤める場合は、この在留資格に変更する。「特別永住者」は、1991 年 5 月「入管特例法」（日本国との平和条約に基づき日本の国籍を離脱した者等の出入国管理に関する特例法）により定められた在留資格である。そのほとんどは在日コリアンである。

　「在留外国人」数を国籍別にみると、1）中国（74 万 4551 人）、2）

ベトナム（47万6346人）、3）韓国（41万2340人）、4）フィリピン（29万1066人）、5）ブラジル（20万7081人）の順[5]である。これら「在留外国人」数上位5カ国について日本への受け入れの歴史を、日本への受け入れ順（韓国（朝鮮）、中国、ベトナム、フィリピン、ブラジル）に概観する。

韓国（朝鮮）

　アジア太平洋戦争前・戦争中に当時日本の植民地となっていた朝鮮半島から朝鮮人が来日した。当時、朝鮮の人々は「帝国臣民」と呼ばれ、日本国籍を有していた。アジア太平洋戦争終戦後、1947年に外国人登録令が出され、朝鮮人は日本国籍を有していたにもかかわらず、外国人登録を義務付けされた。日本国籍を有していても外国人とみなされてしまう矛盾が起きていた。1950年には朝鮮半島において朝鮮戦争が勃発した。朝鮮戦争により朝鮮は韓国（大韓民国）と北朝鮮（朝鮮民主主義人民共和国）の二つの国家に分かれることとなった。朝鮮人は既に日本に生活基盤を築いていたことから、多くの者が日本に留まることとなった。しかし、1952年4月のサンフランシスコ講和条約の発効により、法務省民事局は「朝鮮人及び台湾人は（中略）日本の国籍を喪失する」と宣言し、そのまま日本の国籍を剝奪してしまった[6]。ゆえに、在日コリアンが日本に存在するのである。

　在日コリアンは日本で様々な差別を受けてきた。たとえば、朴鐘碩氏は通名（仕事等のために使用する日本風の名前）で日立製作所の採用試験を受け、一度は採用されたにもかかわらず、戸籍謄本[7]が提出できなかったためにその採用を取り消された。日立製作所に入社するまでには、1970年から1974年にかけて裁判を闘い（日立就職裁判）、勝訴する過程が必要であった。また、1982年まで国民年金保険には国籍条項があるため、在日コリアンは年金に加入できなかった[8]。在日コリアンを攻撃対象とした、2009年の京都朝鮮初等

学校や 2010 年代に深刻化した神奈川県川崎市でのヘイトスピーチ
も課題となっている。在日コリアン 1 世の高齢化に伴い、在日コリ
アンを介護するための介護施設が民間の手により設立・運営されて
いる（2022 年 12 月 10 日、筆者訪問）。

中国

　中国が改革・開放政策に舵を切った 1970 年代後半以前から国外
で活動する中国人やその子孫を「老華僑」、70 年代後半以降海外に
出た中国人を「新華僑」と呼ぶ。老華僑は、中華街で飲食店や貿易
業を営む者が多い。新華僑は、池袋、西川口（埼玉県川口市）などに
まとまって飲食店を展開する一方、留学生、日本人の配偶者、技能
実習生、IT 技術者など多様な形で来日している [9]。

ベトナム

　1975 年のベトナム戦争終結後、インドシナ半島各国の情勢が不
安定となり、ベトナム、カンボジア、ラオスから多くの難民（ボー
トピープル）が他国へ逃れた。日本でも 1979 年から定住支援を行う
ようになり、2005 年までに 1 万 1319 人を受け入れた。ベトナム人
が最多で 8656 人（合法的家族呼び寄せを含む）を占めた。神奈川県大
和市・兵庫県姫路市に「定住促進センター」がつくられ、受け入れ
の拠点となった。ボートピープルは定住促進センターを出た後、そ
の近所に住む場合が多く、結婚や親族の呼び寄せにより、大和市・
姫路市・神戸市にはコミュニティが形成された。しかし、2010 年
代後半以降、ベトナム人においては、ボートピープル以外の技能実
習生、留学生等の来日が急拡大し、特に技能実習生は全都道府県に
まんべんなく存在するようになった。詳しくは第 2 節で述べる。

フィリピン

　フィリピン人は 1980 年代から 2005 年にかけて主に女性がエン

ターテイナーとして日本に入国していた。その後、日本人男性と結婚し、あるいは子どもを出産し、日本に生活の基盤を置く者も多かった。しかし、配偶者からの暴力が問題となる場合もあった。2004 年、米国国務省はエンターテイナーとしての入国が人身売買につながっていると日本政府を批判した。2005 年以降、日本は在留資格「興行」での入国を制限するようになり、エンターテイナーの入国はほとんどできなくなった。フィリピン人はカトリックの信者が多く、カトリック教会において、タガログ語ミサが開かれ、支援が行われて来た。また、複数の自助組織が誕生し、現在まで活動を続けている。近年は技能実習生としての来日などもあり、フィリピン人は「在留外国人」数において上位に位置し続けている。

ブラジル

　1990 年の入管法改正を受け、日本人を祖先に持つ「日系ブラジル人」とその家族が日本に入国できるようになった。彼／彼女らは、主に工場の多い北関東、東海地方に集住するようになった。後に永住化の傾向を示すが、当初はブラジルに帰国すると法務省は想定していた[10]。彼／彼女らは、派遣・請負で工場労働に従事し、会社の寮や団地にまとまって住んでいた。ブラジルと同じようなスーパーマーケットや、ブラジル人学校が建てられた。このように、日系ブラジル人は、日本の地域住民から切り離される中で生活してきた。この様子を、梶田らは「顔の見えない定住化」と形容した[11]。

　2007 年からの世界金融危機を受けての不況により、日系ブラジル人の多くが解雇され、3 分の 1 近くの者はブラジルに帰国をした。一方でこのときに日本に残った者は永住化していった。ブラジル人学校の学費が払えず、日本の公立学校に通う子どもが増え、子どもの学習支援を行う団体が複数設立されている。

　文部科学省は日本語の指導を必要としている子どもの数を定期的に調査している。2021 年 5 月 1 日時点で 4 万 7619 人の外国籍児童生

徒が日本語指導を必要としている。2008年の調査開始以降、リーマンショック時に一時的に減少したものの、2012年度以降は一貫してその数は増え続けている。「言語別にみると、ポルトガル語を母語とする者の割合が全体の約4分の1を占め、最も多い」とあり、日系ブラジル人においては、子どもの教育が今日も課題となっている[12]。

第2節　ベトナム人人口の急増から日本の外国人（移民）受け入れの姿勢をみる

　2022年6月末時点でベトナム人の「在留外国人」数は、47万6346人である。2012年末時点では5万2367人であった。約10年間で9倍以上に急増している。ベトナム人ほど人口を急増させている国は他にはなく、ベトナム人に2010年代から現在にかけての日本政府の外国人（移民）受け入れの姿勢が表れていると考えられる。

　ベトナム人人口を在留資格別にみると、1）技能実習（18万1954人）、2）技術・人文知識・国際業務（7万2997人）、3）特定技能（5万2748人）、4）特定活動（4万5962人）、5）留学（4万4358人）であり、技能実習だけでベトナム人人口の3分の1以上を占めていることが分かる。

　技能実習制度は1993年より日本に導入され、今日まで続いている。同制度は、日本が「先進国としての役割を果たしつつ国際社会との調和ある発展を図っていくため、技能、技術又は知識の開発途上国等への移転を図り、開発途上国等の経済発展を担う『人づくり』に協力することを目的」[13]としている。しかし実際には、地方で不足している若年の労働力を埋めている側面が強い。コロナ禍が日本に影響を及ぼす直前である2019年末時点の「在留外国人」統計を分析すると、岡山県、佐賀県、熊本県、宮崎県においてベトナム人は「在留外国人」数の3割、鹿児島県においては4割をも占め

ミシンがけを行うベトナム人技能実習生

ていた[14]。

　地方における技能実習生の受け入れの実際を筆者の調査の例から
みてみよう。縫製業X社[15]（広島県呉市）は婦人服・子ども服やス
ニーカーを製造している。筆者が訪問した日にはスニーカーを作っ
ていた。縫製に実際に携わっているのは、社長と工場長以外、全て
ベトナム人（技能実習生7人、エンジニア1人）であった。皮や布を伸ば
し、ミシンをかけやすくする作業は、社長が地元の精神障がい者を
雇用し、担ってもらっていた。そして、技能実習生がミシンかけを
行っていた。地元に若者が少ない中、X社は、ベトナム人技能実習
生と地元の障がい者の協働によって、事業の継続を可能としていた。
なお、筆者はX社が製造に携わっているこのスニーカーを偶然にも
履いていた。Made in Japan の担い手を直に知る機会となった（2022
年8月5〜6日、インタビュー、参与観察）。

　大手自動車メーカー系列の自動車部品会社Y社（浜松市東区）は

2022 年 4 月より新たにベトナム人技能実習生を 20 人採用した。浜松市は日系ブラジル人の集住地区として知られる。「なぜ日系ブラジル人ではなくベトナム人技能実習生を雇うのか」と人事担当者に尋ねたところ、「日系ブラジル人だと中長期の勤務が安定せず、一定期間着実に働いてもらえる技能実習生に切り替えた」という。Y社は、技能実習生用に寮を新設し、さらには費用を会社が負担した上で、プロの日本語教師を会社に招へいし、社内で技能実習生に日本語教育を施していた。これらには相当の費用がかかっていると思われるが、技能実習生の就労に期待している表れであるといえる（2022 年 9 月 8 日、インタビュー、参与観察）。

　これらの例からは、技能実習生が地方における労働力不足を埋めているのが明白である。一方、技能実習制度は、母国への技能の移転を前提としているため、技能実習生は実習期間終了後に母国へ帰国する。日本社会の一員として移民を受け入れる代わりに、「外国人」が若くて元気なときだけ働いてもらいたいという日本政府の意図が窺われる。

　技能実習と同様に、時限付きで受け入れられているのが特定技能人材である。2018 年 12 月の入管法改正を経て、2019 年 4 月より受け入れが始まった。特定技能 1 号とは、日本で労働者が不足している一定の分野について 5 年間の就労を認める在留資格である [16]。特定技能 1 号を得るためには、本国で日本語や業務の研修を受け、試験に合格をするか、技能実習を 3 年以上続ける必要がある。つまり、特定技能制度は技能実習生がさらに 5 年日本で働くことを可能としているといえる。以下、特定技能人材受け入れ開始までの議論の過程からも、日本政府の外国人（移民）への考え方がみえてくる。

　自由民主党政務調査会、労働力確保に関する特命委員会は 2016 年 5 月に「共生の時代に向けた外国人労働者受入れの基本的考え方」を発表した。これは、特定技能制度導入の下敷きとなっている。同文書には以下のように記されている。

移民政策と誤解されないように配慮しつつ、必要性がある
　　分野については個別に精査した上で就労目的の在留資格を付
　　与して受入れを進めていくべきである／在留期間については、
　　当面5年間とし、（中略）当該期間内の帰国・再入国を認める。
　　在留期間については更新可能としておくことが考えられるが、
　　長期の在留を可能とする場合は、家族呼び寄せや定住化の問
　　題が生じるため、さらなる検討が必要である。（下線部は筆者）

　「移民政策と誤解されないように配慮」をするという。さらに
「家族呼び寄せや定住化」が「問題」であるという。特定技能1号
においても技能実習生と同様に、移民として日本社会に受け入れる
代わりに、若くて元気なときだけ「外国人」に働いてもらいたいと
いう日本政府の意図が見え隠れしている。では、特定技能人材本人
は実際にどのように考えているのであろうか。
　筆者がインタビューを行ったベトナム人の夫婦は、いずれも30
代で、2017年5月に共に技能実習生として来日をした。山梨県甲府
市で鋳造業（鉄を溶かして、型に入れ、モーターやマンホールをつくる仕事）
に従事してきた。夫婦には子どもが2人いるが、子どもはベトナム
の父母（子どもにとっての祖父母）に面倒をみてもらっている。なぜな
ら、技能実習生は、家族を日本に連れて来られないからだ。夫婦は
3年間の技能実習を終了したらベトナムに一度帰国し、子どもと数
カ月生活を共にしてから、特定技能1号での再来日を計画していた。
しかし、コロナ禍で日越間の往来が難しくなり、日本にいながら特
定技能1号へ在留資格を変更した。これは自らの子どもと直接会え
ない状態が続いていることを意味する。夫婦のうち妻は「子どもは
今12歳と10歳。ちょっと寂しいです。日本で子どもと一緒に住ん
だ方がいい」とその気持ちを述べていた（2020年11月24日、インタ
ビュー）。
　2020年以降、コロナ禍の中、技能実習を終えても本国に帰国で

表 18-1　ベトナム人「在留外国人」数の推移

在留資格	2019 年末	2020 年末	2021 年末	2022 年 6 月末
技能実習	218,727	208,879	160,563	181,957
特定活動（その他）	1,736	40,052	59,847	44,785
特定技能	901	9,412	31,721	*52,748
小計	221,364	258,343	252,131	279,490
総数	411,968	448,053	432,934	476,346

法務省統計より筆者作成
※うち、41,852 人（79.3%）が技能実習からの移行である。

きないベトナム人が沢山存在した。ベトナムが厳しいコロナ政策を取っていたからだ。法務省は彼／彼女らに在留資格「特定活動 [17]（その他）」を認め、一定期間日本での在留を延長した。ここまでに述べた三つの在留資格、すなわち日本で一時的な就労が認められている者の人口の変遷をみてみる。表 18-1 の「小計」は技能実習、特定活動（その他）、特定技能、三つの在留資格の合計数を表す。「小計」、すなわち一時的に就労可能な在留資格を有する者の数は、コロナ禍の中でも増加傾向にあったのだ。

　日本の官僚は、欧州、特にドイツにおいて外国人労働者がドイツに留まり移民化したのを否定することで、自らの移民「非」受け入れの立場を正当化してきた [18]。しかし、日本で長く生活するのは認めず、若い一定期間だけ「外国人」に働いてもらおうとする現行の受け入れの継続は果たして可能であろうか。また、妥当であろうか。当初、法務省が帰国すると見込んでいた日系ブラジル人は、実際には多くが帰国せず、日本に残り、その子ども、孫が日本で誕生している。また、ある人が技能実習（最長 5 年）から特定技能 1 号（5 年）に移行した場合、その人は 10 年間を日本で過ごすことになる。経済成長が著しい本国を 10 年不在にし、家族と離れて暮らす影響は計り知れない。ヒトが本国を離れることの意味も考える必要があるのではないか。

　2012 年以降政権を担っている自由民主党は保守層に支えられて

おり、「移民」という語を使うのには抵抗感がある[19]。安倍晋三元首相は「移民政策」を2018年2月20日の経済財政諮問会議において明確に否定している。さらに、2020年1月13日、麻生太郎副総理（当時）は「2000年の長きにわたって、一つの国で、一つの場所で、一つの民族、一つの天皇という王朝が続いているのはここしかない」[20]と述べている。しかし、「単一民族」が「神話」であることは既に実証されている[21]。政治の中枢を担う者が現実に向き合うときは目前に来ているのではないか。

　日本政府が移民受け入れを是としない中、法務省は2018年以降、「外国人材の受入れ・共生のための総合的対応策」を取りまとめ、以後毎年公表している。しかし、「総合的対応策」は「外国人材」が一時的に日本に「在留」する間に対する施策が中心である。

　コロナ禍の中、本国に帰国できないベトナム人の中には、橋の下で野宿をしていた者も存在する（2020年10月12日インタビュー）。彼は「総合的対応」の対象とはなっていなかった。

おわりに——移民政策不在の中で国際協力セクターと学生が果たす役割

　本章のはじめに、JICA東京での研修の例をあげた。コロナ禍の中、ベトナム人帰国困難者はJICA東京の施設に寝泊まりしながら研修を受けていた。ここでは、上述のケースのような「野宿」は回避されていた。これは移民政策の不在を国際協力セクターが埋めている例であるといえる。

　日本では移民支援を主な活動に掲げるNGO／NPOも存在し、支援はなされてきた。しかし、国際協力NGOと比べるとその規模は小さく、リソースも限られている。国際協力の活動場所が国内に広がってきているのは、JICAや国際協力NGOのような国際協力セクターの資金、言語ができる人材、海外でコミュニティを開発してき

た経験などが、移民政策不在の中、日本社会に必要とされてきたからである。

　国際協力セクターと既存の外国人（移民）支援NPOが協働する例も出てきた。国立国際医療研究センター・国際医療協力局（NCGM）（東京都新宿区）とNPO法人CINGA（東京都千代田区）は2021年10月から「外国人コロナワクチン相談センター」を開設し、協働で運営をしている。同センターは、在留資格等の問題で接種券が発行されず、ワクチン接種に困難を抱えていた外国人のケースを扱い、NCGMは医療面で、CINGAは自治体等との折衝の面で協力し、希望者にワクチン接種を実現してきた[22]。このような国際協力セクターと外国人（移民）支援NPOとの連携が今後も期待される。

　移民政策が不在の中でも、各都道府県、政令指定都市、いくつかの市区町村には国際交流協会、ないし類する組織が存在し、そこでは外国人（移民）のためのボランティアができる機会が開かれている。興味があればぜひ調べてみていただきたい。

　大学においても外国人（移民）支援の輪が広がっている。たとえば、聖心女子大学、筑波大学には難民支援の学生団体が存在する。筆者が勤務する武庫川女子大学では「ふでばこ」という学生ボランティア団体が、大学近隣の武庫川団地で外国につながる子どもたちへの学習支援を続けている。筆者も時々活動を見学しているが、筆者よりも子どもに年齢の近い大学生だからこそ、子どもと通じ合えるときがあるのを実感している。学生を中心とした読者の皆さまが、日本「国内」でも新たに国際協力活動を始めることを期待して本章の結びとする。

ゼミナール

①日本政府は法務省出入国在留管理庁を中心に「在留外国人」「外国人材」の生活を支える施策を徐々に取るようになってきた。どのような施策が存在し、施策にはどのような課題があるのかを考えてみよう。

②日本において、移民の生活支援は政府以外には誰が担っているのであろうか。どのような団体、活動領域があるのか調べてみよう。（参考となるキーワード「移住連」「自治体国際化協会」）

③日本は移民の受け入れを進めるべきか否か、授業やゼミでディベートをしてみよう。

註

1) 国際協力機構ウェブサイト「JICAについて」https://www.jica.go.jp/about/index.html（2022年12月24日閲覧）を参照。

2) 国際協力機構ウェブサイト「JP-MIRAIのベトナム人対象能力開発研修を実施！」https://www.jica.go.jp/tokyo/topics/2021/ku57pq00000mq6vq.html（2022年12月24日閲覧）を参照。

3) IOM. 2022. World Migration Report 2022. https://publications.iom.int/books/world-migration-report-2022.（Accessed on December 24, 2022.）

4) OECDの International Migration Outlook 2022. https://www.oecd-ilibrary.org/sites/30fe16d2-en/index.html?itemId=/content/publication/30fe16d2-en（2022年12月24日閲覧）内「Table A.1. Inflows of foreign population into selected OECD countries」を参照。

5) 第6位のネパール（12万5798人）、第7位のインドネシア（8万3169人）も人口を急激に増加させており、今後、国際協力セクターによる関わりが求められると予見される。ネパールについてはゲワリビゼイ・田中雅子（2022）『厨房で見る夢——在日ネパール人コックと家族の悲哀と希望』上智大学出版、インドネシアについては奥島美夏（2009）『日本のインドネシア社会——国際移動と共生の課題』明石書店などを参照。

6) 加藤丈太郎（2022）『日本の非正規移民——「不法性」はいかにつくられ、

維持されるか』明石書店

7）戸籍謄本は外国籍者には発行されない。日本国籍を有する者のみに発行される。

8）田中宏（2013）『在日外国人第 3 版　法の壁、心の溝』岩波書店

9）加藤丈太郎（2021）「在日外国人コミュニティのネットワーク」横浜国立大学都市科学部編『都市科学事典』pp.610-611

10）坂中英徳（2005）『入管戦記――「在日」差別、「日系人」問題、外国人犯罪と日本の近未来』講談社

11）梶田孝道・丹野清人・樋口直人（2005）『顔の見えない定住化――日系ブラジル人と国家・市場・移民ネットワーク』名古屋大学出版会

12）文部科学省「日本語指導が必要な児童生徒の受入状況等に関する調査結果について（令和 4 年 10 月）」https://www.mext.go.jp/content/20221017-mxt_kyo-koku-000025305_02.pdf（2022 年 12 月 24 日閲覧）を参照。

13）厚生労働省「外国人技能実習制度について」https://www.mhlw.go.jp/stf/sei-sakunitsuite/bunya/koyou_roudou/jinzaikaihatsu/global_cooperation/index.html（2022 年 12 月 24 日閲覧）を参照。

14）2019 年末法務省「在留外国人統計」より筆者が計算した。これらの地方にはボートピープル、留学生が多数いることは想定しにくく、ベトナム人のほとんどが技能実習生であると推測できる。

15）この会社ではベトナムにも拠点を有しており、技能実習生として就労後、ベトナム工場の中核を担っている人材も存在する。このように技能の移転を実現している場合もある。

16）現行では建設、船舶・舶用工業のみ、特定技能 1 号を終了後、特定技能 2 号に移行できる可能性がある。特定技能 2 号になると、家族の呼び寄せが認められ、永住許可申請への道も開かれるとされる。

17）「特定活動」は 28 の在留資格以外に、法務省が指定する活動を指す。12 個の活動がある。どれにも当てはまらないものが「特定活動（その他）」となる。これがコロナ禍で帰国困難となったベトナム人に多く付与されてきた。

18）Strausz, Michael. 2019. *Help (not) wanted: Immigration Politics in Japan*. New York: State University of New York Press.

19）Roberts, Glenda S. "Vocalizing the 'I' Word: Proposals and Initiatives on Immigration to Japan from the LDP and Beyond." *Asien*. 124: pp.48-68.

20）吉井理記「『麻生発言』で考えた…なぜ『日本は単一民族の国』と思いたがるのか？」『毎日新聞』（2020 年 2 月 5 日付）https://mainichi.jp/articles/20200204/k00/00m/010/113000c（2023 年 3 月 18 日閲覧）

21）小熊英二（1995）『単一民族神話の起源——〈日本人〉の自画像の系譜』新曜社

22）青柳りつ子・新居みどり・加藤丈太郎（2023、近刊）「外国人新型コロナワクチン相談センターの取り組み——市民団体の視点から」山田健司・小林真生編著・駒井洋監修『移民・ディアスポラ研究 10　新型コロナ・パンデミック禍のなかの移民と医療』明石書店

読書案内

小林真生編著・駒井洋監修（2020）『移民・ディアスポラ研究 9　変容する移民コミュニティ——時間・空間・階層』明石書店。

　　日本で形成されてきた 30 以上の移民コミュニティを 34 人の編著者が「時間・空間・階層」から分析している。

松尾慎編著（2018）『多文化共生　人が変わる、社会を変える』凡人社。

　　従来の「多文化共生社会」を批判的に検討し、誰もが「対等・平等」に参加できる、真の多文化共生社会を目指すための方策を具体的な事例から考えている。

加藤丈太郎（2022）『日本の非正規移民——「不法性」はいかにつくられ、維持されるか』明石書店。

　　移民の中には在留資格を有さない者が存在する。彼・彼女らがなぜ「不法」になり、その「不法性」を維持しているのかを明らかにしている。

あとがき

　本書の初版は2010年5月に発行され、国際協力を初めて学ぶ多くの方々に読んでいただいた。また、基礎的な国際協力のフレームワークと多くの読者が持つ問題意識を網羅することで、授業などでより使い易いものとしたいという思いで2018年12月に改訂版を発行した。幸い多くの大学で教科書や副読本として利用していただき、改訂版を発行した目的が果たされたのではないかと考えている。

　今回再び改訂しようという話が2018年版の執筆者より持ち上がったのは国際情勢が急激に変化しているからだった。2019年末より海外で新たな感染症が発症し、年明けには日本でも特定のライブハウスや宴会などでクラスター感染者が出たと報じられた。新型コロナウイルスの大流行は、その後の私たちの生活を大きく変容させた。

　また、2022年2月にロシアがウクライナへ侵攻すると、日本でも避難民などへの支援の様子を伝える映像が連日報道番組で流されるようになった。侵攻は世界経済の先行きを不透明とし燃料や穀物の価格を上昇させた。2021年時点でわずか2％程度の貿易相手であったはずのロシアとウクライナでの出来事はじわじわと私たちの日常生活にも影響を与えている。

　このように国際社会での出来事は、冷戦後の1990年代から急激に進展していくグローバル化で、他国での出来事は日本にも影響を及ぼしていくことになった。それゆえ、日常生活の中で国際協力などに特別の関心を持たなかった人々にも肌で感じられるようになったのだ。国内に目を転じてみても、労働者不足という国内事情を背

景に外国人労働者や家族が増えるにつれ、私たちは彼らの職場での待遇や社会での共存を考える必要に迫られている。

　国際協力というと JICA や国連、NGO などに勤務する人々が途上国へ赴き従事する、いわば専門的な仕事であると思われがちであった。しかし、現在では多くの企業、自治体、教育機関で SDGs が取り上げられている通り、日本国内で仕事をする人々、消費者、学生などが意識的あるいは無意識に国際協力に関わっていると言っても過言ではないであろう。

　以上のようなことを踏まえて、本書の再度の改訂にあたっても書名には「国際協力」を掲げている。しかしながら、内容的には広くグローバル・イシューが含まれている。そのため前版よりも、さらに多くの国際協力の専門家や実務経験者の参加をお願いした。また本書では国内問題も取り上げることとした。この場をお借りして、執筆者として協力して頂いた方々に感謝を申し上げたい。

　最後に、今回の改訂にあたって、早期の利用を目的としたことで短期間での編集作業をお願いすることになった。編者の希望に賛同してくださった明石書店社長大江道雅氏、初版より引き続き編集作業を行ってくださった岡留洋文氏のご理解・ご協力がなければ実現しなかった。執筆者を代表して御礼を申し上げたい。

編者　山田満・堀江正伸

編著者略歴 ［五十音順、◎は編者］

阿部 和美（あべ かずみ）

宮城県生まれ。二松学舎大学国際政治経済学部専任講師。早稲田大学大学院社会科学研究科博士後期課程修了。博士（社会科学）。国際 NGO・ANFREL 選挙監視員、国連東ティモール統合ミッションアドバイザー、防衛省国際政策課能力構築支援事業担当官、インドネシア国立ガジャマダ大学政治学部招聘研究員、秋田大学国際資源学部助教を経て、2023 年 4 月より現職。専門は、国際協力論、平和構築論、東南アジア研究。

［主な著書・論文］

『平和学から世界を見る』（共著、成文堂、2020 年）

『非伝統的安全保障によるアジアの平和構築──共通の危機・脅威に向けた国際協力は可能か』（共著、明石書店、2021 年）

『混迷するインドネシア・パプア分離独立運動──「平和の地を求める闘いの行方」』（明石書店、2022 年）

加藤 丈太郎（かとう じょうたろう）

東京都生まれ。武庫川女子大学文学部英語グローバル学科専任講師。2020 年 9 月早稲田大学大学院アジア太平洋研究科博士後期課程修了。博士（学術）。2017 年 3 月まで NGO において非正規移民に在留資格を求める活動に従事。2017 年 4 月に研究の道に転じ、早稲田大学国際学術院アジア太平洋研究センター助教を経て、2022 年 4 月より現職。専門は移民研究、国際労働移動、国際社会学、多文化共生論。

［主な著書］

『多文化共生　人が変わる、社会を変える』（共著、凡人社、2018 年）

『多文化共創社会への 33 の提言──気づき愛、Global Awareness』（共編著、都政新報社、2021 年）

『日本の非正規移民──「不法性」はいかにつくられ、維持されるか』（単著、明石書店、2022 年）

『入管の解体と移民庁の創設──出入国在留管理から多文化共生への転換（移民・ディアスポラ研究 10）』（編著、明石書店、2023 年）

金森 俊樹（かなもり としき）

東京都生まれ。慶應義塾大学法学部非常勤講師、大東文化大学法学部非常勤講師、電気通信大学情報理工学域非常勤講師。2014 年早稲田大学大学院社会科学研究科地球社会論博士後期課程修了。博士（学術）。2014 年より早稲田大学地域・地域間研究機構アジア・ヒューマン・コミュニティー（AHC）研究所招聘研究員を務める。主な専攻は国際関係論、平和学、南東欧地域研究（アルバニア、コソヴォ、北マケドニア）。

［主な著書・論文］

『新版・現代バルカン半島の変動と再建』（共著、杉山書店、1999 年）

「コソヴォ独立とアルバニア人ナショナリズムの質的変容──民族・エスニシティ問題

を中心に」(『ロシア・ユーラシア経済——研究と資料』第 937 号、ユーラシア研究所、2010 年)

『苦悶する大欧州世界』(中津孝司編共著、創成社、2016 年)

『21 世紀国際関係の新構図』(中津孝司編共著、創成社、2019 年)

『NATO を知るための 71 章』(広瀬佳一編著、明石書店、2023 年)

桑名 恵 (くわな めぐみ)

大阪府生まれ。近畿大学国際学部教授。2007 年大阪大学大学院人間科学研究科博士後期課程修了。博士(人間科学)。コンゴ民主共和国、イラク、東ティモール、アフガニスタンなどで緊急人道支援に従事。特定非営利活動法人ピースウィンズ・ジャパン海外事業部長、特定非営利活動法人ジャパン・プラットフォーム事業部長、お茶の水女子大学グローバル協力センター講師、立命館大学共通教育推進機構准教授を経て、2015 年より現職。専門は、開発社会学、市民社会、国際協力論。

[主な著書]

『新ボランティア学のすすめ』(共著、昭和堂、2014 年)

『新版 国際協力論を学ぶ人のために』(共著、世界思想社、2016 年)

『「非伝統的安全保障」によるアジアの平和構築——共通の危機・脅威に向けた国際協力は可能か』(共著、明石書店、2021 年)

『緊急人道支援の世紀——紛争・災害・危機への新たな対応』(共編著、ナカニシヤ出版、2022 年)

佐藤 滋之 (さとう しげゆき)

茨城県生まれ。武庫川女子大学食物栄養科学部准教授。東京学芸大学教育学部卒業後、インド・デリー大学大学院政治学研究科を経て英国ブリストル大学大学院政治学研究科修了。2020 年、早稲田大学大学院社会科学研究科博士後期課程修了。博士(社会科学)。1997 年より国際赤十字赤新月社連盟にて国際人道支援活動に従事し、パプアニューギニア、イラク、ユーゴスラビア、インド等で勤務。2002 年より国連難民高等弁務官事務所で難民保護にあたり、ケニア、リベリア、パキスタン、フィリピン、タンザニアでの勤務を経て、スーダン、エチオピアで首席保護官を務める。2020 年より現職。専門は国際関係論、難民・移民研究、食糧安全保障。

[主な著書]

『難民を知るための基礎知識——政治と人権の葛藤を越えて』(共著、明石書店、2017 年)

『「難民」をどう捉えるか——難民・強制移動研究の理論と方法』(共著、慶應義塾大学出版会、2019 年)

『「非伝統的安全保障」によるアジアの平和構築——共通の危機・脅威に向けた国際協力は可能か』(共著、2021 年、明石書店)

利根川 佳子 (とねがわ よしこ)

山口県生まれ。早稲田大学社会科学総合学術院准教授。慶應義塾大学法学部卒業後、米国ジョージ・ワシントン大学大学院教育・人間開発研究科修士課程に進学。2011 年に

神戸大学大学院国際協力研究科にて博士号（学術）取得。在エチオピア日本大使館草の根・人間の安全保障無償資金協力外部委嘱員、NGO職員、早稲田大学大学院アジア太平洋研究科講師、早稲田大学社会科学総合学術院専任講師等を経て、2023年より現職。専門は、国際教育開発、国際開発学、NGO・NPO論。

[主な著書・論文]

Analysis of the Relationships between Local Development NGOs and the Communities in Ethiopia: The Case of the Basic Education Sub-Sector（Union Press、2014年）

『「非伝統的安全保障」によるアジアの平和構築——共通の危機・脅威に向けた国際協力は可能か』（共著、明石書店、2021年）

『NPO・NGOの世界』（共編著、放送大学教育振興会、2021年）

Sustainable Development Disciplines for Humanity: Breaking down the 5Ps-People, Planet, Prosperity, Peace, and Partnerships（共編著、Springer、2022年）

中野 洋一（なかの よういち）

北海道生まれ。九州国際大学名誉教授。1993年明治大学大学院商学研究科博士（商学）学位取得修了。

[主な著書]

『新版　軍拡と貧困の世界経済論』（梓出版社、2001年）

『軍拡と貧困のグローバル資本主義』（法律文化社、2010年）

『原発依存と地球温暖化論の策略　経済学からの批判的考察』（法律文化社、2011年）

『世界の原発産業と日本の原発輸出』（明石書店、2015年）

福井 美穂（ふくい みほ）

長野県生まれ。特活ピースウィンズ・ジャパン海外事業部アフリカ事業マネージャー、青山学院大学兼任講師、東洋英和女学院大学非常勤講師。英国ブラッドフォード大学大学院修了（MA）。東京大学大学院総合文化研究科博士課程単位取得退学。旧ユーゴスラヴィア、アフガニスタン、シエラレオネ、南スーダンで緊急人道支援に従事。内閣府国際平和協力本部事務局、お茶の水女子大学特任講師を経て、2018年より現職。国際NGO論、緊急人道支援問題を担当。

[主な著書・論文]

Sexual Exploitation and Abuse in a Post-conflict Phase: Its relation to Revictimisation, *The Review of Peacebuilding Studies*, Vol.1, June 2010.

『国際平和活動における包括的アプローチ——日本型協力システムの形成過程』（共著、内外出版、2012年）

Women Peace and Security: Sexual Gender-Based Violence Survivor Support in Refugee Settlements in Uganda, Risks, Identity and Conflict: Theoretical Perspectives and Case Studies（共著、Palgrave Macmillan、2021年）

◎堀江 正伸（ほりえ まさのぶ）

東京都生まれ。青山学院大学地球社会共生学部教授。2016年早稲田大学大学院社会科学研究科博士後期課程修了。博士（学術）。1992年に大学を卒業後、民間企業にてODA

関連事業を担当。2005 年より国連世界食糧計画プログラム・オフィサーとしてインドネシア、スーダン、フィリピン、イエメン、アフガニスタンでの勤務、2017 年より武庫川女子大学英語文化学科教授を経て、2022 年より現職。専門は、国際協力論、平和構築論。

[主な著書]

『難民を知るための基礎知識——政治と人権の葛藤を超えて』（共著、明石書店、2018 年）

『人道支援は誰のためか——スーダン・ダルフールの国内避難民社会に見る人道支援政策と実践の交差』（晃洋書房、2018 年）

『「非伝統的安全保障」によるアジアの平和構築——共通の危機・脅威に向けた国際協力は可能か』（共著、明石書店、2021 年）

『職場・学校で活かす現場グラフィー——ダイバーシティ時代の可能性をひらくために』（共著、明石書店、2021 年）

本多 倫彬 （ほんだ ともあき）

東京都生まれ。中京大学教養教育研究院准教授・一般財団法人キヤノングローバル戦略研究所主任研究員。慶應義塾大学大学院政策・メディア研究科修了。博士（政策・メディア）。青山学院大学、東洋英和女学院大学等での非常勤講師を経て 2021 年より現職。秋野豊賞（2013 年）、グローバル・ガバナンス学会奨励賞（2018 年）受賞。専門は、国際協力政策、平和構築論。

[主な著書・論文]

『東南アジアの紛争予防と「人間の安全保障」——武力紛争、難民、災害、社会的排除への対応と解決に向けて』（共著、明石書店、2016 年）

『平和構築の模索——自衛隊 PKO 派遣の挑戦と帰結』（内外出版株式会社、2017 年）

「JICA の平和構築支援の史的展開（1999-2015）——日本流平和構築アプローチの形成」（『国際政治』第 186 号、2017 年）

本多 美樹 （ほんだ みき）

東京都生まれ。法政大学法学部教授。成蹊大学卒業後、英字紙『The Japan Times』記者を経て、早稲田大学大学院アジア太平洋研究科修士課程・博士後期課程を修了。博士（学術）。早稲田大学社会科学総合学術院准教授を経て 2017 年 4 月より現職。専門は、国際関係論、国際機構論、国連研究。

[主な著書・論文]

『国連による経済制裁と人道的諸問題』（国際書院、2013 年）

『東南アジアの紛争予防と「人間の安全保障」』（共著、明石書店、2016 年）

『経済制裁の研究——経済制裁の政治経済学的位置づけ』（共著、志学社、2017 年）

『国連の金融制裁——法と実務』（共著、東信堂、2018 年）

「安全保障概念の多様化と国連安保理決議」（『アジア太平洋討究』早稲田大学、2018 年）

Complex Emergencies and Humanitarian Response, Co-edited, Union Press, 2018.

『「非伝統的安全保障」によるアジアの平和構築』（共編著、明石書店、2021 年）

United Nations Financial Sanctions, Co-author, Routledge, 2021.

Covid-19 and Atrocity Prevention in East Asia, Co-author, Routledge, 2022.

升本 潔 (ますもと きよし)

東京都生まれ。青山学院大学地球社会共生学部教授。英国アバディーン大学大学院（MSc）、ケンブリッジ大学大学院（MPhil）修了。早稲田大学大学院アジア太平洋研究科（国際関係学専攻）博士後期課程修了。博士（学術）。国際協力機構（JICA）にて環境管理やエネルギー、気候変動分野の国際協力に携わる。2016 年から現職。専攻は国際協力論、地球環境問題、持続的開発論。

[主な著書・論文]

「アセアン諸国における経済成長と環境負荷のデカップリング―― SO_2 排出集約度変化の要因分析」（『アジア太平洋研究科論集』No.27、2014 年）

「経済成長と二酸化硫黄（SO_2）排出量のデカップリング――エコロジー的近代化の視点から」（『環境情報科学学術研究論文集』No.29、2015 年）

『社会イノベーションと地域の持続性――場の形成と社会的受容性の醸成』（共著、有斐閣、2018 年）

間辺 利江 (まなべ としえ)

神奈川県生まれ。薬剤師。名古屋市立大学データサイエンス学部准教授、名古屋市立大学病院臨床研究支援開発センター副センター長。筑波大学大学院人間総合科学研究科疾患制御医学専攻／ヒューマン科学専攻ダブルメジャー社会医学専門家養成プログラム修了、博士（医学）、博士（ヒューマンケア科学）取得。専門は社会医学、公衆衛生学、国際保健、臨床疫学、臨床研究方法論など。ベトナムやメキシコなどとの国際共同研究により、新興・再興感染症を中心課題とし、地域住民調査から高度医療施設での重症患者の治療方法の検討まで、包括的に研究やプロジェクト活動を実施。

[主な論文]

Difficulties in tuberculosis infection control in a general hospital of Vietnam: a knowledge, attitude, and practice survey and screening for latent tuberculosis infection among health professionals. *BMC Infectious Diseases*, 2019

Spatiotemporal distribution of COVID-19 during the first 7 months of the epidemic in Vietnam. *BMC Infectious Diseases*, 2021

Favipiravir for the treatment of patients with COVID-19: a systematic review and meta-analysis. *BMC Infectious Diseases*, 2021

Effect of asthma, COPD, and ACO on COVID-19: A systematic review and meta-analysis. *PLOS One*, 2022

Clinical characteristics and mortality risk among critically ill patients with COVID-19 owing to the B.1.617.2 (Delta) variant in Vietnam: A retrospective observational study. *PLOS ONE*, 2023.

宮下 大夢 (みやした ひろむ)

長野県生まれ。名城大学外国語学部准教授。早稲田大学大学院社会科学研究科博士後期課程修了。博士（社会科学）。国際協力機構 JICA 研究所非常勤研究助手、早稲田大学社

会科学総合学術院助手、東京大学大学院総合文化研究科持続的平和研究センター特任研究員、名城大学外国語学部助教、東京大学非常勤講師などを経て、2023年より現職。NPO法人「人間の安全保障」フォーラム事務局長、社会福祉法人さぽうと21たてばやし教室総括コーディネーター、早稲田大学非常勤講師を務める。専門は、国際関係論、平和・紛争研究、国際協力論。

[主な著書]

『全国データSDGsと日本——誰も取り残されないための人間の安全保障指標』（共著、明石書店、2019年）

『「非伝統的安全保障」によるアジアの平和構築——共通の危機・脅威に向けた国際協力は可能か』（共著、明石書店、2021年）

『地域から読み解く「保護する責任」——普遍的な理念の多様な実践に向けて』（共著、聖学院大学出版会、2023年）

『トピックからわかる国際政治の基礎知識——理論・歴史・地域』（共著、芦書房、2023年）

峯田 史郎（みねた しろう）

広島県生まれ。都留文科大学教養学部地域社会学科准教授。早稲田大学大学院社会科学研究科博士課程単位取得退学。早稲田大学社会科学総合学術院助手、タイ・チェンマイ大学客員研究員、早稲田大学地域・地域間研究機構招聘研究員、駿河台大学非常勤講師、東洋英和女学院大学非常勤講師、都留文科大学非常勤講師を経て、2022年から現職。この間に、外国人労働者・技能実習生受入れ事業、および留学生受入れ事業に従事。専門は、国際関係論、東南アジア研究、境界研究。

[主な著書]

「東南アジア境界地域における武力闘争へのマルチスケールと人間の領域性からの接近——ミャンマー・シャン州南部少数民族組織の生存戦略」（北海道大学スラブ・ユーラシア研究所『境界研究』10号、2020年、1-21頁）

『平和学から世界を見る』（共著、成文堂、2020年）

Complex Emergencies and Humanitarian Response（共著、Union Press、2018年）

「地域形成の多層性とスケールにおける権力関係——中国・雲南省の地域政策を事例に」（北東アジア学会『北東アジア地域研究』21号、2015年、79-94頁）

◎山田 満（やまだ みつる）

北海道生まれ。早稲田大学社会科学総合学術院教授。米国オハイオ大学大学院修了（MA）。東京都立大学大学院社会科学研究科政治学専攻博士課程単位取得退学。2000年に神戸大学博士（政治学）を取得。東ティモール国立大学客員研究員、埼玉大学教養学部教授、東洋英和女学院大学大学院教授を経て、2009年4月より現職。同地域・地域間研究機構アジア・ヒューマン・コミュニティ（AHC）研究所長、緊急人道支援学会会長。台湾国立政治大学客員教授、現在日本東ティモール協会副会長など多くの国際ボランティア活動に従事。2020年5月よりベトナム国家大学ハノイ校日越大学日本学プログラム共同ディレクターを兼務。専門は、国際関係論、国際協力論、平和構築論、東南アジア政治論。

[主な著書]

『難民を知るための基礎知識——政治と人権の葛藤を超えて』（共編著、明石書店、2018年）

『「一帯一路」時代の ASEAN ——中国傾斜のなかで分裂・分断に向かうのか』（共編著、明石書店、2020 年）

『平和構築のトリロジー——民主化・発展・平和を再考する』（明石書店、2021 年）

『「非伝統的安全保障」によるアジアの平和構築——共通の危機・脅威に向けた国際協力は可能か』（共編著、明石書店、2021）

『アジアダイナミズムとベトナムの経済発展』（共編著、文眞堂、2020 年）

Sustainable Development Disciplines for Humanity: Breaking down the 5Ps-People, Planet, Prosperity, Peace, and Partnerships（共編著、Springer、2022 年）

山本 剛（やまもとつよし）

東京都生まれ。独立行政法人国際協力機構（JICA）ラオス事務所次長。2021 年早稲田大学大学院社会科学研究科博士後期課程修了。博士（社会科学）。国際協力 NGO や JICA シリア事務所を経て 2006 年より JICA に勤務。JICA 本部での勤務のほか JICA エチオピア事務所、JICA アフガニスタン事務所、東京電機大学未来科学部非常勤講師を経て、2022 年より現職。専門は、国際関係論、国際協力論。

[主な著書]

『難民を知るための基礎知識——政治と人権の葛藤を超えて』（共著、明石書店、2018年）

『平和学から世界を見る』（共著、成文堂、2020 年）

吉川 健治（よしかわけんじ）

福島県生まれ。東洋英和女学院大学国際社会学部・同大学大学院国際協力研究科教授。早稲田大学大学院社会科学研究科博士後期課程満期退学。1981 年からタイでのカンボジア難民キャンプで活動。以後、国際協力 NGO にて活動し、タイ、ラオスで開発事業に取り組む。駒澤大学、埼玉大学、法政大学で非常勤講師を経て、2008 年より現職。専門は、国際協力論、国際開発論等。2011 年よりベトナム国家大学日越大学「日本学」プログラミングコアメンバー及び科目 International Development を担当。

[主な著書・論文]

「マハシラ・ヴィラオン——ラオス文人の独立闘争」（『東洋英和女学院現代史研究』第 9 号、2013 年）

「働き方とディーセント・ライフ」（『東洋英和女学院大学現代史研究』第 10 号、2014 年）

『グローバリゼーションとリスク社会』（共著、パトリシア・スイッペル編、春風社、2014 年）

『東南アジアの紛争予防と「人間の安全保障」』（共著、明石書店、2016 年）

『世界のメディア』（共著、小寺敦之編、春風社、2018 年）

『国際協力の行方』（共著、春風社、2000 年）

『社会科学から見た SDGs』（共著、小鳥遊書房、2022 年）

新しい国際協力論［第3版］
——グローバル・イシューに立ち向かう

2010 年 5 月 1 日　初　版第 1 刷発行
2018 年 12 月 25 日　改訂版第 1 刷発行
2023 年 4 月 30 日　第 3 版第 1 刷発行
2024 年 4 月 15 日　第 3 版第 2 刷発行

編著者　　　山　田　　　満
　　　　　　堀　江　正　伸
発行者　　　大　江　道　雅
発行所　　　株式会社明石書店
〒 101-0021 東京都千代田区外神田 6-9-5
電　話　03（5818）1171
ＦＡＸ　03（5818）1174
振　替　00100-7-24505
http://www.akashi.co.jp
装丁　　　　明石書店デザイン室
印刷・製本　モリモト印刷株式会社

ISBN978-4-7503-5578-8
（定価はカバーに表示してあります）

Printed in Japan

平和構築のトリロジー

民主化・発展・平和を再考する

山田満［著］

◎四六判／並製／260頁　◎2500円

世界各国で「民主主義」が揺らぐなか、いかにして自由・平等・公正な社会を実現していくのか。平和学や紛争解決の基本理論を踏まえ、「走錨する民主主義」「まだらな発展」「重心なき平和」という3つのキーワードを軸に、平和構築の新たな視点を提示する。

〈価格は本体価格です〉

難民を知るための基礎知識

政治と人権の葛藤を越えて

滝澤三郎、山田満 [編著]

◎四六判／並製／376頁　◎2,500円

難民問題は、現在、欧州の反移民・反難民感情を巻き起こすと同時にEUの政治危機の原因にもなっている。「難民」について、法律学・政治学・経済学・社会学など学際的なアプローチで、理論的な問題から世界各地の現状と取り組み、さらに支援の在り方までを概説する。

【内容構成】

〈価格は本体価格です〉

「非伝統的安全保障」によるアジアの平和構築

共通の危機・脅威に向けた国際協力は可能か

山田満、本多美樹 [編著]

◎A5判／上製／260頁　◎3,600円

> 国家主権の強いアジア地域で近年ますます重要性が高まる「非伝統的安全保障」。紛争、難民、開発、災害、教育、食糧、人身売買、体制移行などの多岐にわたるテーマを取り上げ、学際的アプローチを用いた地域研究を土台に、アジアの平和構築のあり方を考察する。

《内容構成》

〈価格は本体価格です〉

東南アジアの紛争予防と「人間の安全保障」

武力紛争、難民、災害、社会的排除への対応と解決に向けて

山田 満 [編著]

◎A5判／上製／256頁　◎4,000円

難民・国内避難民化した、また国家の周縁に追いやられた人びとに対し、国際社会の取り組むべき役割とは何か。人間個人の安全や日常性を担保する社会の安全を強化する「人間の安全保障」を軸に、東南アジア地域の事例を中心に様々な視角から考察する。

《内容構成》

〈価格は本体価格です〉

〈価格は本体価格です〉